From the library of

SOPHENE

Published by Sophene 2022

The *History of the Armenians* by Kirakos Gandzakets'i was originally written in the 13th century and first translated to English by Robert Bedrosian in 1986.

This edition is Volume I of II.

A searchable, digital copy of the English translation can be accessed at:
https://archive.org/details/KirakosGanjaketsisHistoryOfTheArmenians

www.sophenebooks.com
www.sophenearmenianlibrary.com

ISBN-13: 978-1-925937-66-4

ԿԻՐԱԿՈՍԻ ԳԱՆՁԱԿԵՑՒՈՅ

ՊԱՏՄՈՒԹԻՒՆ ՀԱՅՈՑ

ՀԱՏՈՐ Ա.

ՏՊԱՐԱՆ
ԾՈՓՔ
Լոս Անճելըս

KIRAKOS GANDZAKETS'I

History
of the
Armenians

IN TWO VOLUMES OF CLASSICAL ARMENIAN
WITH AN ENGLISH TRANSLATION BY
ROBERT BEDROSIAN

VOLUME I

SOPHENE BOOKS
LOS ANGELES

TRANSLATOR'S PREFACE

Kirakos Gandzaketsi's *History of the Armenians* is a primary source for the study of the Armenian highlands in the 13th century. This lengthy work, which has survived in 65 chapters, is divided thematically into several sections. Part 1 is a summary of Armenian church and political history from the 4th through the 12th centuries. This section, which describes the lives and times of the heads of the Armenian Church (Catholicoi), is based on earlier Armenian sources, many of which have survived. The second section describes political and military events in the 12th century both in Eastern (or Caucasian) Armenia and in the Armenian kingdom of Cilicia on the Mediterranean. The next section (Chapter 10), resembling the first, contains a biographical list of the Catholicoi of Caucasian Aghuania (modern Azerbaijan). Volume I contains sections one to three. In Chapter 11 and subsequent chapters, Kirakos described the events of his own day: the period of the Zak'arids, the Mongol invasions and domination, and their impact on the Armenians and other peoples of the Middle East. As the author himself was aware, this was by far the most important part of his *History*, and he devoted much of the work to it.

Biographical information about Kirakos Gandzakets'i is not plentiful. In Chapter 33 of his work, after a description of the activities of the influential Syrian cleric Raban, the author wrote: "This episode was written down in the year 1241 (690 of the Armenian Era)… when I was more or less forty years old." Consequently, the historian was born in the early part of the 13th century, probably between 1200 and 1210.

TRANSLATOR'S PREFACE

Kirakos received his early education at the monastery of Getik, at that time under the direction of Martiros, a student of the great teacher and writer Mxit'ar Gosh (d. 1213). However, it was with another of Mxit'ar's students, the historian Yovhannes Vanakan (d. 1251), that Kirakos studied for a prolonged period. This education commenced at Xoranashat monastery near Tawush fortress, northwest of Gandzak. When the Khwarazmian sultan Jalal al-Din ravaged Xoranashat in 1225, Vanakan fled with his students to a nearby cave, near the village of Lorut, south of Tawush. He continued teaching there until 1236 when a Mongol army under Molar-*noyin* occupied Tawush. Both Vanakan and Kirakos were taken captive by the Mongols and kept as secretaries for several months. Eventually, Vanakan was ransomed by the Christians of Gag for eighty *dahekan*s, and Kirakos escaped secretly the same night, fleeing to Getik.

Almost nothing is known about the remaining years of the historian's life. That he participated in a movement to crush a rebellion in the Church in 1251 is clear from Chapter 48 of his work. Around 1255 he interviewed the Cilician Armenian king Het'um I (1224-68) at the village of Vardenis near Mt. Aragats upon the latter's return from a visit to Batu-Khan.

Kirakos' name is mentioned in 1265 by his classmate and fellow-historian, Vardan Arewelts'i, from whom the author requested and received a commentary on the Song of Songs. According to another late 13th century historian, Grigor Aknerts'i, Kirakos died in 1271/72.

GANDZAKETS'I'S HISTORY OF THE ARMENIANS

Kirakos was eminently qualified to write about 13th century Armenia. An intelligent man trained by an intellectual of Vanakan's caliber, the author was familiar with Church organization and problems, with prominent contemporary churchmen and their historical writings. He was acquainted with important Armenian *naxarars* (lords) such as prince Prhosh Xaghbakean, who participated in the Mongol conquest of Baghdad in 1258/59 and narrated to Kirakos what he had seen and heard, and prince Grigor Mamikonean, who informed Kirakos what he had heard from a Mongol noble about Chingiz-Khan. His detailed information about members of the Zak'arid family derives in part from Prhosh, himself a Zak'arid relation. As mentioned above, King Het'um I served as one informant. Furthermore, during his months of captivity by the Mongols, Kirakos served as a secretary writing and reading letters, and he learned Mongolian. In Chapter 32 of his *History* Kirakos Gandzakets'i has left us a priceless treasure, a lexicon of some 55 Mongolian terms with their Armenian equivalents, one of the earliest monuments of the Mongolian language. Consequently, such an individual knew well not only the workings of his own society, but clearly understood aspects of the society of Armenia's conquerors and new masters.

It is not known when Kirakos began his work. Father Oskean, citing the aforementioned statement in Chapter 33, "This was written down in the year 690 A.E...." thinks the year 1240 a likely time. The *History* ends abruptly with an unfinished description of the war between the Khans Abaqa and Berke (1266/67). The cause of this sudden termination is unknown.

TRANSLATOR'S PREFACE

The critical edition of Gandzakets'i's *History of the Armenians* was published by the late K.A. Melik'- Ohanjanyan in 1961. That text was based on more than thirty manuscripts housed at the Matenadaran in Erevan, Armenia, collated with three earlier editions. Translations have been made into French,[1] Russian,[2] and modern Armenian[3]. The present English translation, which was completed in 1975, was made from the Melik'-Ohanjanyan edition,[4] but omits several lengthy sections which are of doctrinal or theological, rather than historical, importance. For a detailed study of the Turco-Mongol invasions see volume five of the *Cambridge History of Iran*;[5] for Armenia in particular, see Bedrosian.[6] Additional bibliography is available in Toumanoff.[7] The transliteration system employed in this translation is a modification of the Library of Congress system.

Robert Bedrosian
New York, 1986

BIBLIOGRAPHY

1. Brosset, M. (1870). *Deux Historiens Arméniens Kiracos De Gantzac, XIII S., Histoire D'Arménie; Oukhtanes D'Ourha, X S., Histoire en Troies Parties.* St. Petersburg.
2. Khanlarian, L. A. (1976). *Kirakos Gandzaketsi, Istoriia Armenii.* Moscow.
3. Arhak'elyan, V. (1982). *Hayots' patmut'yun: Kirakos Gandzaketsi.* Erevan.
4. Melik-Ohanjanyan, K. A. (1971). *Kirakos Gandzaketsi's Patmut'iwn Hayots'.* Erevan.
5. Boyle, J. A. (1968). *The Cambridge History of Iran, Vol. 5*: The Saljuq and Mongol Periods. Cambridge University Press.
6. Bedrosian, R. (1979). *The Turco-Mongol invasions and the lords of Armenia in the 13-14th centuries.* Columbia University, New York, NY.
7. Toumanoff, C. (1966). Armenia and Georgia. In J. M. Hussey (Ed.) *The Cambridge Medieval History, Volume IV* (pp. 593-637). Cambridge University Press.

KIRAKOS GANDZAKETS'I'S
HISTORY OF THE ARMENIANS

VOLUME I

Համարօտ պատմութիւն ժամանակաց ի սրբոյն Գրիգորի մինչեւ ցյետին աւուրս թեւացեալ արարեալ Կիրակոսի վարդապետի ի մեծահռչակ ուխտն Գետկոց:

Կիրք, որ ի քնութեան մարդկան՝ յայս հաստատեալ է խնամօք յարարչէն՝ քննասէր լինել իրաց ինչ անցելոց եւ կամ ի հանդերձեալն լինելոց:

Իսկ այսմ ոչ է հնար այլազգ հասու լինեալ եւ իմանալ, բայց թէ բազում աշխատութեամբ եւ յերկար ջանիւ:

Իւծիլ եւ մաշել տաժանմամբ եւ յոյժ վաստակօք, զի թերեւս գտցէ ինչ պիտանացու, ու կարողն իցէ լնուլ զփափագս ըղձից խնդրողին:

Րաբունաբար երկօք եւ ոչ վարկպարաղի անցանել ընդ պատմութիւնս ժամանակաց՝ ներքնոց եւ արտաքնոց:

Ակնարկելով եւ ազդեցութեան հոգւոյն, որ կարողն է իմաստնացուցանել զտգէտս եւ բանաւոր առնել զանբանս:

Կարող եւ ձեռնհաս զնա հաւատալ առանց երկմտութեան եւ թերութեան.

Որով եւ ամենայն ինչ ըստ կամաց նորա յօրինի եւ կազմի, երեւոյթքն եւ աներեւոյթքն:

Սրբապէս մտօք եւ անշարութեամբ մատուցանել զունկն վերին եւ ներքին աստուածայնոց բանից եւ գրոց պատմութեանց, որք կարող են հասուցանել զխնդրողն խնդրելոյն:

BRIEF HISTORY OF THE PERIOD FROM SAINT GREGORY TO THE PRESENT, WRITTEN BY KIRAKOS OF THE RENOWNED CONGREGATION OF GETIK.

The desire to want to learn about things that have transpired or about events which will take place, is implanted in the nature of man by the care of the Creator.

It is not possible to know about and become competent in such endeavors without much work and lengthy efforts.

It is necessary to become fatigued and exhausted through labor and many pains that perchance something useful be discovered which may satisfy the desires of the inquisitive.

One must read Christian and secular histories with diligence, not negligence.

To make the ignorant wise, and the irrational rational, the power of the Holy Spirit must also be considered.

One must believe in Him with unwavering and unblemished faith.

For everything is created and directed according to His will, both the visible and the invisible.

With a pure holy heart and without bias must one hear the celestial and inner divine words, and read the writings, which can give to the seeker what he seeks.[1]

---
1 The first letter of each first word of the preceding paragraphs form an acrostic which reads K-I-R-A-K-O-S in the Armenian.

Քանզի եւ այս օրէնք են աստուածայինք, «Ցուցանել հարանց՝ որդւոց, զի ծանիցեն, յազգ յայլ», որպէս մարգարէն Դաւիթ հրամայէ. զի յայս խրատէր մեծն ի մարգարէս Մովսէս զորդիսն Իսրայէլի եւ ասէր. «Խոկասցիս ի սոսա ի տըւէ եւ ի գիշերի ի նստել ի տան, ի գնալ ի ճանապարհ, ի ննջել եւ ի յառնել»: Եւ այսոցիկ՝ որք յօժանդակ են եւ ձեռն տան, յոլովք են յաստուածայնոց արանց, որք կենդանի արձան թողին զգիրսն յետ իւրեանց ամենայն ազգաց: Որպէս մեծն Եւսեբիոս զերկուս գիրսն եթող՝ զՔրովնիկոնն, սկսեալ ի նախնոյն Ադամայ, զխժական անուանս մահապետացն, զոր գրեցին արտաքինքն՝ համեմատելով ընդ աստուածայնոց արանց պատմութիւնս, եւ բերեալ հատուցանէ մինչ ի գալուստն Քրիստոսի եւ այսր, զյոլովից ազգաց նահապետս եւ զթագաւորս. եւ զԵկեղեցւոյ պատմութիւնն, սկսեալ ի ծագմանէ արեգականն արդարութեան՝ զժամանկաս թագաւորաց, եւ զառաքելոցն սրբոց քարոզութիւնս, եւ թէ ո՞ ի նոցանէ զինչ գործեաց, եւ յոր կողմն չոգաւ իւրաքանչիւր ոք, եւ կամ, թէ ո՞րպէս վկայեցին. եւ զեպիսկոպոսաց սըրբոց, եւ զերեւելի արանց զգործ եւ զքաջութիւն. եւ բերեալ հասուցանէ մինչեւ յաւուրս Կոստանդիանոսի բարեպաշտի եւ անդ դադարի: Եւ ապա մեծիմաստն Սոկրատէս կորովակի բանիւք՝ սկսեալ ի սրբոյն Սեղբեստրոսէ Հռոմայ հայրապետէն եւ ի Կոստանդիանոսէ մեծէ, ածէ մինչեւ յաւուրս Թէոդոսի փոքու, զարարս եւ զգործս իւրաքանչիւր թագաւորաց եւ զեպիսկոպոսաց, եւ զառաքինեաց եւ զվատթարաց, զժողովելոց բազմաց եղելոց՝ պիտանեաց եւ խոտանաց, ընդարձակ եւ յաճախ պատմութեամբ աւարտէ:

For these are divine precepts: "Fathers must teach their sons so that the next generation learns"[2] as the prophet David enjoins, and as the great prophet Moses advised the sons of Israel: "Meditate on this by day and by night, sitting at home, travelling along the way, sleeping and arising."[3] Among those who have helped in this education have been many men of God who left behind a living monument—their writings for all generations succeeding them. Such a person was the great Eusebius who left two books. One is the *Chronicle* which begins with the ancestor Adam, in which Eusebius compared the barbarous names of the Patriarchs found in pagan histories to the names in Christian histories, continuing until the Coming of Christ and beyond, and including the names of chiefs and kings of many peoples of this region. The other book is the *History of the Church* which begins with the birth of the Sun of Righteousness and contains accounts of the kings and the missionary activities of the holy Apostles, describing who of them did what and where each went and how he was martyred. It describes the holy bishops and the work and bravery of distinguished men, down to the days of the pious Constantine, where the book ends. The book of the learned Socrates Scholasticus, written with forceful expression, begins with Saint Sylvester, the bishop of Rome, describes Constantine the Great, and proceeds until the days of Theodosius the Younger, narrating the deeds and accomplishments of each of the kings and bishops, the virtuous and the wicked, the acts of many councils, good and bad, in a lengthy and extensive work.

---

2 Psalms 78:5-6.
3 Joshua 1:8; Deuteronomy 6:7, 11:19.

Իսկ Հայոց ազգի պատմագիրք յոլովք ցուցին աշխատութիւն. որպէս սքանչելի եւ կորովամիտն Ագաթանգեղոս, որ թարգմանի բարի հրեշտակ, որ եցոյց հրամանաւ մեծազօր եւ քաջ արքային Տրդատայ զհանգամանս իրաց եղելոց առ Հայս ի ձեռն սրբոյն Գրիգորի Պարթեւի եւ խոստովանողի Քրիստոսի, զգործս նշանաց եւ արուեստից եւ սքանչելագործութեանց, եւ զպատճառս լուսաւորութեան Հայոց աշխարհիս, գեղեցիկ եւ պայծառ պատմութեամբ աւարտէ: Եւ զկնի նորա ամենահարուստն գիտութեամբ եւ մեծն իմաստութեամբ քան զյոլովս սուրբ այրն Աստուծոյ Մովսէս Խորենացի, որ զՀայոց պատմութիւնն շարագրեաց բազմահանճար եւ յոգնադրուատ բառիւք. համառօտ պատմութեամբ եւ ընդարձակ մտօք ի նախնի մարդոյն սկսեալ՝ զյոլովից ազանց իրս եւ զգործս եւ զարարս, բերեալ մինչեւ յաւուրս Տրդատայ եւ սրբոյն Գրիգորի եւ անտի մինչեւ ցկատարումն սրբոյն Սահակայ Հայոց հայրապետի, եւ զողբսն ասացեալ ի վերայ աշխարհիս Հայոց՝ անդանօր դադարեցուցանէ: Եւ յետ նորա սուրբն Եղիշէ, որ պատմի զքաջութիւն Վարդանայ, թոռին սրբոյն Սահակայ, եւ զընկերաց նորա, որք յուսովն Քրիստոսի զանձինս ի մահ եդին եւ պսակեցան ի Քրիստոսէ, եւ զարիական մահ սրբոց Յովսեփեանցն, եւ զկամաւ տալն զանձինս ի կապանս արքունի նախարարացն Հայոց վասն յուսոյն, որ ի Քրիստոս, եւ զհամբերող նահատակութիւն սրբոցն Խորենայ եւ Աբրահամու, զոր ստուգութեամբ ցուցանէ այրն սքանչելի: Եւ ապա Ղազար Փարպեցի ճարտասան, սկսեալ յաւուրցն սրբոյն Սահակայ, զնոյն ոճ պատմէ: Եւ զկնի նորա Փաւստոս Բիւզանդ, որ զեղեալ իրս պատմի Հայոց աշխարհիս ընդ պարսիկս եւ ի նոցանէ մերս:

GANDZAKETS'I'S HISTORY OF THE ARMENIANS

Many Armenian historians [also] have produced works. Among them are the venerable and brilliant Agat'angeghos (which translates "glad tidings") who, at the order of the mighty, brave king Trdat, put down the details of events which transpired among the Armenians at the hands of Saint Gregory the Parthian, the confessor of Christ; deeds, miracles and wonders, and the circumstances of the illumination of the land of Armenia, all in a beautiful and clear narration. After Agat'angeghos was Movses Xorenats'i, richer in knowledge and wisdom than many holy men of God, who composed the *History of the Armenians* concisely and carefully beginning with the first man and including the affairs, works and deeds of many peoples from the days of Trdat and Saint Gregory to the death of Saint Sahak, patriarch of the Armenians. He concludes with a lament pronounced over the land of Armenia. After Xorenats'i was the blessed Eghishe who narrated the brave deeds of Vardan, Saint Sahak's grandson, and his companions who (in the hope of Christ) gave themselves up to death and were crowned by Christ. He wrote about the courageous deaths of the blessed Yovsep'eants', how the Armenian *naxarars* willingly surrendered to the royal fetters for their conviction for Christ, voluntarily; and about the patient martyrdom of the saints Xoren and Abraham, which this wonderful man set forth precisely. And then there is the rhetorician, Ghazar P'arbets'i, who begins with the days of Saint Sahak and narrates events in the same style. And following him P'awstos Biwzand, who relates what transpired in Armenia between the Iranians and us.

Եւ Հեռակլն ի Սեբիոսէ եպիսկոպոսէ ասացեալ: Եւ Պատմութիւն սքանչելի առն Կորեան: Եւ Խոսրով: Եւ Ղեւոնդ երիցու Պատմութիւնն, որ զոր ինչ գործեցին Մահմետ եւ աթոռակալք նորա ընդ աշխարհս ամենայն եւ առաւել եւս ընդ ազգս Հայոց: Եւ Թովմայ վարդապետն, պատմագիր տանն Արծրունեաց: Եւ Շապուհ Բագրատունի: Եւ տէր Յովհաննէս կաթողիկոս Հայոց: Եւ Մովսէս Կաղանկատուացի, պատմագիր Աղուանից: Եւ Ուխտանէս եպիսկոպոս Ուռհայի, որ գրեաց զբաժանումն վրաց ի Հայոց ի ձեռն Կիւրիոնի: Եւ Ստեփաննոս վարդապետ մականուն Ասողիկ: Եւ Արիստակէս վարդապետ, կոչեցեալն Լաստիվերտցի: Եւ Մատթեոս վանաց երէց Ուռհայեցի: Եւ Սամուէլ քահանայ կաթուղիկէին Անւոյ: Եւ ապա մեծիմաստ եւ հանճարեղ վարդապետն անուանեալն Վանական:

Որոց փոյթ եղեւ սոցա իւրաքանչիւր սրբոցս՝ գրով թողուլ զյիշատակ բարի զկնի եկելոցս յօգուտ լսողացն եւ ի վարձատրութիւն նոցուն սրբոցն՝ անջինջ լինել յիշատակ մինչեւ յօրն Քրիստոսի:

Իսկ մերս ձեռնարկութիւն մի՛ ումեք յանդգնութիւն համարեսցի, այլ առաւել բարեաց նախանձու գործ. զի հարկանէն զմեզ միտք մեր՝ ոչ տալ լռութեան զայսպիսի աղէտ ելին ամենայն սրբոց մարգարէութիւնք, որք յառաջագոյն գուշակեցին վասն նեղութեանցս, որ հանդերձեալ էր լինել եւ առ մեզ գործովք կատարեցաւ. զոր եւ ասաց փրկիչն մեր եւ Աստուած տէր Յիսուս Քրիստոս, թէ՝ «Այն, ասէ, սկիզբն ի երկնաց» յայտնութիւն որդւոյն կորըստեան, զոր երկնչիմք՝ մի՞ գուցէ երեւեսցի նա ի մերում աւուրս. զի գործք ամե-նայն, որ գործին այժմ, զնոյնն նշանակեն:

And the history of Heraclius was written by bishop Sebeos. And the history of the wonderful Koriwn. And Xosrov. And the history of the priest Ghewond which is about what Mahmet and his successors did all over the world and especially among the Armenian people. And the *vardapet* T'ovma, historian of the house of Artsrunik'. And Shapuh Bagratuni. And lord Yovhannes, Catholicos of the Armenians. And Movses Kaghankatuats'i, historian of Aghuania. And Uxtanes, bishop of Urha, who wrote about the [doctrinal] separation of the Georgians from the Armenians by Kiwrion. And the vardapet Step'annos, surnamed Asoghik. And the vardapet Aristakes called Lastivertts'i. And Samuel, the priest from the cathedral of Ani. And the learned and brilliant vardapet called Vanakan.

It was the concern of each of these blessed men to leave behind a good written memorial for the future, for the benefit of the listeners and as a recompense for these same saints, an undying memorial to endure until the coming of Christ.

Now as for our undertaking, let no one consider it bold. But rather, it is a work of goodly emulation. For our mind has compelled us not be silent about such calamitous disasters which we heard about with our own ears and saw with our own eyes. These times brought to mind all the prophecies previously prophesized about the difficulties which would come later on; and this came to pass in our own time. As our Savior and God, Lord Jesus Christ, said: "Nations shall rise up against nations, and kingdoms against kingdoms," "and this is but the beginning of the sufferings."[4] The appearance of the son of destruction whom we fear, may happen in our own day. For everything done today points to this.

---

4 Matthew 24:7-8; Mark 13:8.

Սէր ցամաքեալ, եւ անգթութիւն տիրեալ, աստուածապաշտութիւն նուազեալ, եւ անհաւատութիւն բարձրացեալ. սեղանք եւ պատարագք լռեալք, եւ քահանայք անողորմ ի սուր անկեալք. Կանայք եւ մանկունք գերեալք, եւ արք դառնամահիք լեալք. զի՛ զոր գուշակեաց այն Աստուծոյ սուրբն Ներսէս վասն ազգին նետողաց եւ աւերման աշխարհիս Հայոց, այժմ կատարեցաւ յազգէ, որ թաթարն կոչի. զի զբազում ազգս եւ զազինս ջնջեաց սա, զոր յիւրում տեղւոջն պատմեսցուք, եթէ տէր կամեսցի:

Բայց իւրաքանչիւր ոք յառաջին աշխատասիրացն եգիտ տեղի ինչքուռն հարկանելոյ, կամ թագաւոր երեւելի եւ կամ նահապետութիւնք ազգաց յայտնի: Իսկ մեր յայսմ յամենայնէ թափուր եղեալ. Զի թագաւորութիւնն վաղ ուրեմն բարձեալ՝ Արշակունին եւ Բագրատունին, եւ իշխանք ոչուրեք երեւեալ Հայկազնի, բայց թէ ուրեք ուրեք ղօղեալք եւ թաքուցեալք յօտար աշխարհի. բայց միայն յոյս մի եղեալ առաջի՝ զաւուրս շնորհի եւ զխորհրդոյս զօրութիւն զի յայսմ աւուր, յորում ձեռնարկեցաք ի սմա, տօն է գալստեան ամենասուրբ հոգւոյն ի վերնատունն ի դասս առաքելոցն՝ հրեղէն լեզուօք հրաշախարդեալ զնոսա ընդ տիեզերս առաքեաց՝ կոչել զամենեսեան ուղղափառ աւետարանին ի կեանս անմահականս:

Եւ մեք ի նոյն հոգի վստահ եղեալ, արկաք զանձինս յաշխատութիւն, որ ի վեր է քան զկար մեր: Վասն որոյ աղաչեմք զկնի եկեալսդ ոչ աղարտել զաշխատութիւնս մեր, որպէս անուսմունք, եւ խնչել քթօք, եւ յօնօք պռստել, այլ զիջանել եղբայրաբար եւ ձեզ թողուլ յիշատակ ապագայիցն, զի Քրիստոսի աշակերտացն ամենայն ինչ հաւանութեամբ է, որպէս ուսանիմք ի գրոց: Այլ մեք բուռն հարցուք զիրէս, զոր սկսաք, եւ ցուցցուք նախ զանուանս աթոռակալացն սրբոյն Գրիգորի՝ ի նմանէ սկսեալ մինչեւ առ մեզ սուղ ինչ համառօտիւք. զի լիցի սա մեզ արձան գերեզմանի, ոչ ըստ նմանութեան Աբիսողոմեան քարին, այլ կենդանի, զի յիշեսցի ի սմա անուն Կիւրակոսի:

Love has dried up, cruelty reigns, worship has declined, and irreligion has increased. Altars and masses are silent and priests have fallen to the sword without mercy. Women and children are taken into slavery and men suffer violent deaths. For what saint Nerses, that man of God, prophesied about the Nation of the Archers and about the destruction of the land of the Armenians has now been fulfilled by the people called T'at'ars. For they have wiped out many nations and tribes, as we shall relate in the proper place, if the Lord allows.

Each of the former scholars working before us found a certain place, [his work] being sponsored either by a distinguished king or by *nahapet*s[5] of distinguished families. Yet now we are deprived of any such support since the Arsacid and Bagratid kingdoms have long since vanished and nowhere are there princes of the line of Hayk remaining except for those who are crouched and hiding in foreign lands. The one hope we have we place on the grace and the might of the mystery of this day. For today, the day on which we began this work, is the feast of the coming of the most Holy Spirit to the Upper chamber among the ranks of the Apostles, when Christ sent them throughout the world, fortified with fiery tongues, to summon all to Life Everlasting, with the net of the Gospel.

We, confident of the same Spirit, have plunged ourselves into a task which is above our abilities. Therefore, we beseech those coming after us, not to denigrate our work, not to scoff at or disdain it as unlettered, but accept it with brotherly condescension and let it be for your remembrance, for posterity. For among the disciples of Christ all must be accomplished through conciliation as we learn in the Scriptures. But let us attack the task which we have started and present first, concisely, the names of the occupants of the [Catholicosal] throne of Saint Gregory, beginning with the latter and extending to our own times. Let it be for us a cemetery monument, not like the pillar of Absolom,[6] but a living memorial on which the name of Kirakos will be remembered.

---

5 *nahapet:* patriarch.
6 2 Samuel 18:18.

Ա

Համառօտ պատմութիւն եւ գոյցք անուանց սրբոյն Գրիգորի եւ որք յետ նորա յաջորդեցին զաթոռ նորա:

Ամենայն գովեստից արժանի եւ յիշատակաւ բարեաւ հրռչակեալ հայրն մեր հոգեւոր եւ ըստ աւետարանին ծնող սուրբն Գրիգորիոս՝ յետ լուսաւորելոյ նորա զՀայաստան աշխարհս աստուածգիտութեամբ եւ ամենայն ուղղափառ կարգօք եւ օրէնսդրութեամբ, եւ ձեռնադրելոյ եպիսկոպոսս աւելի քան զչորս հարիւր եւ երեսուն, գնալ եղեւ նմա եւ մեծի արքային Տրդատայ ի Հռոմ ի տեսութիւն նշխարաց սրբոց առաքելոցն Պետրոսի եւ Պօղոսի, եւ մեծ թագաւորին Կոստանդիանոսի, եւ սրբոյ հայրապետին Սեղբեստրոսի, դնել ուխտս եւ դաշինս ի մէջ իւրեանց: Եւ ընկալեալ մեծաւ պատուով սուրբն Կոստանդիանոս եւ մեծ հայրապետն աշխարհամուտ դրան՝ մեծարանս արարեալ սրբոյն Գրիգորի, որպէս խոստովանողի եւ առաքելաշնորհ վրկայի Քրիստոսի, տան նմա պատիւ հայրապետութեան, որպէս աթոռակալին Պետրոսի. տան նմա եւ մասն ինչ ի նշխարաց առաքելոցն, եւ զահեակ ձեռն Անդրէի առաքելոյ, եւ այլ ընծայս բազումս եւ յԵրուսաղէմ զԳողգոթայ՝ զտեղի խաչելութեանն Քրիստոսի, եւ զսուրբ Յակովբն, եւ տեղի մի պատարագի ի սնարս սուրբ Յարութեանն: Ասեն՝ կախեաց կանթեղ մի սուրբն Գրիգոր ի վերայ գերեզմանին Քրիստոսի եւ խնդրեաց յԱստուծոյ աղօթիւք առանց զգալի լուսոյ լուցանիլ ի սուրբ պասեքի տօնին, որ լինի մինչեւ ցայսօր նշանն: Նոյնպէս եւ զմեծն Տրդատ մեծարեալ, որպէս վայել էր նորա քաջութեանն՝ արեամբն Քրիստոսի եւ հաւատովն, որ ի նա, դաշինս կռեալ, անքակ ունել զսէրն ի մէջ երկուց ազգացս յետ նոցա:

I

BRIEF HISTORY OF SAINT GREGORY AND A LIST OF THE NAMES OF HIS SUCCESSORS ON THE [CATHOLICOSAL] THRONE.

Our spiritual father, Saint Gregory, born in Christ, is worthy of all praise and exalted by a good memory. After he had enlightened the land of Armenia with the knowledge of God, with orthodox regulations and canons, and after ordaining more than 430 bishops, he went with the great King Trdat to Rome to see the relics of Saints Peter and Paul, and the great King Constantine and the holy patriarch Sylvester to make a vow and an alliance with them. Blessed Constantine and the great patriarch received the blessed Gregory at court with great honors, exalting him as a confessor and a witness of Christ, possessing the gifts of an Apostle. They gave him the dignity of patriarch, like a vicar of Peter. And they gave him a part of the relics of the Apostles: the left hand of the Apostle Andrew, and many other gifts. In Jerusalem[7] they showed Golgotha, the place of Christ's crucifixion, [the church] of Saint James, and a place for saying mass in the rear of [the church] of the Holy Resurrection. They say that Saint Gregory placed a lamp over the tomb of Christ and beseeched God with his prayers that on the feast of Easter, the place be lit with an immaterial light, something which occurs down to our own day. Likewise, they honored the great Trdat in a manner befitting his valor, making an alliance by the blood of Christ and with faith in Him to maintain inviolable love between the two peoples, in times after themselves.

---

7 There seems to be a lacuna in the Armenian text after the word Jerusalem.

Եհարց Կոստանդիանոս զսուրբն Գրիգոր. «Ո՞րքան ուրախութիւն է առաջի հրեշտակաց ի գիտ այսքան մոլորեալ ոչխարաց»: Պատասխանի ետ. «Բազում յոյժ, բայց մի՛ ոչխար համարին աղամայինքս առ վերնոց բազմութիւն»: Եւ կայսրն ասէ. «Եւ փրկեալքս մի՛ վերջացուցք հանդիսանալ ընդ նոսա եկաւորիլդ ձեր»:

Եւ հրամայեաց ամենայն քաղաքին խրախանալ զենմամբ խաշանց: Եւ հրեայքն եւ հեթանոսքն, որք մնացեալ էին յանհաւատութեան, լուանային յօրհնութեան աղէն, զի սուրբն Գրիգոր եւ Սեղբեստրոս աղ օրհնեցին: Եւ ասէ սուրբն Գրիգոր ցհրեայսն. «Դուք զթլփատութիւնն անթլփատութիւն արարիք հակառակ օրինացն»: Եւ ասէ. «Յանասնոցն, որք մատչին պատարագ Աստուծոյ, կամ նուէր սրբոց, կամ յիշատակ ննջեցելոց, առանց օրհնութեան աղի, իբր զոհ հեթանոսաց է»:

Եւ ապա եկեալ յաշխարհս մեր՝ մեծաւ ցնծութեամբ եւ հոգեւոր ուրախութեամբ, մեծապէս զարդարէին զաշխարհս մեր ամենայն քրիստոնէական կարգօք: Եւ ի կենդանութեան իւրում ձեռնադրեաց զսուրբ որդին իւր զԱրիստակէս՝ եպիսկոպոսապետ Հայոց, եւ Վրաց, եւ Աղուանից. եւ ինքն բուռն հարեալ զմիայնակեաց կարգաց, զի ամենայնիւ պսակեսցի՝ առաքելականաւն, եւ մարտիրոսականաւն, եւ հայրապետականաւն, եւ միայնաւորութեամբն, որ առաւել ընտանեցուցանէ զմարդն Աստուծոյ՝ անզբաղապէս ընդ նմա խօսելով: Եւ յորժամ եկն Արիստակէս ի ժողովոյն Նիկիոյ, այնուհետեւ սուրբն Գրիգոր այլ ոչ ումեք երեւեցաւ: Կեցեալ ժամանակս յոլովս՝ հանգեաւ ի Քրիստոս, կալեալ զհայրապետութիւնն ամս երեսուն: Եւ գտեալ զնա հովուաց վախճանեալ, կարկառ քարի կուտեցին ի վերայ նորա:

Constantine asked Saint Gregory, "How great is the joy of the angels at the discovery of so many sheep which have strayed?" He replied: "Very great indeed. But let us, the sons of Adam, not be considered as sheep by the Heavenly Host." And the emperor said: "Let us, the saved, never stop associating with them during your coming."

And he ordered all the cities to celebrate with the sacrificing of sheep. The Jews and pagans who had remained unconverted were washing with the blessed salt, for Saint Gregory and Sylvester had blessed salt. And Saint Gregory said to the Jews: "You perform circumcision on the uncircumcised, contrary to the laws. Animals offered in sacrifice to God as a dedication to the saints, or in memory of the dead without the blessing of salt, are like the sacrifices of pagans."

He then came to our land with great rejoicing and spiritual gladness, and our lands were greatly adorned with all the Christian laws. During his life he ordained his blessed son Aristakes head bishop of the Armenians, Georgians, and [Caucasian] Aghuans. He himself then pursued a solitary life, so that he be crowned with every sort of crown—Apostle's, martyr's, patriarch's, cenobite's—which more accustoms man to speaking with God tranquilly. When Aristakes returned from the Council of Nicaea, Saint Gregory thereafter appeared to no one. After a long life, he passed away in Christ, having occupied the patriarchate for 30 years. Shepherds, discovering him dead, piled a heap of stones over his body.

Եւ յետոյ ազդեցութեամբ հոգւոյն եգիտ զնա ոմն Գառնիկ, այր ճգնաւոր եւ սուրբ, եւ տարեալ հանգուցին ի գիւղն Թորդան: Եւ յաւուրս Զենոնի կայսեր տարան ի նշխարաց նորա եւ ի սրբոց Հռիփսիմեանցն ի Կոստանդնուպօլիս. եւ արարեալ տապան արծաթի՝ եդին ի նմա զնշխարս սրբոցն. գրելով զիւրաքանչիւր անուանս ի վերայ, եդին ի մարմարեայ տապանի եւ կնքեցին մատանեաւ: Եկաց ժամանակս յոլովս անյայտս ոչ գիտելով՝ ոյր ուրուք է, բայց զայս միայն, թէ սրբոց է:

Իսկ յաւուրս Վասլի կայսեր եւ Աշոտոյ Բագրատունւոյ հայոց թագաւորի, յայտնի եղեւ այսպէս. Պատանի մի ըմբռնեալ յոգւոյ չարէ, մինչդեռ յաղօթս էր ի նմին եկեղեցւոջ, ուր կային նշխարք սրբոցն, վերացուցեալ դիւին զպատանին՝ ընկէց ի վերայ տապանի սրբոցն, աղաղակէր եւ ասէր. «Սուրբդ Գրիգորիոս՝ լուսաւորիչ Հայոց, մի՛ տանջեր զիս. եւ դու, տիկին Հռիփսիմէ, եկիր տանջել զիս. եւ դու, Գայիանէ, տանջես զիս»: Եւ զայս աղաղակէր ի բազում ժամանակս:

Եւ զայս լուեալ բազմութեանն՝ ազդեցուցին թագաւորին: Եւ հրամայեաց բանալ զտապանն: Եւ իբրեւ բացին, լոյս սաստիկ փայլատակեաց ի նշխարաց սրբոցն: Եւ հրամայեաց կայսրն զմարմարեայ տապանն պատել ոսկւով եւ գրել զանուանս սրբոցն ի վերայ, զի ամենայն ոք գիտասցէ, թէ ո՛յր է տապանն: Զայս ամենայն եկեալ ներքինի մի կայսեր, պատմեաց թագաւորին Աշոտոյ. եւ նորա լուեալ՝ ետ փառս Աստուծոյ, եւ կարգեցին զօրն զայն տօն սրբոյն Գրիգորի, որ ի վեցերորդ շաբաթու աղուհացիցն շաբաթ օրն կատարի մինչեւ ցայժմ:

Later, under the influence of the Spirit, a certain hermit and saint named Garhnik found him and took him to T'ordan village. In the days of the Emperor Zeno,[8] they took some of his remains and those of the holy Hrhip'simeans to Constantinople, and, fashioning a coffin of silver, they put the relics of the saints in it. Writing upon it the names of each [saint], they placed [the reliquary] in a marble sepulcher and sealed it with a ring. It remained obscure for a long time, no one knowing whose remains it contained, only that it was of some saint.

Now in the days of the Emperor Basil[9] and of Ashot Bagratuni, king of the Armenians, it came to light in the following way. A youth was seized by an evil spirit while praying in that very church where the relics of the saints were. The child was lifted up by the *dew*[10] and thrown upon the tomb of the saints, crying and saying: "Saint Grigorios, illuminator of the Armenians, don't torture me. And you, lady Hrhip'sime, have come to torture me; and you, Gayane, are torturing me." He was shouting this for a long while.

When the multitude heard these words, they notified the king who ordered the coffin opened. As soon as they opened it, a strong light gleamed forth from the relics of the saints. And the emperor ordered that the marble coffin be overlaid with gold and that the names of the saints be written on it, so that everyone would know whose tomb it was. An imperial eunuch came and related all this to King Ashot, and when he heard it, he glorified God and instituted a feast of Saint Gregory on that day, Saturday in the sixth week of Lent. This feast is observed to this day.

---

8 *Zeno* (474-91).
9 *Basil I* (867-886).
10 *dew:* demon.

Իսկ սուրբն Արիստակէս բարուք հովուէր զհօտն, որ հաւատացաւ նմա, եւ յանդիմանէր անաչառութեամբ զոչ եկեալսն յուղղութիւն: Վասն որոյ Արքեղայոս ոմն, որ էր վերակացու կարգեալ Չորրորդն կոչեցեալ Հայոց, յանդիմանեալ ի նմանէ վասն չար գործոց իւրոց, պատահեալ նմա ի Ծոփաց գաւառին, սպան զնա եւ ինքն երկուցեալ յարքայէն Տրդատայ՝ գնաց փախստական ի Տարսոն Կիլիկեցւոց: Զեօթն ամ կալեալ զեպիսկոպոսութիւն՝ մարտիրոսական մահուամբ փոխեցաւ առ Քրիստոս:

Եւ կացոյց փոխանակ նորա յաթոռ հայրապետութեան Տրդատ արքայ զերէց որդի սրբոյն Գրիգորի՝ զմեծն Վրթանէս, զեղբայր սրբոյն Արիստակիսի: Եւ ինքն սիրեաց զվարս միայնակեցութեան, որպէս զսուրբն Գրիգոր: Այնուհետեւ ընդ ժամանակս ժամանակս անյայտ լինէր ի զօրաց իւրոց, քառասնօրեայ ժամանակս ձգեալ պահօք եւ աղօթիւք: Եւ երթեալ զօրացն նորա՝ աղաչէին զնա ունել զթագաւորութիւնն: Իսկ նա ոչ հաւանէր՝ ասելով տիրանենգս զնոսա եւ առ աչս մարդկան ունել զաստուածպաշտութիւնն: Եւ նոքա երդմունս արարեալ եւ մուրհակս կնքեալ, սրբութեամբ ունել զքրիստոնէութիւնն եւ միամտութեամբ ծառայել նմա: Եւ նորա հաւանեալ կամաց նոցա, դառնայ յաթոռն իւր եւ ամենայն կարգաց առաքինութեան ինքն լինէր օրինակ:

Իսկ նոքա՝ տաղտկացեալք ի բարեպաշտութենէ նորա, խորհեցան նենգութեամբ սպանանել զնա: Եւ տարեալ զնա յորս զբօսանաց աղագաւ եւ հարեալ նետիւ՝ խոցեն զնա, իբր անգիտութեամբ: Եւ տեսեալ, եթէ ոչ մեռանի յայնմանէ, տան նմա դեղ մահու: Եւ այսպէս լուծին զնա ի կենցաղոյս, զա՛յն, որ թշնամիք իւր ոչ կարացին ստնանել նմա, որ հսկայաբար քաջութեամբ յաղթէր ամենայն պատերազմաց, որ անհնարինն էր համարեալ ուժով, որ համբաւ քաջութեան նորա ելեալ էր ընդ ամենայն տիեզերս, զնա՛ սպանին նենգութեամբ եւ յանձանց իւրեանց շիջուցին զբազմալոյս ջահն: Այսպէս հանգեաւ բարեպաշտ եւ աստուածասէրն Տրդատիոս, կալեալ զթագաւորութիւն զամս յիսուն եւ վեց:

Now the blessed Aristakes cared well for the flock which was entrusted to him, and reprimanded without exception those not reforming. It happened that a certain Ark'eghayos who had been made supervisor of so-called Fourth Armenia, had been reprimanded by Aristakes because of his evil deeds. Meeting [Aristakes] in the district of Tsop'k', Ark'eghayos killed him and went as a fugitive to Cilician Tarsus, out of fear of King Trdat. Aristakes held the episcopacy for seven years and was translated to Christ with a martyr's death.

In place [of Aristakes] King Trdat put on the patriarchal throne the great Vrt'anes, senior son of Saint Gregory, the brother of the blessed Aristakes. He himself [Trdat] liked the solitary life as had Saint Gregory. Thenceforth from time to time he did not appear among his forces, instead fasting and praying for forty days at a time. Going to him, his forces beseeched him to occupy the throne. But he did not agree to this, calling them traitors, superficially practicing their piety. They swore vows and sealed decrees to practice Christianity with sanctity and to serve [the king] without prevarication. And Trdat acceded to their wishes, occupied his throne, and became an example of all kinds of virtues.

But becoming weary of his piety, they planned to kill him treacherously. Taking him to the hunt, they attacked him with bow and arrow, as if by accident. Seeing that he did not die from that, they gave him poison. And thus they murdered him. They snuffed out the life of this man, an individual, whose enemies had been unable to hurt him due to his titan-like bravery, because he triumphed in every battle. What was considered impossible to accomplish by force—since the reputation of [Trdat's] bravery had spread throughout the entire world—they accomplished with treachery and so extinguished the glowing torch of their own lives. The pious and God-loving Trdatios thus died, having reigned for 56 years.

Իսկ մեծն Վրթանէս՝ երթեալ առ Կոստանդին կայսրն, թագաւորեցուցանել զԽոսրով՝ զորդի քաջի եւ առաքինւոյն Տրդատայ, զոր եւ արար իսկ, զօր բազում տուեալ յօգնականութիւն նմա՝ ընդդէմ կալ պատերազմաւ թագաւորին պարսից Շապհոյ:

Բայց Սանատրուկ, որ կողմանցն Աղուանից վերակացու կարգեալ էր ի Տրդատայ, իբրեւ լուաւ զմահ նորա, սպանանէ զսուրբն Գրիգորիս, զորդին Վրթանիսի, զեղբայր Յուսկանն՝ կապեալ զնա զագւոյ ամեհի ձիոյ ի դաշտին Վատնեան, եւ ինքն երթայ առ Շապուհ արքայ պարսից, եւ ընդունի զձեւ թագաւորութեան, հաստուածէ զաշխարհն ի Խոսրովայ:

Եւ Խոսրովու՝ բաւական համարեալ զմնացեալ աշխարհն իւր, ոչ ինչ փոյթ զպատերազմաց արարեալ, այլ խաղաղական կենօք կացեալ, հնազանդեալ խրատու մեծին Վրթանայ, փոխէ զԱրտաշատ քաղաք ի Դուին եւ տնկէ անտառս կաղնեաց տեղի զբօսանաց. եւ թագաւորեալ ամս ինն՝ վախճանի բարեպաշտութեամբ: Եւ թագաւորէ փոխանակ նորա Տիրան որդի նորա:

Իսկ սուրբն Վրթանէս բարւոք կարգաւորութեամբ վարեաց զժամանակս կենաց իւրոց. թէպէտ բազում անգամ կամեցան սպանանել զնա նախարարքն, այլ աստուած ոչ ետ թոյլ այնպէս լինել, այլ խաղաղական մահուամբ փոխեցաւ առ Քրիստոս յոյսն ամենեցուն: Եւ թագաւորն Տիրան կացոյց փոխանորդ նորա զորդի նորա զսուրբն Յուսիկ, զեղբայր Գրիգորիսի Աղուանից կաթողիկոսի:

Բայց Տիրան ոչ ըստ իրաւանցն Աստուծոյ վարէր զթագաւորութիւնն, այլ չար գործովք, զոր յանդիմանէր սուրբն Յուսիկ անաչառութեամբ: Իսկ Տիրան ատէր զնա, յետոյ եւ սպան զնա, այսպիսի պատճառաւ.

Now the great Vrt'anes went to Emperor Constantine to have Xosrov, son of the brave and virtuous Trdat made king. This was done and Xosrov was given much support to oppose the Iranian king Shapuh in war.

But Sanatruk—who had been set up as overseer of the Aghuanian areas by Trdat—as soon as he learned of the king's death, murdered the blessed Gregoris, son of Vrt'anes and brother of Yusik, by tying him to the tail of a wild horse in the Vatnean [Mughan] plain. Then Sanatruk himself went to Shapuh, king of Iran, and adopted the appearance of sovereignty, separating his land from Xosrov.

Xosrov, considering his remaining land sufficient, did not care to make war but spent his life peacefully, obedient to the counsel of great Vrt'anes. He transferred [the capital] from the city of Artashat to Dwin and planted oak forests for a place of recreation. Having reigned for nine years, he died in piety. His son Tiran ruled in his stead.[11]

Now Saint Vrt'anes spent his life doing good deeds. Although the *naxarars* wanted to kill him many times, God did not allow this to occur. Instead, Vrt'anes died peacefully and passed to Christ, the hope of all. King Tiran replaced him with his son, the blessed Yusik, brother of Gregoris, Catholicos of Aghuania.

However, Tiran did not rule the kingdom according to the rules of God, but with evil deeds which the blessed Yusik vigorously reprimanded. Tiran despised Yusik and later murdered him for the following reason:

---

11 *Tiran* (c. 339-50).

VOLUME I

Եղեւ յետ մահուան Կոստանդնի կայսեր, որդւոյ մեծի Կոստանդիանոսի, թագաւորէ հռոմայեցւոց Ուրացողն Յուլիանոս. եւ առաքէ տախտակ մի, յորոյ վերայ նկարեալ էր պատկերն սատանայի եւ մերձ առ նմա Յուլիանոսին, դընել զայն յեկեղեցին հայոց: Եւ Տիրան առ երկիւղի նորա առնէ զհրամայեալն: Իսկ սուրբն Յուսիկ դիմադարձ եղեալ, ոչ տայր թոյլ մուծանել յեկեղեցին, այլ առեալ ի ձեռաց նորա՝ ընկէց յերկիր եւ, կոխան արարեալ ոտից իւրոց՝ մանրեաց զնա: Եւ բարկացեալ Տիրան, հրամայեաց ջալոտիւք հարկանել զնա մինչեւ մեռցի: Որ կալաւ զաթոռ եպիսկոպոսութեան ամս վեց:

Իսկ Տիրան կոչէ զմեծ քորեպիսկոպոսն Դանիէլ, ազգաւ ասորի, զոր կացուցեալ էր սրբոյն Գրիգորի տեսուչս գաւառաց, այր սուրբ եւ սքանչելագործ: Եւ նորա եկեալ՝ յանդիմանէ զնա սաստիկ անիծիւք վասն սպանման սուրբ քահանայապետին Յուսկանն: Եւ բարկացեալ Տիրան՝ հըրամայեաց խեղդել զնա. եւ կատարեցաւ սուրբն մարտիրոսական մահուամբ: Եւ յետ այնորիկ կացոյց Տիրան յաթոռ քահանայապետութեան զՓառներսեհ ոմն, ոչ յազգէ սրբոյն Գրիգորի, այլ ի Տարօնոյ, ի գեղջէ Աշտիշատոյ, որ կալաւ զաթոռն ամս հինգ:

Եւ Շապուհ արքայ պարսից կոչէ զՏիրան առ ինքն խաբէութեամբ, եւ ի ճանապարհին կուրացուցանեն զաչս նորա ածխով, վրէժխնդրութիւն լեալ յԱստուծոյ անիրաւ մահուանցն, զոր արար նա ընդ Յուսիկ եւ ընդ Դանիէլ: Եւ յետոյ խեղդեաց զնա որդի իւր Արշակ, որ թագաւորեաց ամս երեքտասան:

After the death of the son of the great Constantine, Emperor Constantius, Julian the Apostate ruled over the Romans.[12] He sent a tablet on which was painted the picture of Satan and next to him that of Julian, in order that it be placed in the Armenian church. Tiran, out of fear of Julian, did as he was ordered. However, the blessed Yusik was opposed to this and did not allow the painting to enter the church. Instead he grabbed it from [Tiran's] hands, threw it on the ground and trampled it with his feet, shattering it to bits. The angered Tiran ordered Yusik to be beaten to death with clubs. [Yusik] occupied the episcopal throne for six years.

Then Tiran called the great suffragan bishop Daniel, an Assyrian, whom Saint Gregory had placed as overseer over [certain] districts. He was a saint and a miracle-worker. And when he arrived, Daniel reprimanded the king with severe oaths on account of the murder of the holy chief priest Yusik. Tiran became angry and ordered him strangled. Thus, the blessed man died a martyr's death. Tiran then placed on the patriarchal throne a certain P'arhnerseh, not of the line of Saint Gregory, but from the village of Ashtishat in Taron. He reigned for five years.

The king of Iran, Shapuh, treacherously called Tiran before him, and en route had his eyes blinded with coals. This was revenge granted by God for Tiran's unjust murder of Yusik and Daniel. Later his own son, Arshak, strangled him. [Tiran] ruled for thirty years.

---

12 *Julian the Apostate* (361-63).

Եւ առնու զաթոռ թագաւորութեան նորա Արշակ հրամանաւ Շապհոյ: Եւ եկին առ նա ամենայն նախարարք իւր եւ ամենայն եպիսկոպոսք աշխարհիս Հայոց, եւ խնդրէին ի նմանէ հայրապետ յարժանաւոր ցեղէ սրբոյն Գրիգորի: Եւ գտին մանուկ մի գեղեցիկ հասակաւ եւ բարուք տեսանելով տեառն, որում անուն էր Ներսէս, որդի Աթանագինի, որդւոյ Յուսկանն, զի էին նորա երկու որդիք, անուն միոյն Պապ եւ միւսոյն՝ Աթանագինէս: Եւ մինչ կենդանի էր Յուսիկն, ոչ ձեռնադրեաց զոք ի նոցանէ ի գործ ինչ եկեղեցւոյ, քանզի չէին արժանիք: Եւ յետ մահուան նորա, ձեռնադրեն զնոսա ի սարկաւագութիւն բռնութեամբ: Իսկ նոքա թողեալ զգործ եկեղեցւոյ, ուտելոյ եւ ըմպելոյ պարապեալք. եւ փոխանակ սաղմոսից եւ երգոց հոգեւորաց, գուսանօք եւ վարձակօք եւ բոզիւք շատանային:

Եւ յաւուր միում նստեալ յեկեղեցւոջն՝ յուտել եւ յըմպել կանամբք եւ մանկտիւք, հուր անկաւ յերկնից եւ այրեաց զերկոսեանն՝ նորանշան մահուամբ խայտառակեալ: Եւ զաւուրս բազումս ի ներքս եկեղեցւոջն մնացեալ՝ ոչ ոք իշխէր մտանել եւ հանել արտաքս զդիս նոցա:

Բայց սքանչելին Ներսէս արժանի էր կոչմանն՝ յոր կոչէին զնա, զի էր նա այր արդար եւ սուրբ: Եւ էր նա զինուորեալ արքային Արշակայ, որ զսուսերն պողովատիկ ի սպասու նորա բարձեալ ունէր, որ եւ զանձն անարժան համարէր այնպիսւոյ պատուոյ: Իսկ արքայն Արշակ հրաման ետ ծերունի եպիսկոպոսին Փուստոսի՝ ձեռնադրել զնա սարկաւագ: Եւ ապա զօր բազում կազմեալ՝ առաքէ զնա ի Կեսարիա ի ձեռնադրել զնա հայրապետ: Եւ եկեալ անտի, լուսաւորէ զաշխարհիս Հայոց զանազան կարգաւ՝ շինէր վանորայս եւ աղքատանոցս, եւ ժողովէր զուրուկս եւ զհալածեալս, եւ կարգէր դարմանս եւ ռոճիկս նոցա:

By the order of Shapuh, Arshak occupied the throne of his kingdom.[13] And all his naxarars and all the bishops of the land of Armenia came to him requesting a patriarch from the worthy clan of Saint Gregory. They found a youth of fine stature, pleasing to the sight of the Lord, whose name was Nerses, son of Yusik's son, At'anagines. Yusik had two sons, one named Pap and the other At'anagines. While Yusik was alive he did not ordain either of them for any work in the church because they were unworthy. But after Yusik's death, they were forcibly ordained deacons. But they abandoned the work of the church, occupying themselves with eating and drinking. Instead of psalms and spiritual songs, they contented themselves with *gusans*,[14] singing women and whores.

One day when they were sitting in the church eating and drinking with women and servants, a fire fell from heaven and consumed both of them, disgracing them with an unheard-of death. And they remained inside the church for many days, since no one dared enter and remove the corpses.

Nerses the marvelous was worthy of the epithet by which he was called, for he was a righteous and blessed man. He had been a soldier of King Arshak who raised his steel sword in service to the king and considered himself unworthy of such honor. But King Arshak ordered the old bishop P'ostos to ordain him deacon. And gathering together a great force, the king sent him to Caesarea to be ordained patriarch. Returning from Caesarea, Nerses enlightened the land of Armenia with diverse laws, he built monasteries and poor-houses, and he gathered together the lepers and afflicted ones and arranged for their maintenance and stipulated stipends.

---

13 *Arshak II* (350-367).
14 *gusans:* minstrels.

Բայց Արշակ ոչ ըստ իրաւանց Աստուծոյ վարէր զթագաւորութիւնն, զի սպան նա զեղբօրորդին իւր զԳնէլ եւ առ զկին նորա զՓառանձեմ: Անէծ զնա սուրբն Աստուծոյ Ներսէս. այլ եւ թշնամիք եղեն նմա Շապուհ արքայն պարսից եւ Վաղէս կայսրն յունաց, որ յետ Յովբիանոսի բարեպաշտի: Եւ աղաչէ Արշակ զՆերսէս գնալ դեսպանութեան աղագաւ առ Վաղէս կայսր:

Եւ գնաց սուրբն Ներսէս խաղաղութիւն առնել ի մէջ երկուց թագաւորացն: Բայց Վաղէս, քանզի խմորեալ էր յաղանդն Արիոսի եւ Մակեդոնի, հալածիչ էր ուղղափառաց: Իբրեւ ետես զսուրբն Ներսէս եւ լուաւ, եթէ սքանչելագործ այր է, ասէ ցնա. «Բժշկեա՛ զորդի իմ», քանզի հիւանդ էր մերձ ի մահ: Եւ ասէ սուրբն. «Եթէ ի բաց կացցես յանհանճար աղանդոյդ՝ ես բժշկեցից զնա»: Եւ յանձն առ ի բաց կալ. եւ աղօթեալ սուրբն, յարեաւ մանուկն յախտէն:

Եւ Վաղէս դարձեալ ի նոյն հերձուածս դարձաւ, եւ իսկոյն մեռաւ մանուկն: Եւ Հրամայեաց աքսորել զսուրբն ի կղզի անբնակ, յորում ոչ գոյր բոյս դալարւոյ, բայց միայն աւազ: Եւ յաղօթել սրբոյն՝ բղխեաց աղբիւր բարեհամ, եւ ծովն ընկենոյր ձուկն եւ փայտ, եւ փայտոն առանց հրոյ ինքնին լուցանէր, եւ այնպէս կերակրեալ լինէին զինն ամիս:

Իսկ Արշակ իբրեւ ետես, եթէ աքսորեցաւ սուրբն Ներսէս, սկսաւ գործել մեծամեծ չարիս. շինեաց քաղաք մի եւ անդ ժողովեաց զամենայն չարագործս, եւ ասաց ոչ լինել իրաւունք, որ ոք գործիցէ զչարիս, եւ անկանիցի անդ: Եւ լցաւ քաղաքն անիրաւութեամբ, եւ անուանեաց Արշակաւան:

Իսկ Վաղէս կայսր չարամահ սատակեցաւ, զյաւիտենական գեհեննին աստէն բերելով զօրինակ՝ հրկէզ եղեալ: Եւ առնու զթագն Թէոդոս մեծ հրամանաւ Գրատիանոսի. եւ ածեալ զսուրբն Ներսէս յաքսորանացն, առ իւր պահէր մեծաւ պատուով մինչեւ ի հաւաքումն ժողովոյն հարիւր եւ յիսնիցն որ ի Կոստանդնուպօլիս՝ վասն հոգեմարտին Մակեդոնի, յորում ժողովեալ էին Գրիգոր Աստուածաբան եւ Գրիգոր Նիւսացի, եղբայր սրբոյն Բարսղի, եւ այլ բազում սուրբ հարք:

But Arshak did not rule the kingdom according to the law of God, for he slayed his brother's son, Gnel, and took Gnel's wife, P'arandzem, for his own wife. The blessed man of God, Nerses, then cursed him; while Shapuh, king of the Iranians, and Valens emperor of the Greeks (who ruled piously after Jovian) became his enemies. Arshak beseeched Nerses to go to Emperor Valens[15] in an embassy.

Saint Nerses went to make peace between the two kings. However, Valens was then persecuting the orthodox, since he was fermenting in the sects of Arios and Makedon. As soon as he saw Saint Nerses and heard that the man was a miracle-worker, he said to him: "Heal my son, for he is sick unto death." And the saint said: "If you turn from your ill-advised sect, I will cure him." And [the emperor] agreed. The holy man prayed and the child came out of his illness. But Valens then returned to the same heresy as before and the child died immediately.

Valens ordered that the blessed man be exiled to an uninhabited island where there would be no green plants, but only sand. At the saint's prayers, a fountain with delicious water flowed forth and the sea threw fish onto the shore and wood which burst into flame of its own accord. They dined this way for nine months.

When Arshak learned that Saint Nerses had been exiled, he began to work great evil. He built a city and gathered all the criminals there and said that there would be no trial against anyone who committed crimes and then went there. The city filled up with injustice. It was named Arshakawan.

Valens the emperor was killed barbarously, giving an example to this world of the future eternal Gehenna. He was burned to death. T'eodos[16] the Great took the crown at the order of Gratianos. And he released Saint Nerses from exile and kept him near himself with great honor until the gathering of the Council of One Hundred Fifty in Constantinople, at which were assembled Gregory the Theologian and Gregory of Nyssa, brother of Saint Basil and many other fathers, because of the heresy of Macedonius.

---

15 *Valens* (364-378).
16 *Theodosius I* (379-95).

Եւ ապա առաքէ զսուրբն Ներսէս յաթոռ իւր: Եւ տեսեալ զանիրաւ գործսն Արշակայ՝ անէծ զԱրշակաւանն. եւ անդէն սատակեցան բնակիչք նորա չարամահ. եւ եդ զնա ի բանտի անել, եւ ինքն ձեռօք իւրովք սպան զինքն. որ թագաւորեաց ամս երեսուն:

Իսկ սուրբն Ներսէս աղաչեաց զմեծն Թէոդոս, եւ թագաւորեցոյց Հայոց զՊապ՝ զորդի Արշակայ: Իսկ Պապ՝ քանզի զազրագործ էր, յանդիմանէր զնա սուրբն Ներսէս, եւ նմա դեղ մահու եւ ելոյծ զարդարն ի կենցաղոյս: Եւ սուրբն ի մեռանելն իւրում կոչեաց զհօտն իւր եւ օրհնեաց զնոսա, եւ բազում ինչ մարգարէացաւ վասն ազգին նետողաց, եւ աւերման Հայոց աշխարհիս, եւ վասն նեռինն եւ նեղութեանցն, որ ի նմանէ ընդ աշխարհս ամենայն. եւ ապա հանգեաւ սուրբն մարտիրոսական մահուամբ՝ արտօսր բազում թողեալ հօտին իւրոյ՝ կալեալ զհայրապետութիւնն ամս երեսուն եւ չորս: Եւ յաջորդէ զաթոռն Շահակ ոմն ոչ ի նոյն ազգէ, այլ ի զաւակէ Ալբիանոսի ի Հարքայ, ի Մանազկերտոյ, ամս չորս:

Իսկ բարեպաշտն Թէոդոս՝ իբրեւ ետես զչարիսն, զոր գործեաց Պապ, կորոյս զնա ըստ իւրում անզգամութեանն. որ թագաւորեաց ամս եօթն: Եւ կացոյց մեծն Թէոդոս թագաւոր Հայոց զՎարազդատ ոմն յազգէ Արշակունեաց, զայր զօրաւոր եւ ուժեղ: Եւ յետ Շահակայ առնու զկաթողիկոսութիւնն Զաւէն, եղբայր նորա, ամս չորս:

Իսկ Վարազդատ խորհեցաւ ապստամբել ի Թէոդոսէ եւ ձեռն տալ ի պարսիկս: Եւ հալածեաց զնա Մանուէլ Մամիկոնեան, եղբայր Մուշեղայ քաջի սպարապետի Հայոց, զոր սպան Վարազդատ նենգութեամբ. եւ երթեալ յաշխարհին Յունաց, անդ վախճանեցաւ, կալեալ զթագաւորութիւնն ամս չորս:

Եւ յետ Զաւենայ առնու զկաթողիկոսութիւնն Ասպուրակէս, եղբայր նոցին Շահակայ եւ Զաւենայ, ամս հինգ: Եւ կացուցանէ Մանուէլ յաթոռ թագաւորութեանն զերկոսին որդիսն Պապայ՝ զԱրշակ եւ զՎաղարշակ, զոր փեսայացոյց ինքեան. որ թագաւորեցին ամս չորս:

Now Nerses was sent to his [patriarchal] throne. He saw the unjust deeds of Arshak and cursed Arshakawan. Its population wickedly perished and the populous city became deserted. Shapuh called Arshak to him and had him put in prison. Arshak killed himself with his own hands. He reigned for thirty years.

Saint Nerses beseeched the great Theodosius and he enthroned Pap, Arshak's son, over the Armenians[17]. Because Pap was a dissolute man, Saint Nerses went to reprimand him. Pap gave him poison and caused that upright man to die. As he was dying, [Nerses] called his flock to him and blessed it, and prophesied much about the Nation of the Archers [the Mongols] and the destruction of Armenia, about the Antichrist and the troubles he would spread throughout the entire world. Then the saint died a martyr's death, leaving his weeping flock. He held the patriarchate for thirty-four years. A certain Shahak succeeded him on the [patriarchal] throne. Shahak was not of the same [Gregorid] line, but rather was a son of Albianos, from Manazkert in Hark'. He ruled for four years.

When pious Theodosius saw the evil deeds which Pap was doing, he ruined him in accordance with his wicked actions. [Pap] ruled for seven years. Then Theodosius the Great enthroned as king of Armenia a certain Varazdat of the Arshakuni line, a powerful, strong man. After Shahak, his brother Zawen held the Catholicosate for four years.

Varazdat planned to rebel against Theodosius and to ally with the Iranians. Manuel Mamikonean, brother of the brave *sparapet* of the Armenians, Mushegh, whom Varazdat treacherously killed, chased the king away. Varazdat went to Greece [Byzantium] where he died, after ruling four years.

After Zawen, the brother of Shahak and Zawen, Aspurakes, ruled the Catholicosate for five years. Manuel seated on the throne Pap's two sons, Arshak and Vagharshak, and made them his sons-in-law. They ruled for four years.

---

17 *Pap* (367-374).

Եւ ապա թագաւորքն յունաց եւ պարսից զաշխարհս Հայոց յերկուս բաժանեցին: Բաժնին յունաց տիրէր Արշակ հրամանաւ Արկադեայ եւ Ոնորեայ, որդւոց մեծին Թէոդոսի: Իսկ արքայն պարսից Շապուհ կացոյց բաժնին իւրոյ թագաւոր զԽոսրով ոմն ի նոյն ազգէ: Եւ էր մարտ ի մէջ Արշակայ եւ Խոսրովու, քանզի իշխանքն, որ էին ընդ Արշակայ՝ առեալ զգանձս նորա, գնացին առ Խոսրով:

Իսկ Խոսրով՝ յետ մահուանն Ասպուրակիսի, նստուցանէ զսուրբն Սահակ յաթոռ հայրապետութեանն, զորդի մեծին Ներսիսի: Եւ յաւուրս յայսոսիկ էր հայրապետ Կոստանդնուպօլսի զարմանալին եւ պայծառ ջահն եկեղեցւոյ սուրբն Յովհան Ոսկեբերանն, որ լուսաւորէր զընդհանուր եկեղեցիս Քրիստոսի վարդապետութեամբ բանին կենաց: Սա զառաջինն յոմանց արհամարհեալ լինէր վասն ոչ սեպհական խօսելոյ ի բարբառն յունաց, զի ի հօրէ կողմանէ ասորի էր: Սա՝ յորմէ հետէ մկրտեցաւ, գինի ո՛չ էարբ, եւ ո՛չ ծիծաղեցաւ, եւ ո՛չ երդուաւ, եւ ո՛չ երդմնեցոյց զոք եւ ո՛չ զոք նզովեաց: Եւ յորժամ աքսորէին զնա, եհար զձեռն յեկեղեցին եւ ասաց. «Ողջ մնա՛, սուրբ եկեղեցի, բնակարան փառաց տեառն, եւ մի՛ մոռանար զաշխատութիւնս իմ, քանզի ի պարգեւացն, զոր առի յԱստուծոյ, յաւելի ի գանձս քո՝ գիրք ութ հարիւր եւ ճառք երկոտասան հազար»: Սա եկաց հայրապետ հինգ ամ, եւ երեք ամ յաքսորս, եւ հանգեաւ ի Կոմանայ յիսուն ամաց:

Եւ թագաւորեալ Խոսրով ամս հինգ, հանէ զնա արքայն պարսից ի թագաւորութենէ եւ թագաւորեցուցանէ զՎռամշապուհ: Իսկ սուրբն Սահակ պայծառացոյց զեկեղեցին Քրիստոսի առաւել քան զամենեսեան զանազան կարգօք առաքինութեան եւ կանոնական օրինադրութեամբ:

Then [in 387] the Byzantine and Iranian kings divided the land of Armenia into two parts. In the Byzantine sector Arshak ruled at the command of Arcadius and Honorius, sons of Theodosius the Great. Now Shapuh enthroned as king in his sector a certain Xosrov of the same Arsacid line. And there was a battle between Arshak and Xosrov, since the princes who were under Arshak made off with his treasury and went over to Xosrov.

Xosrov, after the death of Aspurakes, seated the blessed Sahak, son of Nerses the Great, on the patriarchal throne. In these days the patriarch of Constantinople was that wonderful blazing torch of the Church, Saint John Chrysostom who enlightened the universal Church of Christ with doctrine of the Word of Life. He was at first ridiculed by some people for not being able to speak Greek well, because on his father's side he was Syrian. After he was baptized he did not drink wine, he did not laugh or swear or make people take oaths, and he did not anathematize anyone. When they took him into exile, he stretched forth his hand to the Church, saying: "Be well, holy Church, abode of the glories of the Lord, and do not forget my work; for of the gifts which I received from God the most valuable are the eight hundred books and twelve thousand homilies." He was patriarch for five years, was in exile for three years, and died in [the city of] Comana at fifty years of age.

When Xosrov had ruled for five years, the Iranian king deposed him and enthroned Vrhamshapuh. More than anyone Saint Sahak made the Church of Christ resplendent with various virtuous laws and with canonical legislation.

Եւ ի ժամանակս սորա ծագեաց լոյս մեծ գիտութեան յաշխարհիս Հայոց, քանզի երանելին Մեսրոպ եկեալ առ սուրբն Սահակ, եթէ հնար ինչ իցէ ստեղծանել նշանագիր հայերէն լեզուի: Եւ եգիտ զնա առաւել եւս այնմ փափագող, քանզի ցայն վայր ոչ ունէին գիր հայերէն, այլ յոյն եւ ասորի գրով վարէին եւ նշանագրաւ: Եւ ծանուցանեն զխորհուրդն Վռամշապհոյ թագաւորին: Եւ նա ասաց, թէ՝ «Մինչ էի ես ի կողմանս Ասորւոց, ասաց ինձ ոմն եպիսկոպոս ասորի՝ Դանիէլ անուն, թէ՝ ՚Ունիմ ես նշանագիր հայերէն լեզուին, ես անփոյթ արարի առ ժամն»: Եւ առաքէն զնախարար զոմն, Վրախճայ անուն, առ Դանիէլն խնդրել ի նմանէ զնշանագիրն: Եւ նա առաքէ ի ձեռն Հաբելի երիցու: Եւ իբրեւ տեսին՝ ուրախ եղեն, եւ սկսան ի հայ լեզու փոխել զամենայն գիրս աստուածաշունչս. բայց հաեցեալ տեսին, զի ո՛չ էր բաւական սիղոբայսն ողջ ածել, եւ զշաղկապս եւ զբառս, սկսան դարձեալ ի հոգս մտանել վասն այնորիկ: Իբրեւ թափեցան յամենայն մարդկային հնարից, ապաւինեցան յայն, որ ամենայն ինչ հնարաւոր է նմա, աղօթիւք խնդրեալ ի տեառնէ՝ յանձն առեալ զպահոց պնդութիւն եւ զաղօթս: Իսկ այն, որ զկամս երկիւղածաց իւրոց առնէ եւ աղօթից նոցա լսէ, ոչ անտես արար զբարի խնդրուածսն: Երեւեալ Մեսրոպայ թաթ ձեռին հզօրին՝ գրելով ի վերայ վիմի. եւ ծանուցաւ զամենայն հանգամանսն, եւ յարուցեալ՝ ստեղծ զգիրն:

Եւ ժողովեն այնուհետեւ մանկունս բազումս եւ ուսուցանեն զբովանդակ աշխարհս, եւ բաժանեն զմանկունս մատաղս եւ քաջուսմունս, փափկաձայնս եւ երկարոգիս յերկուս, եւ կարգեն դպրոցս ասորերէն եւ յունարէն: Եւ ուսեալ մանկանցն այնոցիկ զամենայն իմաստասիրութիւնս՝ ներքինս եւ արտաքինս, եղեն թարգմանիչք ճշմարտութեամբ: Եւ թարգմանեցին զամենայն գիրս հին եւ նոր կտակարանաց, սկսեալ յառակացն Սողոմոնի՝ բովանդակեցին զամենեսեան: Սոքա ոչ միայն թարգմանիչք, այլ ե՛ւ վարդապետք ե՛ւ ուսուցիչք ե՛ւ մարգարէք պատմողք ապագայիցն:

In this period, a great light of learning dawned in Armenia since the venerable Mesrop went to Saint Sahak to inquire whether it would be possible to create letters for the Armenian language. [Mesrop] found [Sahak] more than desirous of such a thing, because until that time they did not have Armenian letters but used Greek or Syriac characters. They acquainted King Vrhamshapuh with the plan. And the king said: "While I was in the Syrian areas, a certain Syrian bishop named Daniel told me that he had characters for the Armenian language. I neglected this matter at the time." And they sent a certain *naxarar* named Vaxrich to Daniel to request the alphabet from him. He sent it [to them] by the priest Habel. As soon as they saw it, they rejoiced and began to translate into Armenian all the books of the Bible. But looking at [the alphabet], they realized that it was not sufficient for correctly producing all the syllables, conjunctive particles, and words, and again they became concerned. When they had exhausted all human possibilities, they took refuge with Him for whom all is possible, petitioning the Lord with prayers and undertaking rigorous fasting and prayers. He who fulfills the desires of His pious followers and listens to their prayers did not neglect their goodly requests. A mighty writing on stone appeared to Mesrob and it made manifest all the particulars. Arising, Mesrob created the alphabet.

Thereafter they gathered many children and instructed the entire land. They divided the young children the learned, the soft-voiced and patient into two groups, and founded Syrian and Greek schools. Those youths, after studying all sorts of Christian and secular disciplines, became veracious translators. They translated all the books of the Old and New Testament, beginning with the Proverbs of Solomon. They did them all. They were not only translators, but doctors and teachers and prophets speaking of the future.

VOLUME I

Սոքա լցեալք հոգւովն սրբով, խօսողք լեզուաց ազգաց, եւ թարգմանողք յազգաց ազգաց, զբանս խրթինս յայտ ածողք, եւ խորային խօսից պարզ մեկնիչք:

Սոքա սիւնք եկեղեցւոյ եւ ամրափակ պարիսպք որդւոց նորա, աշտանակք լուսատուք եւ ջահք բորբոքեալք՝ ընդհանուր ծաւալելով ընդ ոլորտս տիեզերաց:

Սոքա աստուածաբանք բանին կենաց եւ արբուցիչք պասքելոց անձանց, զովացուցիչք տապոյ ջերմութեան բանսարկուին եւ ջեռուցիչք ցրտացելոց ի հաւատս:

Սոքա երգեցողք ծիծռունք, տատրակք քաղցրախօսք եւ ողջախոհք, սրբութեան սիրիչք եւ աղտեղութեան անարգիչք: Սոքա մանկանց դաստիարակք եւ երիտասարդաց բարի օրինակք, կուսանաց զարդք եւ ամուսնացելոց օրէնք, ծերոց սփոփիչք եւ տկարաց մխիթարիչք, գլորելոց կանգնիչք եւ մեղուցելուց դարձուցիչք, հեղգացելոց խթանք յարուցիչք եւ ժրացելոց ի նոյն յօժարացուցիչք, ուսման սիրիչք եւ ատեցողացն յանդիմանիչք:

Որոց վարդապետք եւ ուսուցիչք՝ սուրբն Սահակ եւ Մեսրոպ, եւ գլխաւորք յաշակերտացն՝ սուրբն Յովսէփ, եւ Յովհան, եւ Ղեւոնդ, եւ Սահակ, եւ Մովսէս Քերթողահայր, եւ Մամբրէ Վերծանող, նորուն եղբայր, Եզնակ եւ Կորիւն, սուրբն Եղիշէ, Դաւիթ փիլիսոփայ եւ Յովհաննէս, տէր Աբրահամ, Արձան, Մուշէ, Արձան, Խոսրով, Ղազար, եւ յետոյ Ստեփանոս Սիւնեաց եպիսկոպոս, եւ որ զգիրսն յարմա-բէր գեղեցիկ՝ Հռոփանոս Սամոստացի, եւ այլք բազումք, յորոց ոմանք եւ յեպիսկոպոսութեան աստիճան հասին, եւ այլք առաջնորդք ժողովրդոց կարգեալք: Եւ ի նոցանէ ոմանք ի վերայ թարգմանութեան եւ գիրս յինքեանց շարադրեցին, որպէս սքանչելին Մովսէս զՀայոց պատմութիւնն՝ ի խնդրոյ Սահակայ Բագրատունւոյ, եւ զՊատմութիւն սրբուհւոյ աստուածածնին եւ պատկերի նորա՝ ի խնդրոյ իշխանացն Արծրունեաց, եւ զՊէտքն՝ ի խնդրոյ Թէոդորի ումեմն, եւ զՆերբողեան սրբոց Հռիփսիմեանցն, եւ զՎարդավառին, եւ այլ ճառս եւ խօսս իմաստասիրականս: Եւ Կորիւն զՊատմութիւն սրբոյն Մեսրոպայ եւ այլ ժամանակաց:

They were filled with the Holy Spirit, speakers of the languages of nations, translators from generation to generation, they transformed the obscure into the evident; they explained deep words, making them clear.

They were pillars of the Church and the well-fastened gates for Her sons. They were light-giving towers and blazing torches, generally spreading their rays to the extremities of the universe.

They were theologians of the Word of Life, givers of drink to the thirsty, coolers of the fiery heat of the devil and bringers of warmth to those cooling in the faith.

They were singing swallows, sweet voiced and prudent doves, lovers of holiness, and disgracers of impurity. They were teachers of the children and good examples for the youth, ornaments of virgins, laws of the married, comforters of the old, counselors of the weak, callers to those sinking, who turned sinners from their ways. They served as goads to awaken the lazy, encouraging the enthusiastic. They were lovers of study and reprimanders of the wicked.

Their vardapets and teachers were saints Sahak and Mesrop and their principal students, the blessed Yovsep', Yovhan, Ghewond *erets'*, Sahak, Movses K'ert'oghahayr, and Mambre Veratsanogh, his brother Eznak, Koriwn, the blessed Eghishe, the philosopher Dawit', Yovhannes, lord Abraham, Ardzan, Mushe, Ardzan, Xosrov, Ghazar, and then Step'annos bishop of Siwnik' and Hrhap'anos Samostats'i who fashioned the beautiful characters, and many others, some of whom had reached the rank of bishop, and others who were set up as leaders over the people. Some composed their own books, beyond the translations, such as the *History of the Armenians* of the marvelous Movses at the request of Sahak Bagratuni and his *History of the Holy Mother of God and Her Picture* at the request of the Artsrunid princes and *Petk'* at the request of a certain T'eodos, and the *Eulogy of the Blessed Hrhip'simeans*, and *On the Transfiguration* and other sermons and philosophical homilies. Koriwn wrote the *History of Saint Mesrop* and of other times.

Եւ Եղիշէ զՊատմութիւն սրբոց Վարդանանցն, եւ զԳիրս կանոնացն, եւ այլ մեկնութիւնս գրոց սրբոց եւ զչարչարանաց փրկչին: Եւ Ղազար զգիրս իւր: Եւ Եզնակ խօսս յոլովս եթող յօգուտ լսողաց: Եւ Դաւիթ փիլիսոփայ զԳիրս սահմանաց եւ զԷակաց, եւ զՄեկնութիւն Արիստոտէլի, եւ Ներածութեանցն Պորփիւրի, եւ այլ հարցմունս եւ պատասխանիս, եւ զներբողեանն սրբոյ խաչին, եւ ծննդեան տեառն մերոյ Յիսուսի Քրիստոսի: Նմանապէս եւ Մամբրէ Վերծանող ասաց ներբողեանս ի յաւուրն արմաւենեաց, ի գալուստն Քրիստոսի յԵրուսաղէմ յաւանակաւ: Եւ յետոյ մեծն Ստեփանոս Սիւնեաց եպիսկոպոս, բազում մեկնութիւնս գրոց սրբոց եթող՝ աւետարանացն համառօտ, եւ Յոբայ, եւ Դանիէլի, եւ Եզեկիէլի, եւ զպատասխանիս թղթոյն Գերմանոսի պատրիարքի Կոստանդնուպօլսի:

Արարին եւ երգս շարականաց քաղցր եւ գեղեցիկ եղանակաւ եւ մեծ խորհրդով ծննդեանն Քրիստոսի եւ քառասնօրեայ գալստեանն ի տաճարն, մկրտութեանն եւ եկաւորութեանն ի Բեթանիա եւ յԵրուսաղէմ, մեծի շաբաթուն չարչարանացն եւ յարութեանն, համբարձմանն եւ յոգւոյ գալստեանն, խաչի եւ եկեղեցւոյ, եւ այլ տօնից տէրունականաց, եւ սրբոց ամենեցուն, ապաշխարութեան եւ ամենայն ննջեցելոց, պէսպէսս եւ զանազանս եւ անթիւս, որ մինչեւ ցայսօր պաշտի յեկեղեցիս Հայաստանեայց:

Իսկ սուրբ վարդապետն Մեսրոպ, իբրեւ ելից զերկիրս Հայոց ուսմամբ եւ թարգմանութեամբ, յանձն առնէ զամենայն կաթողիկոսին Սահակայ, եւ ինքն գնացեալ յԱղուանս՝ առնէ եւ նոցա նշանագիրս եւ վարդապետս թողեալ նոցա՝ գայ յաշխարհն Վրաց. առնէ եւ նոցա նշանագիրս ըստ տուելոյ նմա շնորհացն ի վերուստ: Եւ այնպէս զուարճացուցեալ զաշխարհս ամենայն անպայման խնդութեամբ, թողեալ եւ նոցա վարդապետս յիւրոց աշակերտացն, դառնայ ի Հայս եւ գտանէ զմեծն Սահակ թարգմանութեան պարապեալ:

Eghishe's *History of the Vardanants Saints*, the *Book of Canons* and exegeses of sacred writings and the passion of our Savior. And Ghazar's book. Eznak too left many discourses for the benefit of posterity. Dawit' the Philosopher's *Book of Limits and Being*, the *Interpretation of Aristotle*, the *Introduction of Porphry* and other questions and answers, the *Eulogy on the Holy Cross*, and *On the Birth of Our Lord Jesus Christ*. Similarly, Mambre Vertsanogh wrote a eulogy on Palm Sunday, on the coming of Christ to Jerusalem riding on a donkey. Then the great bishop Step'annos of Siwnik' left many interpretations of sacred writings, a summary of the Gospels, and of the books of Job, Daniel, and Ezekiel and the answers to the letter of the patriarch of Constantinople, Germanos.

They also wrote *sharakans*[18] of a sweet and lovely quality and with great imagination on the birth of Christ and the forty days of His coming to the temple, on His baptism and His arrival in Bethany and Jerusalem on the great week of His Passion and Resurrection, His Ascension and the coming of the Spirit on the Cross, and the Church and on other feasts of the Lord and on all the saints, on repentance and on all the reposed, varied, diverse and countless, [hymns] which to this day are used in the churches of Armenia.

Now the holy vardapet Mesrop, as soon as he elevated Armenia through learning and translations, entrusted his works to Catholicos Sahak and went to Aghuania where he created an alphabet for them, too. Leaving vardapets there for them, he went to Georgia and created an alphabet for them in accordance with the grace given him from on High. And thus gladdening all the lands with boundless joy he left them vardapets from among his students and he himself returned to Armenia and found the great Sahak occupied with translating.

---

18 *sharakan:* hymn.

Իսկ թագաւորն Վռամշապուհ՝ կալեալ զթագաւորութիւնն ամս քսան եւ մի, վախճանի բարւոք. եւ թագաւորէ դարձեալ Խոսրով, եղբայր նորա, ամ մի. եւ ապա Արտաշէս, որ եւ Արտաշիր, թագաւորէ յետ նորա:

Ընդ այն ժամանակս թագաւորեաց յունաց բարեպաշտն Թէոդոս փոքր, որդի Արկադեայ: Եւ առաքէ սուրբն Սահակ զվարդապետն Մեսրոպ եւ զթոռն իւր Վարդան թղթով առ Թէոդոս կայսր, զի հրաման տացէ այնոցիկ, որ ընդ իշխանութեամբ նորա իցեն, ուսանել զգիրս հայերէնս, զի վերակացուք նոցա ոչ տային թոյլ ուսանել զգիրսն վասն նախանձու: Իսկ հեզն Թէոդոս մեղադրեաց զառաջինն, եթէ՝ Ընդէ՞ր յասորւոց եւ ոչ ի յունաց իմաստասիրաց, որ ի մերում քաղաքիս, խնդրէիք զգիրս: Եւ պատմեաց Մեսրոպ, եթէ կատարումն արուեստին ի շնորհաց հոգւոյն եղեւ: Յայնժամ գոհացեալ զԱստուծոյ բարեպաշտ թագաւորն, հրամայեաց պատուել զՄեսրոպ, իբրեւ զճշմարիտ եւ զիմաստուն վարդապետ: Նա եւ պատրիարքն Ատտիկոս եւ ամենայն ուխտ եկեղեցւոյն հանդերձ թագաւորաւն գրեցին զՄեսրոպ ընդ առաջին վարդապետս եկեղեցւոյ՝ ընդ Աթանասի եւ ընդ Գրիգորեանս, ընդ Բարսղի եւ ընդ Յովհաննու Ոսկեբերանի:

Եւ զՎարդան արար ստրատելատ բարեպաշտն Թէոդոս: Գրեցին թուղթս եւ առ մեծն Սահակ, տալով նմա եւս պատիւ վեհագոյն: Եւ հրաման ետ յիշխանութեան իւրում ժողովել մանկունս մտավարժս յուսանել զգիրսն, եւ դարմանք եւ ծախք յարքունուստ կարգեաց: Ետ հրաման եւ յաշխարհին Հայոց շինել քաղաք ի Կարին գաւառի, եւ անուանեաց զքաղաքն Թէոդուպօլիս, որ այժմ կոչի Կարնոյ քաղաք: Եւ եկեալ Մեսրոպայ՝ ուսոյց եւս զկէս ազգին, որ ընդ իշխանութեամբ Թէոդոսի:

Now King Vrhamshapuh, having ruled the country for twenty-one years, died in peace. Then his brother Xosrov ruled again for one year and then Artashes (or Artashir) ruled after him.

During that time the pious Theodosius the Lesser,[19] son of Arcadius, ruled the Byzantines. And Saint Sahak sent the vardapet Mesrop and his own grandson, Vardan [Mamikonean], with a letter to Emperor Theodosius so that he give an order to those under his sway to study the Armenian alphabet for [the emperor's] overseers had not given permission to do this, out of their jealousy. Then the mild Theodosius accused [Mesrop], saying: "Why did you search for an alphabet from the Syrians and not from the Greek scholars who are in our city?" And Mesrop replied that the completion of the alphabet took place because of the grace of the Spirit. Then the pious king thanked God and ordered that Mesrop be honored as a true and wise vardapet. He and the patriarch Attikos, together with all the faithful of the Church and the king enrolled Mesrop among the foremost doctors of the Church, with At'anasius and the two Gregories, Basil and John Chrysostom.

The pious Theodosius made Vardan *stratelate*. They also wrote letters to the great Sahak giving him exalted honor. [The emperor] gave the order throughout his kingdom to assemble intelligent young men to study the alphabet, while maintenance and expenses were seen to by the court. He gave an order to build a city in the Karin district of Armenia and named the city Theodosiopolis,[20] which presently is called Karin city. When Mesrop arrived [in Armenia] he also instructed that half [of the Armenian] people under Theodosius' rule.

---

19 *Theodosius II* (408-450).
20 *T'eodopolis:* Theodosiopolis.

Իսկ թագաւորն հայոց մանուկն Արտաշիր էր զազրագործ եւ գիճասէր, որ ոչ միայն ի գիշերի, այլ եւ ի տունջեան գործէր զգործն անարժան եւ խրատու սրբոյն Սահակայ ոչ լսէր: Վասն որոյ տաղտկացան ամենայն նախարարքն եւ եկին առ մեծն Սահակ, զի նովաւ հանդերձ ամբաստան լիցին պարսից արքային՝ ընկենուլ զԱրտաշիր յաթոռոյն: Իսկ սուրբն Սահակ ոչ առ յանձն ընկենուլ զգառն գայլոց: Եւ նոքա երթեալ առ արքայն պարսից Վռամ՝ ընկենուն զնա ի թագաւորութենէն. հանեն եւ զսուրբն Սահակ յաթոռոյն, զի ոչ հաւանեցաւ կամաց նոցա: Եւ ապա բարձաւ թագաւորութիւնն Արշակունեաց յետ Արտաշրի, որ թագաւորեաց ամս վեց: Եւ տեւեաց թագաւորութիւնն Արշակունեաց ի Հայս ամս ՇԿԸ: Դադարեաց եւ քահանայապետութիւնն յարժանաւոր ցեղէ սրբոյն Գրիգորի, զի թէպէտ եկաց սուրբն Սահակ յետ այնորիկ ամս վեշտասան եւ լուսաւոր վարդապետութեամբ պայծառացոյց զաշխարհս, սակայն անարժան վերակացուօք եւ պարսիկ մարզպանաւ, որպէս զՎեհմիհրշապուհ՝ փոխանակ Արտաշրի թագաւորին, եւ զոսոխասէրն Սուրմակ՝ փոխանակ սրբոյն Սահակայ, որ եկաց ամ մի: Եւ յետ Սուրմակայ Բրքիշու ասորի, վատթար քան զնա, ամս երիս: Եւ յետ նորա Շմուէլ եւս անպիտան ամս հինգ:

Իսկ սուրբն Սահակ աղօթից եւ վարդապետութեան պարապեալ: Եւ ապա եկեալ ամենայն նախարարքն հայոց՝ անկանէին առաջի սրբոյն Սահակայ, զմեղանս յանձն առեալ՝ թողութիւն խնդրէին ի նմանէ եւ աղաչէին զնա՝ դառնալ ունել զաթոռ իւր, եւ նա ոչ հաւանէր նոցա: Եւ իբրեւ կարի ստիպէին, յայնժամ պատմեաց նոցա զտեսիլն, զոր ետես, եթէ ի տեառնէ եղեւ այդ՝ դադարել քահանայապետութեան ի ցեղէն սրբոյն Գրիգորի եւ թագաւորութեան ի տանէն Արշակունեացս եւ թէ մերձ յերեւումն նեռինն դարձեալ կանգնելոց է աստուած զթագաւորութիւնն Արշակունեաց եւ զքահանայապետութիւնն յազգէ սրբոյն Գրիգորի: Եւ ապա թոյլ ետուն նմա կեալ ըստ իւրոց կամաց: Եւ արքայն պարսից զՎարդան մարզպան արարեալ Հայոց՝ տայ զաշխարհս ի ձեռս նորա:

Now the king of Armenia, the youth Artashir, was lewd and wanton, worked unworthy deeds not only at night, but during the day, and did not heed the advice of Saint Sahak. Therefore, all the naxarars became disgusted and went to Saint Sahak so that together with him they might denounce Artashir to the Iranian king and overthrow him. But Saint Sahak refused to toss a lamb to the wolves. [The naxarars] went to the Iranian king Vahram,[21] removed Artashir from the throne and also removed the blessed Sahak from his throne for he had not agreed with them. Thus, the kingdom of the Arsacids was ended following Artashir, who reigned for six years. The Arsacid kingdom in Armenia lasted 568 years. The pontificate ended in the worthy clan of Saint Gregory, although the blessed Sahak lived sixteen years after this event and made the land resplendent with his luminous doctrine. This was during the time of unworthy overseers and Iranian marzpans such as Vehmihrshapuh in place of King Artashir and the vengeful Surmak instead of Saint Sahak. [Surmak] lived one year. After Surmak came the Syrian Brkisho, who was worse than his predecessor. He ruled for three years. And then Shmuel ruled for five useless years.

Now Saint Sahak was occupied with prayers and doctrine. Then all the naxarars of Armenia threw themselves before him confessing their sins, requesting a pardon from him, and begging him to return to his throne, but he did not consent. And when they had pressed him a great deal, he related to them the vision which he saw, [namely] that it was because of the Lord that the line of Saint Gregory ceased to occupy the patriarchate and the Arsacid house had ceased to occupy the throne. And that close to the appearance of the Antichrist, God would again restore the kingdom of the Arsacids and the patriarchate in the line of Saint Gregory. The naxarars gave him leave to do as he wished. The Iranian king made Vardan *marzpan* of Armenia and placed the country in his hands.

---

21 *Vahram Gur* (421-438/39).

Եւ սուրբն Սահակ՝ կալեալ զհայրապետութիւնն ամս յիսուն եւ մի, փոխի խաղաղական մահուամբ ի կարգս հրբեշտակաց, տուեալ զաթոռն ցսուրբն Մեսրոպ, որ եւ նա ի նոյն ամի ելից զկենցաղս՝ յիշատակ բարի թողեալ ապագայիցս, ի սկզբան առաջին ամի Յազկերտի պարսից արքայի, որդւոյ Վռամայ երկրորդի: Եւ առնու զաթոռն սուրբն Յովսէփ աշակերտ նոցա:

Իսկ Յազկերտ արքայ բռնադատէր զամենայն քրիստոնեայս ուրանալ զՔրիստոս եւ դառնալ յօրէնս մազդեզանց, որում ոչ հաւանեալ զօրացն հայոց՝ դառնան ընդդէմ հրամանին, սպանանեն զմոգսն եւ զմոգպետսն, որ եկեալ էին աւերել զեկեղեցիս եւ բառնալ զհաւատս: Իսկ Յազկերտ՝ իբրեւ լուաւ զայն ամենայն, առաքէ զօրս բազումս, պատերազմել ընդ զօրացն հայոց, որոց գլխաւորք էին՝ սուրբն Վարդան եւ ընկերք իւր: Եւ պարսից աւերեալ զաշխարհս խաղացուցանեն ի գերութիւն ի խրատու ուրացելոյն Վասակայ զմնացեալ նախարարսն եւ զսուրբն Յովսէփ, եւ զՍահակ, եւ զՂեւոնդ, եւ զընկերս նոցա, եւ տան ի կապանս արքունի: Եւ յետ այնորիկ սպանանեն զսուրբն Յովսէփ եւ զնորին ընկերս, եւ զնախարարսն արգելուն ի բանտ մինչեւ յաւուրս Պերոզի արքայի, եւ ապա արձակեալք ի կապանաց խնամօքն Աստուծոյ, խոստովանական անուն ժառանգեալք՝ դառնան յաշխարհս Հայոց:

Իսկ յետ մահուան բարեպաշտին Թէոդոսի կայսեր առնու զթագաւորութիւնն Մարկիանոս, որ արար զժողովն Քաղկեդոնի վեց հարիւր երեսուն եւ վեց եպիսկոպոսաց ի քակտումն ուղղափառ հաւատոյ, որ ելից զտիեզերս մինչեւ ցայսօր հայհոյութիւն նոցա:

After occupying the patriarchate for fifty-one years, Saint Sahak passed in peaceful death to the ranks of the angels, giving his throne to Saint Mesrop, who also passed from this life during the same year, leaving a good testimony of himself to the future. He died at the beginning of the first year of [the reign of] Varham II's son Yazkert,[22] the king of Iran. Their blessed student, Yovsep', occupied the patriarchal throne.

King Yazkert forced all Christians to apostatize and to turn to the Mazdean faith, a thing which the Armenian troops did not accept. They turned against the order and killed the mages and *mogbeds* who had come to destroy the churches and extinguish the faith. As soon as Yazkert heard all about that, he sent many troops to war with the Armenian forces (whose leaders were the holy Vardan and his comrades). The Iranians devastated the country and at the advice of the apostate Vasak took into slavery the remaining naxarars and the blessed Yovsep', Sahak, Ghewond, and their comrades, taking them to the [Iranian] court in shackles. Subsequently they killed the blessed Yovsep' and his companions, keeping the naxarars in prison until the days of King Peroz[23] when, by the grace of God, they were freed from their bonds and, having inherited the name of confessors, they returned to the land of Armenia.

After the death of pious Emperor Theodosius, Marcian [450-57] took over the kingdom. He convened the council of 636 bishops at Chalcedon, to wreck the orthodox faith. Their blasphemy spreads throughout the world until the present.

---

22 *Yazkert II* (439-457).
23 *Peroz* (459-484).

Յետ սրբոյն Յովսեփայ առնու զկաթողիկոսութիւնն տէր Գիւտ ամս հնգետասան. որ խնդրեաց ի Դաւթէ փիլիսոփայէ զԲարձրացուցէքն: Եւ ապա Յովհան Մանդակունի ամս երկոտասան: Սա բազում կարգաւորութիւնս եմոյծ յեկեղեցի՝ կարգեաց քարոզս աղուհացիցն եւ զաղօթս նոցա զերրորդ ժամուն եւ զվեցերորդին եւ զիններորդին, եւ զեկեղեցւոյ հիմնարկէքն, եւ ժամահարի, սկիհ եւ մաղզմայի, եւ գիրք, եւ կնունք, եւ խաչ օրհնել եւ պսակ, զայս ամենայն նորա կարգեալ է. այլ եւ առաջի Պերոզի արքայի համարձակութեամբ խոստովանեցաւ զՔրիստոս եւ ոչ երկեաւ ի սպառնալեաց նորա, որ հրապուրէր ի բաց կալ ի Քրիստոսէ եւ ի հաղորդութենէն յունաց. եւ կատարեալ ամենայն առաքինութեամբ՝ փոխի առ Քրիստոս:

Իսկ յետ Մարկիանոսի թագաւորեաց Յունաց Լեւոն մեծ, եւ Պերոզ պարսից արքայ զՄանզնոս մարզպան արար Հայոց, ամս քսան: Յայսոսիկ աւուրս ժամանեաց Մովսէս Քերթողահայրն: Ի սոյն ժամանակի պայծառանայր յերկրի սքանչելի վարուք միայնաւորութեամբ սուրբ հայրն Թաթուլ՝ հանդերձ Վարոսիւ, եղբարբ իւրով, եւ Թումայիւ աշակերտիւ: Եւ յետ Յովհաննու Մանդակունւոյ առնու զկաթողիկոսութիւնն տէր Բաբգէն ամս հինգ, յաւուրս Զենոնի կայսեր:

Այս Զենոն նզովեաց զժողովն Քաղկեդոնի, երկոտասան գլուխ նզովից կարգեաց ընդդէմ նորա: Զսմանէ ասեն, թէ յաճախ ուտէր միս. եւ յաւուր միում յանչափ ուտելոյն քացխեալ յորովայնի նորա կերակուրն. յայնմանէ տաղտկացեալ՝ օրէնս եդ զերկու շաբաթս բարեկենդանին ոչ ուտել միս, այլ պանիր, զոր Պանրուտայն անուանեն մինչեւ ցայսօր: Ասէն, թէ Յուլիանոս՝ եկեալ ի Կոստանդնուպօլիս, հրամայեաց յամենայն կերակուրս վաճառոցն խառնել յարենէ զոհիցն: Եւ սուրբն Թէոդորոսն իմացոյց քրիստոնէիցն. եւ նոքա ասացին, թէ՝ «Մեզ չէ օրէն այս երկու շաբաթս միս ուտել, այլ պանիր»: Եւ զնոյն եդաւ Պանրուտէքն: Եւ յաւուրս սորա եգիտ Գառնիկ երանելի զնշխարս սրբոյն Գրիգորի ի Մանեայ այրսն, եւ հանգուցին ի Թորդան:

After the blessed Yovsep', lord Giwt occupied the Catholicosate for fifteen years. He requested from Dawit' the Philosopher [the work] *Bardzrats'uts'ek'*. The next Catholicos was Yovhan Mandakuni, who reigned for twelve years. He introduced many regulations in the Church, including the preachings for Lent and the prayers to be said at the third, sixth, and ninth hours of that feast, prayers to be said at the establishment of churches, in case of misfortune, over the chalice and plate, books, at baptisms, when blessing the Cross, and at marriages. He introduced all of these [regulations]. Furthermore, he dared to confess Christ before King Peroz, not fearing the king's threats to entice him to deny Christ and communion with the Byzantines. Perfect in all virtues, Yovhan passed to Christ.

After Marcian, the Byzantine Leo[24] the Great ruled, and the Iranian king Peroz made Mangnos marzpan of Armenia, for twenty years. In these days, Movses *K'ert'ogahayr* came upon the scene. At the same time, the holy father T'at'ul illuminated the land with marvelous ascetic conduct, with his brother Varos and his pupil T'uma. After Yovhan Mandakuni, lord Babgen occupied the Catholicosate for five years, in the days of Emperor Zeno.[25]

Zeno anathematized the Council of Chalcedon and instituted twelve books of anathemas against it. They say that he frequently ate meat and that one day, from eating so much, the food in his stomach became sour. Sick of it, he made a law [to the effect that] cheese and not meat be eaten for a two-week holiday, which is called *Panruta* to this day. It is said that Julian, having come to Constantinople, ordered that all the foods sold be mixed with the blood of sacrificial animals. The blessed T'eodoros informed the Christians, and they said: "It is not lawful for us to eat meat these two weeks, but we must eat cheese instead." Thus Panrutek' remained the same. In these days the venerable Garhnik found the remains of Saint Gregory in Maneay cave, and they buried him in T'ordan.

---

24 *Leo I* (457-474).
25 *Zeno* (474-491).

Եւ յետ Բաբգենայ առնու զկաթողիկոսութիւնն տէր Սամուէլ ամս հինգ: Յայսոսիկ աւուրս պայծառանայր սուրբն Սիմէոն Սիւնական յԱղէքսանդրիայ, եւ Տիմոթէոս երէց՝ ուղիղ հաւատով իմաստասէր, որ զամենարուեստ գիրսն գրեաց՝ հաւաքեալ զամենայն բանս աստուածայնոց արանց ընդդէմ ամենայն հերձուածողաց: Բայց Պերոզ արքայ պարսից կարի անմարդի բարս ունէր, վասն որոյ սպանաւ ի հեփթաղաց: Եւ թագաւորէ Վաղարշ եղբայր նորա: Սա զՎահան Մամիկոնեան, զորդին Հմայեկայ, մարզպան կարգէ: Այս Վահան պսակեաց զեկեղեցի զանազան իրօք եւ զալանս արգելական արար: Ի սորա աւուրս էր Ղազար Փարպեցի, ճարտասան եւ պատմագիր: Եւ յետ Սամուէլի առնու զկաթողիկոսութիւնն տէր Մուշէ ամս ութ:

Յետ Զենոնի կայսեր առնու զթագաւորութիւնն Անաստաս, որ եւ սա ընդ Զենոնի յուղղափառս գրեցաւ, զի կամեցաւ ժողով առնել ընդդէմ անօրէն ժողովոյն Քաղկեդոնի, հաստատել զուղղափառութիւն. եւ դեղակուր եղեալ մեռաւ: Եւ թագաւորէ յետ նորա Յուստինոս, այր տգէտ եւ անաստուած, որ ելից զերկիր արեամբ ուղղափառաց, զի եդ յաշտանակի զՔաղկեդոնին, եւ կոտորեալ հալածեաց զասողսն մի բնութիւն մարմնացելոյ բանին:

Յետ Վաղարշու՝ պարսից արքայի, առնու զթագն Կաւատ, եւ ապա Զամասպ, եւ ապա Կաւատ: Յետ Մուշէի առնու զկաթողիկոսութիւնն տէր Սահակ ամս հինգ. եւ ապա տէր Քրիստափոր ամս հինգ. եւ յետ նորա տէր Ղեւոնդ ամս երկու: Յաւուրս սորա արեգակն ամենեւին նուաղեցաւ, եւ սով սաստիկ եղեւ: Եւ ապա տէր Ներսէս ամս ինն: Յաւուրս սորա Եզրաս Անգեղացի, աշակերտ Մովսիսի եպիսկոպոսի Բագրեւանդայ, բազմացոյց զդասս ճարտասանաց. դառնայ եւ Մամբրէ եղբայր Մովսիսի ի Հայս, զորմէ ասեն երրորդ գրել փիլիսոփայ:

After Babgen, lord Samuel occupied the Catholicosate five years. In this period there shined forth blessed Simeon the Stylite of Alexandria and Timothy the priest, a scholar of orthodox faith who wrote very technical books, collecting all the sayings of holy men against the heretics. But the Iranian king Peroz had a very ferocious nature, for which he was slain by the Hepthalites. Then his brother Valash[26] ruled. He made Vahan Mamikonean, Hmayeak's son, the marzpan. This Vahan garlanded the Church with rights and he checked [the advance of] the Alans. In his day lived the rhetorician and historian Ghazar P'arbets'i. After Samuel, lord Mushegh occupied the Catholicosate for eight years.

After Emperor Zeno, Anastasius[27] ruled the kingdom. Together with Zeno [Anastasius] was considered Orthodox, since he wanted to assemble a council against the illegal Council of Chalcedon, to strengthen orthodoxy. But he was poisoned to death. Following him Justin[28] ruled, an ignorant and godless man who filled the country with the blood of the orthodox; for he rekindled Chalcedon and he destroyed with persecution those who professed that the Corporeal Word had one nature.

After the Iranian king Valash, Kawad wore the crown,[29] then Zhamasp, and again Kawad.[30] After Mushe, lord Sahak occupied the Catholicosate for five years, then lord K'ristop'or for five years; after him, lord Ghewond for two years. In these times the sun completely dimmed, and there was a severe famine. Then lord Nerses ruled for nine years. In this period lived Ezras Angeghats'i, a student of bishop Movses of Bagrewand, who increased the ranks of the rhetoricians. Movses' brother, Mampre, also returned to Armenia. They say that he was the third to write philosophy [in Armenian].

---

26 *Vagharsh:* Balash (484-88).
27 *Anastasius:* Anastas (491-518).
28 *Justin:* Yustinos (518-527).
29 *Kawad* (488-97).
30 *Kawad* (499-531).

VOLUME I

Յետ Յուստինոսի առնու զթագն միւս Յուստինիանոս, քուերորդի նորա: Սորա էր կին Թէոդորայ ուղղափառ. եւ աղաչէր զայր իւր հաստատել զուղղափառութիւն: Եւ նա թէպէտ եւ կամէր, ոչ իշխեաց յահէ երկաբնակացն, որք սպառնային նմա մահու:

Եւ առ սա եկեալ չարախորհ հրեայ մի, ասաց, թէ՝ «Պարտ է զտեառնընդառաջն առնել ըստ ծննդեանն, զոր առնեն յոյնք, եւ ոչ ըստ յայտնութեան, որ ի վեցն յունվարի, զի մինչեւ ցայն վայր առաքելական դրութեամբն առնէին ամենայն քրիստոնեայք ի ԺԴ փետրվարի: Եւ կայսրն՝ հաւանեալ բանից անօրինին, առաքէ յԵրուսաղէմ առնել այնպէս: Իսկ երուսաղէմացիքն ոչ առին յանձն փոխել զուրբ հարցն աւանդութիւնս, որ մինչեւ ցայն օր պահեալ էին:

Եւ հրամայէ կայսրն զօրավարին բռնութեամբ առնել եւ թէ որք ընդդիմանայ՝ սպանանել: Եւ ամենեքեան ի մահ դիմեցին յաղագս ճշմարտութեան: Իսկ մարդասէրն աստուած ոչ եթող զյուսացեալսն իւր ընդ վայր, այլ ահեղ սքանչելեօք զարհուրեցոյց զյանդգնեալսն. աջ աստուածային երեւեցաւ ի սուրբ մատրանն, այլ եւ նշան ահեղ եւ հրաշափայլ յերկինս՝ արփիանատեսակ: Եւ զարհուրեալ յայնմանէ՝ դադարեցին ի խնդրոյն: Եւ ի գալ միւսոյ ամին՝ նոյն խռովութիւն յուզէր, զի հրաման ետ սաստիւ կորուսանել զընդդիմացողսն. եւ նոքա առ հասարակ պնդեցան ի մահ, քան ի կեանս խղճիւ: Եւ տեսեալ բարերարին Աստուծոյ զհաւատս մարդկան՝ այց արար հօտի իւրում, երեւեալ ամենասրբուհւոյ աստուածածնին ի ծիրանի սեանն, ունելով ի գիրկս իւր զմանուկն Յիսուս. եւ ջուր բղխեալ ի սեանէ անտի, եւ որք օծանէին ի ջրոյ անտի, բժշկէին յիւրաքանչիւր ցաւոց: Եւ այսպէս դադարեցին յունայն խնդրոյն:

After Justin, his sister's son, Justinian,[31] wore the crown. His wife was the orthodox Theodora. She beseeched her husband to establish orthodoxy. Although he wanted to, he did not dare out of fear of the diophysites who threatened [him with] death.

A malevolent Jew came to Justinian, saying: "Candlemas-day ought to be celebrated on Christmas, as the Greeks do and not on Epiphany (the sixth of January)," for until that time all Christians held to the apostolic system, celebrating it on the fourteenth of February. The emperor accepted the impious man's words and sent [an order] to Jerusalem that it be so done. But the Jerusalemites did not agree to change the traditions of the holy Fathers, which until then had been observed.

Then the emperor ordered his general to forcibly make them switch and to kill anyone resisting. For the sake of Truth, everyone turned to death; yet compassionate God did not disappoint those who believed in Him. Instead, He terrified the brazen ones with awesome wonders: the divine Right Hand appeared in the holy chapel and a bloody, awesome, luminous sign appeared in the sky. Frightened by this, they ceased their demanding. However, the next year the same agitation was stirred up, for [the emperor] ordered that resisters be severely crushed. But people chose death to life with guilty consciences. When benevolent God saw the faith of mankind, He visited His flock. The most blessed Mother of God appeared on a purple column holding in Her arms the infant Jesus. Water gushed forth from that column and all who washed with it were healed of their pains. And thus, they stopped their futile demand.

---

31 *Justinian* (527-65).

Եւ ի ժամանակս Յուստի[նի]անու խաւարեցաւ արեգակն ԺԸ ամիս, երեք ժամ լոյս տայր յօրն, եւ զայլն որպէս ո՛չ տիւ եւ ո՛չ գիշեր. եւ պտուղք տարւոյն այնորիկ ո՛չ հասան. եւ եղեւ ամենայն երկիր իբրեւ զբազմօրեայ հիւանդս: Եւ եղեւ մարդամահ տարաժամ, որ բնաւ չէր լեալ. եւ նախ ի Կոստանդնուպօլիս սկսաւ. եւ մեռան յառաջին օրն հինգ հազար, եւ յերկրորդն տասն հազար, եւ յերրորդն հնգետասան հազար եւ ի չորրորդն ութուտասան հազար, եւ թուեցին մինչեւ երեք հարիւր հազար, որք մեռանէին ի հօրն: Ի մէջ ձեռացն բուշտ ելանէր եւ առժամայն մեռանէր. մըտանէր մարդ ի տուն եւ տեսանէր զամենեսեան մեռեալ: Եւ նեխեցաւ քաղաքն, զի ոչ կարէին թաղել զմեռեալս. եւ տարածեցաւ ընդ ամենայն երկիր, եւ բազում քաղաքք անմարդ մնացին, բայց միայն Հեմս ապրեցան, զի ապաւինեցան ի գլուխն Յովհաննու Մկրտչին, որ կայր անդ: Հաշտեցան ընդ միմեանս Յուստի[նի]անոս եւ Խոսրով պարսից արքայ, եւ ծաղկէր ուխտ ամենայն քրիստոնէութեան ընդ ամենայն տիեզերս:

Իսկ Վահան Մամիկոնեան վախճանեցաւ բարւոք, յետ որոյ եկաց Վարդ, եղբայր նորա, ամս երիս, եւ յետ նորա պարսիկք մարզպանք ամս երիս. եւ ապա Մեժեժ Գնունի ամս երեսուն եւ չորս:

Իսկ յետ Ներսիսի առնու զկաթողիկոսութիւնն տէր Յովհաննէս ամս հնգետասան: Յաւուրս սորա մարդամահ սաստիկ եղեւ, սկսեալ յարեւմտից: Եւ յոստանին Հայոց նըշան սքանչելի եղեւ, զի հուր բորբոքեալ այրէր զապարանսն համակարին պարսկի, որ վերակացու էր աշխարհիս: Իբրեւ ոչ կարէին շիջուցանել, ապաւինէին ի խաչն Քրիստոսի եւ աղաչէին զպաշտօնեայսն փութալ տանել զխաչն: Իբրեւ մօտ եղեւ նշանն փրկական, առժամայն շիջաւ բոցն. եւ տեսեալ ամենեցուն՝ փառաւորէին զփրկիչն Քրիստոս եւ գովէին զհաւատս քրիստոնէից, յոր եւ հաւատաց երանելին Մախոժ, որ վկայութեամբ կատարեցաւ ի Քրիստոս:

In the time of Justinian, the sun darkened for eighteen months, providing light for three hours a day and then nothing either day or night. In that year fruit did not ripen and it was as though the entire country was suffering from a long illness. There was an untimely pestilence, the likes of which had never occurred previously. First it began in Constantinople. On the first day, 5,000 people died; on the second day, 10,000; on the third day, 15,000; on the fourth day, 18,000; and so on until 300,000 were dying in one day. Carbuncles would appear on the hands of the stricken, and they would die forthwith. A man would enter a house and see everyone dead. The pestilence spread throughout the entire country and many cities became uninhabited as a result. Only Hems survived, for its residents had taken refuge in the power of the head of John the Baptist which was located there. Justinian and Xosrov, king of Iran, became reconciled with one another and the covenant of all Christians flourished throughout the world.

Now Vahan Mamikonean passed in peace. After him his brother, Vard, ruled for three years and after him were Iranian marzpans for three years. Then Mezhezh Gnuni[32] ruled for thirty-four years.

After Nerses, lord Yovhannes occupied the Catholicosate for fifteen years. In this period the plague became severe, starting in the west. And in the capital of Armenia a miraculous sign was seen, for a blazing fire burned the home of the Iranian *hamakar* who was the overseer of the land. Once they were unable to quench it, they took refuge in the cross of Christ and beseeched the deacons to quickly take the cross there. As soon as the redeeming symbol was taken near, the flame at once was extinguished. Seen by everyone, they glorified the savior Christ and praised the Christian faith, in which the venerable Maxozh believed, a man who underwent martyrdom for Christ.

---

32 *Mezhezh Gnuni* (518-548).

Եւ յետ Յովհաննիսի առնու զկաթողիկոսութիւնն տէր Մովսէս: Յառաջին ամի սորա սուրբն Մանաճիհր, որ անուանեցաւ Գրիգոր, ազգաւ ռաժիկ, մարտիրոսութեամբ կատարեցաւ: Եւ յերրորդ ամի նորա լցեալ լինի ի ծննդենէն Քրիստոսի ամք ՇԾԳ, եւ բովանդակեցաւ կանոնք երկերիւրեկին, զոր կարգեաց իմաստասէրն Անդրէաս, եղբայր Մանգնոսի եպիսկոպոսի, հրամանաւ Կոստանդնի կայսեր վասն լրմանցն զատկաց եւ այլ տօնից. զի իբրեւ լցաւ երկերիւր ամ, լրումն զատկին մարտի ԻԵ էր. եւ ի սկզբանն ապրիլի Դ. եւ զի ոչ ի սկիզբն կարացին գնալ, զի յետ ԻԵ-ին ԳԺ-անն էր ապրիլի. եւ Թ լրմունք ի մէջ կային. եւ այնր աղագաւ սկսան շփոթել տօնք եւ ամենայն արհեստք տոմարականք:

Ապա հայրապետն Մովսէս ժողովեաց զիմաստունսն, որ էին ի ժամանակին, յորս էր եւ Աթանաս ի վանաց սուրբ Կարապետին, եւ կարգեցին, թուական հայոց, որով ուղղեսցեն զզատիկ տեառն այլովքն հանդերձ: Բայց ոչ կարացեալ կալ ի ճշմարտութեան անսխալ զամս ինն: Իսկ ի տասներորդ թուականին Էաս ոմն անուն Աղէքսանդրացի, այր կորովի եւ իմաստուն, իբրեւ ետես զայնպիսի շփոթումն, որ յամենայն եկեղեցիս, ձայն արկեալ՝ առ ինքն հաւաքեաց զամենայն իմաստունս, որ յամենայն ազգաց. զԱդդէ՝ ի Գամրաց, զԳիգան՝ յԱսորւոց, զԵլոգս՝ ի Յունաց, զՓենեհէս՝ ի Հրէաստանէ, զՅոհան՝ յԱրաբիոյ, եւ այլ արս երեսուն եւ վեց իւր նմանիս, եւ այլ բազմութեամբ, եւ յառաջ վարեալ զարուեստն Անդրէասի ՇԼԲ, այլ ի նոյն դարձաւ: Ապա կարգեցին զանտարակուսելի օրինակն, որ հինգ հարիւրեակն անուանի, բազմիմաստ եւ անսխալ, գլուխ եդեալ բոլորին զԴ-ն-ապրիլի, զի իբրեւ աւարտի ՇԼԲ ամն, այլ ի նոյն դառնայ: Եւ սկսան ուղղիլ ամենայն տօնք եւ արուեստք իրողութեան:

After Yovhannes, lord Movses occupied the Catholicosate. In his first year, the blessed Manachir, who was named Grigor, a Syrian, underwent martyrdom. And in his third year, the 553rd anniversary of the birth of Christ occurred, and the two hundred canons (which the learned Andreas, brother of bishop Mangnos arranged at the order of Emperor Constantine) were compiled, to complete the feast of Easter and other feasts. For after two hundred years, Easter fell on March 25th, while originally it was on April 4th. They could not go back to the beginning [in this method of computing] for after March 25th was April 13th, and there were nine discrepant days among them. For that reason, the feast days of the different calendars began to be confused.

Patriarch Movses convened the wise men of that period (among them At'anas from the monastery of Saint Karapet [the Precursor]), and they established the Armenian Era, by which they corrected the days for Easter of our Lord, as well as other feasts. However, they were unable to correctly arrange the ninth year. Now in the tenth year a certain Eas the Alexandrian, a strong and learned man, spoke out about the confusion which existed in all the churches. He called to himself the wise men from all peoples: Adde from Cappadocia, Gigan from Syria, Elogs from Greece, Phineas from Judea, John from Arabia, and thirty-six other men like himself and a multitude besides. Continuing the work of Andreas, they made it the same 532-year calendar. And they established an example beyond doubt, which was called Five Hundred, brilliant and faultless. They put at the beginning April 4th, so that as soon as the year 532 ended, the new cycle would be the same. Then they began to correct all the feasts and miracle-days of the calendar.

Բայց զԻրոն ոմն ի դրան Յուստի[նի]անոսի ոչ կոչեցին ի ժողովն. քամահանս վարկաւ անձին իւրում: Իբրեւ տարաւ Իլոգս իմաստասէր զօրինակն առ թագաւորն, սկսաւ Իրոն քննել մասունս հնգեկի եւ վեցեկի, որ ոչ երբեք լեալ էր, զի հնգեակն եւ վեցեակն մասունք են՝ մին արեգական եւ. միւսն՝ լուսնի. այլ նա զհակառակն արար, զի փոխեաց զապրիլի ԺԷ ի ԺԶ, եւ զԶ ի Ե. այն վեշտասանն չբերէ ինչ սխալ, այլ այն Զ-ն եղեալ ՂԵ կիրակի ածէ մեզ. իսկ այն Ե՝ նոցա շաբաթ՝ ըստ Իրոնի գործելեացն. եւ ընդ հրեայսն առնեն զզատիկն, եւ ի սուրբ ժողովոյն Նիկիայ նզովքն անկանին, որք օրինադրեցին ոչ առնել զատիկ ընդ խաչահանուսն:

Իսկ մեք ի միւս կիրակէն տամք եւ զերծանիմք ի նզովից, զի հայք ոչ ընկալան զթիւր օրինակն, որպէս եւ ոչ զժողովն Քաղկեդոնի՝ ընդ իշխանութեամբ պարսից գոլով: Զի յետ ութ ամի երեւեցաւ եղծումն իրացն:

Իսկ յետ Մեժեժայ մարզպանի պարսիկք տիրեն Հայոց ամս երեսուն եւ վեց: Ընդ ժամանակս ընդ այն վախճանի եպիսկոպոսն Վրաց. եւ եկեալ առ տէր Մովսէս, զի տացէ նոցա եպիսկոպոս: Եւ նա ձեռնադրեալ զոմն փակակալ իւրոյ եկեղեցւոյն Կիւրիոն անուն, տայ նոցա՝ հաւատացեալ ի նա, եթէ պահեսցէ զսէր եւ զմիաբանութիւն առ աթոռ սրբոյն Գրիգորի, զի մինչեւ ցայն վայր ի հայոց առնուին վիրք զձեռնադրութիւնսն:

Այս Կիւրիոն՝ յետ վախճանելոյն Մովսիսի, ի բաց քեցեցաւ ի դաւանութենէ ուղղափառ եկեղեցւոյն Քրիստոսի եւ զՔաղկեդոնի դաւանութիւնն խոստովանեցաւ, զի ի մանկութենէ խմորեալ էր յաղանդն՝ յաշխարհին Յունաց լինելով նորա, եւ ի ծածուկ ունէր զչարութիւնն, որպէս հուր ընդ յարդիւ թաքուցեալ, բայց ոչ իշխէր յայտնել ի կենդանութեանն Մովսիսի:

But they did not invite a certain Ironius, the court-priest of Justinian, and as a result, contempt for the meeting consumed him. As soon as the scholar Elogs took a copy of the calendar to the king, Ironius began to examine the fifth and sixth parts which had never been, since of the fifth and sixth parts, one was solar and the other, lunar. But Ironius made it the opposite, so that April 17th became the 16th, the 6th became the 7th. That 16 did not bring anything ill, but the 6th being 95, Sunday reached us.[33] While their 5th day, Saturday according to the workings of Ironius taking Easter after the Jewish calendar, and at the holy Council of Nicaea they anathematized those who decreed not to celebrate Easter after the crucifixion.

Now we [Armenians] commemorate it on the next Sunday, and so we were not corrupted by the anathema, since the Armenians being under the rule of the Iranians at the time, did not accept the erroneous version or the Council of Chalcedon. For after eight years, the corruption of the deed became manifest.

After Mezhezh, Iranian marzpans ruled Armenia, for thirty-six years. During those years, the bishop of the Georgians died; coming to lord Movses, they asked him to give them a bishop. So he ordained a certain warden of his church named Kiwrion and gave him to them, trusting him to keep love and unity with the throne of Saint Gregory—for to that time, the Georgians received ordination from the Armenians.

After the death of Movses, this Kiwrion separated from the orthodox Church of Jesus and confessed the Chalcedonian doctrine, which heresy he had fermented in from childhood, being on Greek land. He kept this evil in secret, the way fire is hidden under straw, but he did not dare reveal it during the lifetime of Movses.

---

33 This sentence is unclear.

VOLUME I

Զերեսուն ամ կալեալ զհայրապետութիւնն՝ տէր Մովսէս վախճանի եւ տայ զտեղապահութիւնն աթոռոյն ի Վրթանէս Քերթող: Իբրեւ ետես զթիւրութիւնն Կիւրիոնի՝ Մովսէս, Ցուրտաւայ եպիսկոպոսն, ազդ առնէ Վրթանիսի, զի թերեւս կարասցէ ինչ օգնել մոլորեալ մտացն Կիւրիոնի, առ որ բազում անգամ գրեաց աղաչանօք՝ ի բաց կալ յանհանճար աղանդէն: Իսկ նա ո՛չ միայն ո՛չ հաւանեցաւ գրելոցն, այլ եւ հալածեաց զՄովսէս եպիսկոպոս: Իբրեւ յաջորդեաց զաթոռ կաթողիկոսութեանն Հայոց տէր Աբրահամ, յետ Մովսիսի, նոյնպէս եւ նա գրեաց երկիցս եւ երիցս թուղթ՝ յիշեցուցանելով նմա զթիւրութիւնն: Իսկ Կիւրիոն պատճառէր ոչ այլ ինչ խորհել, բայց զոր նոքայն խորհին, եւ ասէր զՄովսէս զրպարտող նորին: Իսկ իբրեւ ասացաւ ժողով քննութեան լինել եւ տեսանել վասն այնր, յայտնապէս խոստովանեցաւ Կիւրիոն զդաւանութիւնն Քաղկեդոնի:

Յայնժամ իբրեւ ետես Աբրահամ, եթէ ոչինչ օգտեցաւ, այլ առաւել յանամօթութիւն եկն, յայնժամ գրեաց թուղթ շրջաբերական առ վիճակեալս իւր, զի մի՛ ամենեւին հաղորդեսցին ընդ վիրս՝ եկեղեցեաւ, կամ ուխտիւ, կամ ամուսնութեամբ, կամ այլ ինչ հոգեւորական իրօք, բաց ի վաճառէ իմեքէ՝ որպէս ի հեթանոսաց, զի մի՛ մարմնական ծանօթութեամբն ի հոգեւոր վնասս ընկղմեսցին: Եւ յայնմ հետէ բարձաւ ձեռնադրութիւնն վրաց՝ որ ի հայոց, զի սկսան նոքա զյունօք թեւակոխիլ:

Զայս ամենայն ստուգութեամբ ուսուցանէ քեզ Ուխտանէս եպիսկոպոս, զի նա զամենայն լիով գրեաց, զթուղթսն եւ զպատասխանիսն, եւ զքաջախօսութիւնն Պետրոսի եպիսկոպոսի, որ պատգամաւոր էր տեառն Աբրահամու՝ առ Կիւրիոն, զոր վիրք վասն համարձակութեան նորա՝ Գայլ կոչեցին զնա:

After occupying the patriarchate for thirty years, lord Movses died, entrusting stewardship of the throne to Vrt'anes K'ertogh. As soon as Movses, bishop of Ts'urtaw, saw Kiwrion's depravity, he informed Vrt'anes, so that he might somehow help the deviant Kiwrion. He wrote many times, beseechingly, to stay clear of that ill-advised heresy. But Kiwrion not only did not accept what was written to him, but even persecuted bishop Movses. As soon as lord Abraham succeeded to the throne of the Catholicosate of the Armenians, after Movses, he also wrote letters reminding him of the error, two and three times. Kiwrion pretended that he thought the same way they did, and claimed that Movses was slandering him. Yet as soon as it was proposed to hold a meeting to examine and investigate this matter, Kiwrion openly confessed the Chalcedonian heresy.

Then, when Abraham saw that nothing helped matters, but that Kiwrion had become even more shameless, he wrote a circulating letter to his diocese that they not commune with the Georgians, either in Church, oath or marriage or in any other spiritual matters, except in trade, as if they were pagans and so that spiritual harm not befall [the Armenians] through physical acquaintance. From that time forth, Georgian ordination which had been from the Armenians ended, since they started to follow the Greeks.

Bishop Uxtanes has accurately disclosed this to you, for he wrote about it in full—including the letters and replies and the bold words of bishop Petros who was a messenger from lord Abraham to Kiwrion, whom the Georgians called Gayl[34] on account of his boldness.

---
34 *Gayl:* "Wolf".

Յետ Յուստի[նի]անոսի կայսեր՝ միւ Յուստինոս, այր չար եւ պիղծ, որ զբազումս եսպան յուղղափառաց, եւ ինքն, եւ պատրիարքն Յովհան այսահարեալք մոլեգնէին եւ այնպէս սատակեցան: Եւ ապա թագաւորեաց Տիբեր եւ յետ նորա Մօրիկ:

Զսա ասեն ի Հայոց, յՕշական գեղջէ, եւ այլք՝ թէ ի Տարօնոյ. աղքատութեան աղագաւ երթեալ ի Կոստանդնուպօլիս եւ անդ ի դիպուածէ իմեքէ բարեբախտիկ եղեալ՝ թագաւորեաց այսպիսի պատճառաւ:

Եղեւ մեռանիլ Տիբերի կայսեր, եւ մեծամեծքն ընդ միմեանս հակառակեալ՝ ոչ հնազանդելով միմեանց: Եւ էր մարտ անհնարին ի մէջ նոցա, որպէս թէ ո՛ յաղթիցէ՝ թագաւորեսցէ: Իսկ պատրիարքն ի մէջ անցեալ համոզեաց զնոսա արկանել վիճակս, եւ ո՛ւմ հասանիցէ՝ նմա ունել զթագաւորութիւնն, եւ այլոցն հնազանդել: Եւ զայս (արարին) երդմամբ եւ ամենեցուն մուրհակաւ: Եւ էր վիճակն այսպիսի, ընդ լուսանալն բանալ զաւագ դուռն քաղաքին եւ զայր, որ պատահիցէ անդ, թեպէտ կարի յանարգաց իցէ ածել ի պալատն արքունի. եւ իշխանացն նստել ի միասին եւ յոյր գլուխ դիցէ զթագն, նմա ունել զթագաւորութիւնն: Հաւանեցան ամենեքեան եւ դադարեցին ի խռովութենէ:

Եւ իբրեւ եհաս ժամն ժամադրեալ, բացեալ զդուռն քաղաքին, տեսեալ զՄօրիկ առ դուրսն՝ բարձեալ ցօղուն ինչ առ ի վաճառել եւ լնուլ զպէտս իւր: Եւ յափշտակեալ զօրացն՝ տարան ի բաղանիսն եւ լուացեալ զնա, զգեցուցին նմա հանդերձս ազնիւս եւ տարան զնա յարքունիսն: Եւ իբրեւ ասացին նմա վասն որոյ կոչեցաւն՝ նա պահանջեաց ի նոցանէ գիրս եւ երդմունս, զի մի՛ սպանցեն զնա մնացեալքն ի թագէն: Եւ նոքա երդուան նմա սաստիկ, զի անհոգ լիցի յայնմանէ:

After Emperor Justinian, another Justin[35] ruled, an evil, obscene man responsible for killing many of the orthodox. He and the patriarch John were possessed and so strayed, and thus were killed. Then Tiberius[36] ruled, and after him Maurice.[37]

Some say that the latter was from the village of Oshakan in Armenia; others say that he was from Taron. Because of poverty, he went to Constantinople, where, through a lucky accident, he became king. This is what happened.

When Emperor Tiberius died, the nobles fought with one another, and would not be pacified. There was great warfare amongst them, [since they thought that] the victor would be emperor. Now the patriarch went among them and convinced them to cast lots. Whoever won would have the kingdom and rule over the others. They [agreed to this] with oaths and written pledges. [The agreement was] that at daybreak they would open the great gate of the city, and the man who happened to appear (even if he was very humble) they would take to the royal palace. Then the princes would sit together and whomever he crowned would have the kingdom. All agreed to this, and the agitation ended.

When the appointed hour arrived, they opened the gate of the city and saw Maurice at the door, holding some sort of straw to sell, to satisfy his needs. The army seized him and took him to the bath, where they washed and dressed him in noble attire, and took him to the court. As soon as they told him why he was called, he demanded of them papers and oaths that those who had lost [in the contest for] the crown, not slay him. And they swore vehemently to him that he should remain unconcerned about that.

---

35 *Justin II* (565-78).
36 *Tiberius II* (578-82).
37 *Maurice* (582-602).

Բազմեալ էին ամենեքեան սնոտի յուսով, եւ իւրաքան-չիւր ոք անձին իւրում ասէր, թէ՝ լիցի՛: Կայր աթոռն եւ թագն ի վերայ նորա, եւ կօշիկքն հուպ առ նմին: Անց Մօրիկ ի մէջ, եւ առ զթագն ի ձեռս իւր եւ սկսաւ շրջել ընդ բազմե-ալսն: Իբրեւ եկն առ առաջինն՝ ուրախացաւ նա, բայց տրտ-մեցաւ երկրորդն, իբրեւ եթող զնա, դարձեալ կալաւ զնա տրտմութիւն եւ զընկերն նորա՝ ուրախութիւն: Եւ այսպէս ըստ կարգի, իբրեւ շրջեցաւ նա երկիցս եւ երիցս, տրտմե-ցոյց զնոսա եւ ուրախացոյց: Անց նստաւ նա ի վերայ ա-թոռոյն եւ եդ զթագն ի գլուխն իւր. եւ տեսեալ ամենեցուն՝ սխրացան: Բայց զի երդուեալ էին նմա, թէ՝ Յոյր գլուխ եւ դնիցես դու, մեք հնազանդիմք նմա, թոյլ ետուն նմա: Մա-տուցեալ պատրիարքն՝ ագոյց զկօշիկսն յոտս նորա եւ եր-կիր եպագ. նոյնպէս ամենայն մեծամեծքն երկրպագեցին նմա եւ ասեն. «Կեցցէ՛ արքայ Մօրիկ»:

Սա արար ժողով քննութեան վասն դաւանութեան Քաղկեդոնի. կոչեաց զվարդապետս Հայոց: Եւ չոգան Վրթ-թանէս եւ Գրիգոր եւ այլ վարդապետք եւ ոչ ինչ օգտեցուց-եալ զոյնս՝ դարձան նզովելով: Առ սա ապաստանեալ նա-խարարացն Հայոց՝ փախուցեալք ի տէրութենէն Պարսից: Իսկ սա անմարդի բարս ցուցեալ՝ ոչ ընդարձակեաց նոցա, այլ եւ զկարգեալ ռոճիկսն յառաջին թագաւորացն արգել ի նոցանէ:

Ասեն զնմանէ, թէ առաքեաց առ հայր իւր՝ թողուլ զպանդխտութիւնն եւ գալ վայելել ի փառս նորա, եւ թէ ոչ՝ խրատ առաքել նմա, որով կարասցէ վարել զթագաւորու-թիւնն:

They all sat there filled with vain hopes, and each said to himself: "It might be me." There was the throne with the crown [suspended] above it, and there were the [imperial red] shoes nearby. Then Maurice came among them and took the crown in his hands, and began to circulate among those seated. As soon as he came to the first, he rejoiced, but the second one was saddened as soon as he walked past him, while his companion rejoiced. Thus did Maurice circulate among them two or three times, delighting then depressing them. Suddenly, Maurice went and sat on the throne and placed the crown on his own head. When everyone saw this they were astonished. But since they had sworn to obey anyone on whose head he placed the crown, they let it be. The patriarch came forward and put the shoes on his feet and prostrated himself, as did all the nobles, and they exclaimed: "Long live Emperor Maurice".

He convened a council of inquiry regarding the Chalcedonian heresy, and summoned the vardapets of Armenia. Vrt'anes and Grigor and other vardapets went, but in no way did they aid [align with] the Byzantines, and they returned anathematizing them. Armenian naxarars, escaping from the rule of the Iranians, came to Maurice seeking refuge. But Maurice, revealing his inhuman disposition, did not give them any largess. Instead, he abolished the stipends which had been established for them by previous kings.

It is said that he sent for his father to come to him and to enjoy his royal glory with him, or, if [he could] not [come], to send him advice by which he would be able to rule the kingdom.

Եւ երթեալ սպասաւորացն՝ գտին զնա, զի դարմանէր պարտէզ. եւ ասացին նմա զհրամանն արքունի: Նա պատասխանի ետ եւ ասէ. «Թագաւորի հայր ես ոչ վայելեմ»: Եւ ինքն սկսաւ զմեծամեծ կաղամբսն, որ ի պարտիզի անդ, արմատախիլ առնել, կտրել զգլուխսն եւ ծածկել ընդ հողովն, եւ զմանունսն փայփայել եւ յօրինել: Եւ արանցն տեսեալ զայն՝ համարեցան զնա բախած եւ թաղեալ ի բաց գնացին: Իսկ զոր ինչ արար նա, նոքա ոչ գիտացին: Եւ գնացեալ առ թագաւորն՝ պատմեցին զամենայն եւ զյիմարութիւնն, զոր գործեաց ի պարտիզին:

Իսկ Մօրիկ իբրեւ լուաւ, ծիծաղեցաւ եւ ոչ ինչ յայտնեաց, եւ կալեալ զմեծամեծսն՝ զորս կարծէր, թէ սատան են թագաւորութեան նորա, եբարձ զամենեսեան, զի մի՛ դաւ ինչ լիցին թագաւորութեան նորա, եւ զփոքունսն ի տեղիս նոցա կարգեաց: Եւ կոչեցեալ զարսն զայնոսիկ, զոր առաքեաց առ հայր իւր, ասէ ցնոսա. «Ա՛յս են խրատք հօր իմոյ, զոր արար ի պարտիզին, եւ դուք ոչ իմացայք»:

Կէսք ասէն զսա յԱրփսուս գեղջէ Կապպադովկացւոց, զոր յետոյ քաղաք շինեաց զօրավար Տիբերի:

Բայց Մօրիկ վասն խստութեան բարուց իւրոց ազգաւ եւ որդւովք ողորմատես մահուամբ կորնչի յիւրոց զօրաց. քանզի յարեան ի վերայ նորա զօրք իւր, որոց առաջնորդ էր Փոկաս, որ թարգմանի հուր, եւ սպան զնա, եւ ինքն թագաւորեաց ընդ նորա:

Եւ յետ Որմզդի արքային Պարսից թագաւորէ Խոսրով ձեռնտուութեամբ Մօրկայ: Աստանօր Սմբատ Բագրատունի բազում մարտս յարդարէր առաւել քաջութեամբ առ թշնամիսն Խոսրովայ, վասն որոյ պատուեալ զՍմբատ՝ տայ նմա զմարզպանութիւնն Վրկան աշխարհի: Եւ նա երթեալ գտանէ ազգս գերեալս ի Հայոց անդ, որ Սագաստանն կոչի, մոռացեալ զլեզու եւ զդպրութիւն, զոր նորոգեալ Սմբատայ. եւ զՀաբել ոմն եպիսկոպոս տայ ձեռնադրել կաթողիկոսին Հայոց եւ կացոյց վիճակ աթոռ սրբոյն Գրիգորի:

When the messengers went to the father, they found him tending his garden and told him the king's command. He replied: "I am not fit to be a king's father." And he began to uproot the largest cabbage heads in the garden, tearing the heads and covering them with earth; yet he nursed and cultivated the small ones. When the men saw this, they assumed that he was daft and left him. But the men did not understand what he had done. When they went to the emperor, they told him everything and described the foolishness that had transpired in the garden.

As soon as Maurice heard it, he laughed and said nothing; but gathering those nobles he believed were plotting against his rule, he killed them all, so there would be no conspiracies against him, and he put lesser men in their positions. Calling those men he had sent to his father, he said to them: "This is my father's advice, which he gave in the garden and which you did not understand."

Some say that he was from the village of Arabisos in Cappadocia, which general Tiberius later made into a city.

Maurice, together with his family and sons, died a miserable death, because of the severity of his ways. His troops, led by Phocas (which translates "fire") fell on him and killed him. Phocas ruled in his stead.[38]

After Ormizd, king of Iran, Xosrov ruled with the aid of Maurice. During this period, Smbat Bagratuni organized many battles, displaying extreme bravery against Xosrov's foes, for which Xosrov honored him and gave him the marzpanate of Hyrcania. Smbat went and discovered there in Sagastan people who had been taken captive from Armenia who had forgotten their [native] language and literature, which Smbat restored. He had the Catholicos ordain a certain Habel as bishop and he founded a diocese of the throne of Saint Gregory there.

---
38 *Phocas* (602-610).

Ի տասներորդ ամի տեառն Աբրահամու, եւ յԼԷ թուին հայոց եկին ի Հայս ասորիք, արք քաջաբանք, եւ կամէին սերմանել զաղանդն Նեստորի. եւ նզովեալ հալածեցին, բայց ոմանք ընկալան: Եւ նոքա թարգմանեցին նոցա գիրս սուտս՝ զԳօրտոսակ, զԿիրակոսակ, զՊօղոսի տեսիլն, զԱդամայ ապաշխարութիւնն, զԴիաթեկ, զՄանկութիւն տեառն, եւ զՍեբիոս, եւ զՃիռն օրհնութեան, եւ զանթաքչելի մատեանսն, եւ զաւետարանի մեկնութիւն զՄանեայ. եւ որ հաւատայ նոցա, նզովի յուղղափառաց:

Եւ յետ տեառն Աբրահամու առնու զկաթողիկոսութիւնն տէր Յովհաննէս ի Կոգովտէ, ի գեղջէ Բագարանէ, ամս քսան եւ վեց: Ոմանք ի պատմագրաց զերկոսեանն ի միում աւուր ասեն վախճանեալ՝ զԱբրահամ եւ զՅովհաննէս, եւ կէսք ոչ:

Իսկ Խոսրով Պարսից արքայ, իբրեւ լուաւ զմահն Մօրկայ, վրէժխնդիր եղեւ, զի դաշնադիրք էին միմեանց, եւ զբազում գաւառս յունաց աւերեաց: Առաքէ եւ զԽոռիան զօրավար իւր ի Պաղեստինէ, որ երթեալ պաշարեաց զսուրբ քաղաքն Երուսաղէմ եւ առ զնա, եւ կոտորեաց զբնակիչս նորա. գերեաց եւ զխաչն Քրիստոսի եւ տարաւ զնա ի պարսիկս: Գնաց բազում զօրոք ի վերայ թագաւորին Հերակլի. եւ ի նեղ արկ զթագաւորական քաղաքն Կոստանդնուպօլիս:

Իսկ կայսրն Հերակլէս ձեռնտուութեամբ խաքանայ՝ խազրաց թագաւորի, գնաց յաշխարհն Պարսից, սպան զԽոսրով, դարձոյց եւ զսուրբ խաչն եւ առաքեաց յԵրուսաղէմ:

In the tenth year of lord Abraham and the thirty-seventh year of the Armenian Era [588], Syrians came to Armenia, eloquent men, who sought to implant the Nestorian heresy. They were anathematized and persecuted, but some people accepted [their creed]. They translated their false books: *Gortosak, Kirakosak,* the *Vision of Paul,* the *Repentence of Adam, Diat'ek,* the *Infancy of the Lord, Sebios,* the *Grapes of Blessing,* the *Unconcealable Writings,* and Mani's *Interpretation of the Gospel.* Whoever believes them is anathematized by the orthodox.

After lord Abraham, the Catholicosate was occupied by lord Yovhannes from Bagaran village in Kogovit, for twenty-six years. Some historians say that both Abraham and Yovhannes died on the same day, while others deny it.

Now when the Iranian king Xosrov learned of Maurice's death [d. 602], he sought to avenge him, for they were allies. He ruined many Byzantine districts. He sent his general Xorhian to Palestine to besiege the holy city of Jerusalem. He captured it and killed its inhabitants, and also captured the Cross of Christ, taking it to Iran. He went against Emperor Heraclius with many troops and placed the royal city of Constantinople in great straits.

But Emperor Heraclius, with the assistance of the Khazar king, the Xak'an, went to Iran, killed Xosrov, and returned the holy Cross to Jerusalem.

Զայս խաքան ծաղր արարին բնակիչք քաղաքին Տփխեաց. առեալ դդում մի՝ նկարեցին զպատկերն խաքանայ ի վերայ նորա կոյր, որպէս թէ աչք նոցա նեղ են եւ փոքր, եւ եդեալ զդդումն ի վերայ պարսպին հանդէպ նորա՝ սկսան նետաձիգ լինել: Իսկ նորա տեսեալ զայն՝ բարկացաւ յոյժ, բայց զի ժամանակ ձմեռային էր, ոչ ինչ կարաց հատուցանել: Բայց ի գալ գարնան եկեալ պաշարէ զնա, եւ առեալ զքաղաքն՝ հրամայեաց կոտորել զարս ե՛ւ զկանայս ե՛ւ զմանկտի, եւ աւերեալ զքաղաքն, առեալ զինչս նոցա՝ գընաց ի քաղաքն իւր:

Իսկ յետ սպանման մարզպանացն Ճիհր Բուրզենայ, Ճիհր Վշնասպ Սուհենայ, Ճիհր Վղոն Միհրանայ, եւ այլ տաճկաստանեացն, Դաւիթ Սահառունի մարզպան լեալ ամս երեսուն: Յաւուր սորա ի ԿԲ թուականին եղեւ շինուած կաթողիկէին Մրենոյ:

Յետ տեառն Յովհաննիսի առնու զկաթողիկոսութիւնն տէր Կոմիտաս ամս ութ: Սա շինեաց զսուրբ տիկնոջն Հըռիփսիմեայ զվկայարանն պածառ եւ հրաշալի, զի խրթին էր առաջին շինուածն. գտանէ ի նմին զնշխարս ոսկերաց սրբոյն՝ կնքեալ մատանեաւ սրբոյն Գրիգորի եւ սրբոյն Սահակայ, եւ ոչ իշխեաց բանալ, այլ իւրով մատանեաւն կնքեալ՝ ամփոփէ անդէն, արարեալ երգս շարականաց սրբոցն հայերէն այբուբենօք, որոյ սկիզբն է այս՝ «Անձինք նուիրեալք սիրոյն Քրիստոսի»:

Յետ Խոսրովու Պարսից արքայի առնու զթագաւորութիւնն Կաւատ: Սա արձակեաց ի գերութենէ զՎիրոյ կաթողիկոսն Աղուանից, զոր ի բանտի եդեալ էր հայր նորա: Եւ յետ Կաւատայ՝ Արտաշիր, եւ ապա Խոռեամ՝ հրամանաւ Հերակլի, եւ ապա Խոսրով, եւ յետ նորա Բորն եւ Զարմանդուխտ. սոքա ամենեքեան սակաւակեացք, եւ ապա Յազկերտ:

Իսկ յետ տեառն Կոմիտասայ առնու զկաթողիկոսութիւնն տէր Քրիստափոր ամս երկու. եւ ապա Եզր ամս տասն:

The residents of Tiflis ridiculed this Xak'an by taking a pumpkin and drawing a picture of the Xak'an on it as if blind, since their eyes are narrow and small. They then placed the pumpkin on a wall facing him and began shooting arrows at it. When the Xak'an saw this, he grew extremely angry but since it was wintertime he was unable to retaliate. However, upon the arrival of spring, he came and besieged Tiflis, captured it, and ordered that men, women, and children be killed. Then he wasted it, took the inhabitants' belongings, and went to his own city.

Now after the slaying of the marzpans Chihr Burzen, Chihr Vshnasp Suhen, Chihr Vghon Mihran and others by the people from Tachkastan,[39] Dawit' Saharhuni was the marzpan for thirty years. In his day, in the year 62 A.E. [613], the cathedral of Mren was constructed.

After lord Yovhannes, lord Komitas held the Catholicosate for eight years. Komitas built the beautiful and marvelous martyrium of the blessed lady Hrip'sime, for the prior structure was cramped. In [the old structure] he found relics of the saints' bones, sealed with the rings of saints Gregory and Sahak. He did not dare open it, but instead sealed it with his own ring and buried it there. He wrote a sharakan to the saints, each line in the order of the Armenian alphabet, which begins: "People devoted to the love of Christ".

After King Xosrov of Iran, Kawad[40] held the kingship. Kawad released from captivity the Catholicos of Aghuania, Viro, whom his father Xosrov had placed in prison. After Kawad, Artashir ruled, then Xorheam, at Heraclius' command. Then Born and Zarmanduxt—they were all short-lived—then Yazkert.[41]

After lord Komitas, lord K'ristap'or occupied the Catholicosate for two years, followed by Ezr for ten years.

---

39 *"People from Tachkastan": i.e., the Arabs.*
40 *Kawad II, Sheroe (628).*
41 *Yazkert III (632-36/52).*

Իսկ Հերակլի կայսեր եկեալ ի Կարնոյ քաղաք, ժողով արարեալ՝ կոչէ եւ զԵզր կաթողիկոս Հայոց: Իսկ նա ոչ տարաւ ընդ իւր արս իմաստունս, մանաւանդ զՅովհան վարդապետ Մայրավանեցի, որ յոյժ տեղեակ էր աստուածային գրոց: Երթեալ հաւանի աղանդոյն Քաղկեդոնի: Եւ տայ նմա պարգեւս կայսրն զերիր մասն Կողբայ եւ զաղսն բովանդակ: Եւ եկեալ ի Հայս, փոխեաց զամենայն ուղղափառ կարգաւորութիւնս եկեղեցւոյ, եւ զընթերցուածն Յակոբայ եւ Կիւրղի, փոխանակ այնորիկ՝ զԱրտեմոնին եդեալ, զորյանդիմանեաց սուրբ վարդապետն Յովհան, եթէ՝ Ընդէ՞ր տգիտաբար հաւանեալ եղեր, եւ լուծեր զբարւոք կարգաւորութիւնսն, որ ի սրբոյն Գրիգորէ մինչեւ զայսօր պահեալ էր ի մէջ ազգիս հայոց: Իսկ Եզր փոխանակ զղջանալոյ՝ հալածեաց զսուրբն անարգանօք, Մայրագոմեցի կոչելով զնա:

Իսկ մի ոմն յաշակերտացն Յովհաննու, Սարգիս անուն, հերձուած յարոյց: Եւ Եզր համբաւեաց, եթէ Յովհաննու է հերձուածն, եւ գիրս շարագրեաց. եւ ընդ այլ հերձուածողացն բանս եդեալ՝ զբանս աշակերտի նորա Յովհաննու վերագրելով, զոր մի՛ ոք իշխեսցէ բամբասել զսուրբն:

Եւ երթեալ Յովհաննու ընտրեաց իւր տեղի լռութեան ի կողմանս Գետաբակս բերդոյ, եւ անդ դադարեալ՝ հանապազ ընդ Աստուծոյ խօսելով:

Եցոյց Աստուած եւ մեծ սքանչելիս վկայ լինել սրբութեան նորա. զի՝ Էր նորա էշ մի, որ սպասաւորէր զպէտս նորա. պատահեաց նմա արջ մի եւ եկեր զնա: Եւ իբրեւ ասացին Յովհաննու, երթեալ ասէ ցարջն. «Որովհետեւ սպաներ զսպասաւորն մեր, արդ՝ փոխանակ նորա, դո՛ւ սպասաւորեա՛ մեզ»: Եւ երթեալ արջումն՝ սպասաւորէր ամենայն հնազանդութեամբ ի բեռնակրութիւնս եւ յամենայն ինչ ամս բազումս: Եւ յետ ժամանակաց պատահեալ որսորդաց՝ սպանին զարջն, կարծելով վայրենի զնա: Եւ իբրեւ տեսին եղբարք վանիցն՝ ընկեցին զնա ի խորափիտ մի:

Now Emperor Heraclius came to the city of Karin and held a council to which he summoned Ezr, the Catholicos of Armenia. However, Ezr did not take along very learned men (such as vardapet Yovhan Mayravanets'i who was extremely well-versed in Scripture). Ezr went and accepted the doctrine of Chalcedon. And the emperor gave him as a gift, a third of [the district] of Koghb, and all its salt [mines]. Then Ezr returned to Armenia and changed all the orthodox arrangements of the Church, and instead of readings from James and Cyril, he instituted readings from Artemon. The blessed vardapet Yovhan upbraided Ezr, saying: "Why did you ignorantly accept it, and alter the good arrangements of Saint Gregory which had been preserved among the Armenian people until today?" But Ezr, rather than regretting what he had done persecuted the blessed man with insults, labelling him Mayragomets'i.

Now one of Yovhan's pupils named Sargis, brought forth a heresy, and Ezr aired it about that Yovhan was a heretic and had made [heretical] writings. Ezr anathematized him along with the other heretics, attributing to him the deeds of his student. Let no one dare to slander this holy man.

Yovhan went and selected for his dwelling a quiet place in the area around Getabak fortress; and he remained there, ever communing with God.

God produced a great miracle as a testimony of his holiness. For Yovhannes had a donkey which served his needs. A bear encountered the donkey and ate it. As soon as they informed Yovhannes of the event, he went and said to the bear: "Because you killed our servant, you should serve us in his place." And the bear went and served in all obedience, hauling things and doing all else for many years. Afterwards hunters chanced upon and slew the bear, thinking it wild. As soon as the brothers of the monastery saw what had happened, they threw the bear's body into a hollow.

Մինչեւ ցայսօր բնակիչք վայրացն երթան եւ առնուն հող ի տեղւոջէն, յորում թաղեցաւ արջն. եւ լինի դեղ ամենայն ցաւոց անասնոց աղօթիւքն Յովհաննու: Նոյնպէս եւ գերեզման սրբոյն դեղ է ամենայն ցաւոց եւ վտանգելոց, որք հաւատով ապաւինին յաղօթս սրբոյն:

Յետ Դաւթի Սահառունւոյ լինի մարզպան Հայոց Թէոդորոս Ռշտունի ամս քսան եւ հինգ: Եւ յետ Հերակլի կայսեր թագաւորէ որդի նորա Կոստանդին:

Իսկ իբրեւ լցաւ ի ծննդենէն Քրիստոսի ամք ՈԺԸ, եւ հայոց թուականին ԿԷ, յայտնեցաւ ոմն սուտ մարգարէ հեթանոսաց, աղանդեալ ի Կերինթոսէ եւ յարիանոսաց, Մահմետ անուն, իսմայելացի ազգաւ, յորդւոցն Հագարու: Սա մինչդեռ վաճառականութեան աղագաւ երթայր յԵգիպտոս, հանդիպեցաւ միայնակեցի միոջ, որում անուն էր Սերգիս Բխիրայ՝ արիանոս աղանդով, յանապատին Սինայ: Սա ուսոյց Մահմետի զսուտ աստուածծանօթութիւն, գովեաց նմա զհին օրէնսն՝ զտուեալսն ի Մովսիսէ, եւ ասաց. «Եթէ լուիցես բանից իմոց, լինիս առաջնորդ եւ օրէնսդիր ի վերայ ազգին քոյ»:

Եւ գնացեալ Մահմետի զճանապարհս իւր՝ յանկարծակի եմուտ ի նա ոգի պիղծ, եւ անկեալ փրփրեցաւ: Եւ ընկերաց նորա տեսեալ զայն՝ կացին առ նմա մինչեւ սակաւ մի ուշաբերեցաւ, եւ ապա յարուցին զնա. հարցեալ զպատճառս այնպիսի մոլեգնութեանն, ասէր՝ Ի հրեշտակէ սրբոյ լինել զայն, եւ յղել զնա պատգամաւոր յազգն իւր: Եւ երթեալ ի քաղաք իւր՝ սկսաւ քարոզել, զոր ուսոյց նմա սուտ քրիստոնեայն:

To this day, residents of various places go and take soil from the spot where the bear was buried. Through the prayers of Yovhannes, this soil is medicine for all pains inflicted by animals. Similarly, the tomb of the saint is a curative for all pains, and works against dangers, for those who take refuge in the saint with faithful prayers.

After Dawit' Saharhuni, T'eodoros Rshtuni was the marzpan of Armenia for twenty-five years. Following Emperor Heraclius, his son Constantine[42] ruled.

Now upon the completion of the year 618, reckoned from the birth of Christ, or 67 of the Armenian Era, a certain false prophet of the pagans appeared, corrupted by the heresy of Kerint'os and by the Arians. His name was Mahmet, an Ishmaelite, one of the sons of Hagar. When Mahmet went to Egypt to conduct business, he met in the Sinai desert a hermit named Sergis Bxiray, an Arian heretic. This Sergis taught Mahmet a false knowledge of God, praising before him the old laws given by Moses, and saying: "If you heed my words, you will become leader and legislator of your people."

Mahmet was going on his way when suddenly an impure spirit entered him and he fell down frothing at the mouth. Seeing this, his companions stood by him until he came to his senses somewhat, and then they raised him up. Asked the reason for such frenzy, Mahmet replied: "It was delirium caused by a holy angel," and they dispatched him as a messenger to his people. Going to his native city he began to preach whatever the false Christian had taught him.

---

42 *Constantine III* (613-41).

Էին նմա հօրեղբարք գլխաւորք. նոքա հալածեցին զնա՝ սպառնացեալք մահու չափ, եթէ այլ այնպիսի բանս ինչ լըսիցեն ի նմանէ: Եւ նա երթեալ ի տուն իւր՝ նստէր տրտում: Եւ մտեալ Ալի, որ էր նորա հօրեղբօր որդի եւ փեսայ, եւ հարցեալ զպատճառս տրտմութեան: Եւ նա ասացեալ, թէ՝ «Վասն զի զաստուած քարոզեցի նոցա, սպառնացան մահու ինձ»: Եւ ասէ Ալի. «Եկ երթիցուք, դարձեալ քարոզեսցուք. եթէ ընդդէմ դառնան մեզ, սպանցուք զնոսա սրով»: Զի այր զօրաւոր էր Ալի եւ արք զօրաւորք, որ ընդ նմա: Եւ իբրեւ սկսան քարոզել, եղեւ խռովութիւն յոյժ եւ պատերազմ. եւ պարտեցաւ կողմն Մահմետի, եւ փախստեայ գընացին ի փոքր Մադիամ, ուր էին ժողովեալ հրեայք երկոտասան հազար, զոր հալածեալ էր Կոստանդնի կայսեր: Եւ առեալ զնոսա Մահմետի, չոգաւ ի վերայ այնոցիկ, որ հալածեցինն զնա, եւ կոտորեաց զնոսա: Իբրեւ տեսին հըրեայքն զյաջողուած գործոյն, կացուցին զնա իւրեանց առաջնորդ, յարեցան ի նոսա եւ այլ մադիանացիք. եւ քաղըրթ առաջնորդ, եւ եղեն բանակ մեծ, չոգան ի վերայ Պաղեստինի, հարին զզօրսն հոռոմց, որք յափշտակէին զինչս վաճառականաց նոցա:

Եւ իբրեւ տեսին զյաղթութիւնն, չոգան ի վերայ տէրութեանն Պարսից, սպանին զՅազկերտ թագաւոր Պարսից. եւ դադարեաց թագաւորութիւնն Պարսից Սասանականն: Զայսու ժամանակաւ խաւարեցաւ կէս արէգականն. յարեգ՝ աշնան ամիս, մինչեւ ի քաղոց՝ ամարան ամիս: Ապա արձակեցին զօրս ընդ երիս կողմանս՝ մի ի Հոռոմ Յազ անուն եւ խրատատու Յովէլ, որք կոտորեցին ի հոռոմց զեօթանասուն հազար: Եւ ի Պարսից կողմն արձակեցին զՕթման ամիրայ, եւ զՄաւիէ զօրավար: Նոքա հարին զՄիրդատ քսան հազարաւ, եւ զՄուշեղ սպարապետն Հայոց իւրով սպայիւն եւ տիրեցին բոլոր աշխարհիս Հայոց, Պարսից եւ Ասորւոց, Եգիպտացւոց, Մարաց եւ Պարթեւաց, սկսան շրջել զհաւատս նոցա, եւ նոքա ոչ հաւանեցան:

[Muhammad] had uncles who were chiefs. They persecuted him, threatening him to the point of death if they heard any more such words from him. Mahmet went to his house and sat there in sadness. Then Ali, his uncle's son and Mahmet's own brother-in-law entered and inquired as to the causes of Mahmet's sadness. And he answered: "Because I preached to them about God they threatened me unto death." Ali said: "Come, let us go and preach again. If they turn against us, let us put them to the sword." For Ali was a military man and he had military men with him. As soon as they began to preach, there was great agitation and war. Mahmet's side was defeated. Fleeing, they went to lesser Madiam where 12,000 Jews were assembled, [people] who had been persecuted by Emperor Constantine. Taking them, Mahmet went against those who had persecuted him and he destroyed them. Once the Jews saw this successful deed, they set Mahmet up as their leader. Other Madinites joined them and they became a large army. They went against Palestine and beat the Byzantine army which had been stealing items from the commodities they traded.

As soon as they experienced victory, they went against the Iranian lordship and killed the Iranian king Yazkert. Thus ended the kingdom of the Iranian Sasanians. In this period, half the sun darkened from the fall month of Areg[43] to the summer month of K'aghots'.[44] Then [the Muslims] released armies in three directions: one to Byzantium, under a certain Yaz and an advisor Yovel (who destroyed 70,000 Byzantines). The emir Uthman and the general Mu'awiya were sent toward Iran. They defeated Mihrdat's 20,000 and Mushegh, the *sparapet* of Armenia with his brigades, and they ruled the entire territory of Armenia, Iran and Syria, Egypt, Media and Parthia. They began to propagate their faith, but were not accepted.

---

43 *Areg*: the eight month of the moveable Armenian calendar.
44 *K'aghots'*: the fifth month of the calendar.

Իսկ մաղիանացիք եւ հաւանեալքն նոցա խնդրեցին օրէնս ի Մահմետէ, եւ նա ետ նոցա օրէնս՝ յոյժ խայտառականօք: Ասաց՝ Մարմնաւոր լինել զարքայութիւնն ի վերայ երկրի, կերակուր պորտոյ, եւ ամուսնութիւն յետ յարութեանն, եւ կանանց կոյս մնացելոց հանապազ խառնակութիւն. ուստի եւ օրէնս հակառակ հնոյ եւ նորոյ օրինադրութեանց, իմանալ զանարժանս եւ խօսող զանուղղայս, խայտառակեաց մեծապէս ձաղանօք զուխտադրութիւնն Աստուծոյ, որ առ Աբրահամ, զի գրեալ է. «Թլփատեսցի ձեր ամենայն արու ութօրեայ»: Իսկ սա օրինադրեաց. յորժամ կամեսցի՝ թլփատել, յորում հասակի եւ իցէ, Ո՛չ միայն զարս, այլ եւ զկանայս անգամ. եւ փոխանակ լուսաւոր մըկրտութեանն, զոր ասաց տէր մեր Յիսուս Քրիստոս. «Եթէ ոք ոչ ծնցի ի ջրոյն եւ ի հոգւոյ, ոչ մտանիցէ յարքայութիւնն Աստուծոյ», սա ասաց՝ Հանապազ գործել զչարիս եւ ջրով լոկով ողողանիլ եւ սրբիլ. եւ այլ բազում անարժանս եւ մոլեկան աւանդութիւնս եւ ծիծաղելիս: Սա եղեւ օրէնսդիր պատգամաբեր ամս եօթն, եւ կոտորեցին զԲզնունիս, զԱղիովիտ եւ զՏարօն:

Եւ Մահմետս այս արգել զսուրն, եւ բանիւ խրատու նորա հնազանդեցին զմեծ մասն տիեզերաց: Եւ անմոռաց երդմամբ կնքեաց մուրհակ Հայոց աշխարհիս՝ համարձակութեամբ ունել զքրիստոնէութիւն, եւ վաճառեաց նոցա զհաւատս նոցա՝ յամենայն տանէ առեալ չորս դրամ եւ երեք մոթ խորբալ, որ է ցորեան, եւ ձիատոպրակ մի եւ պարան մի մազէ եւ ձեռնարար մի: Իսկ ի քահանայից եւ յազատաց եւ ի հեծելոց ոչ հրամայեաց առնուլ զհարկն: Եւ ի տիրելն աշխարհաց՝ կոչեցան ամիրմումնիք: Եւ յետ Ի ամին Մահմետի կալան զիշխանութիւնն Իսմայէլի Աբուբաքր, Օթման եւ Ամր ամս երեսուն եւ ութ:

Now the people of Medina and their coreligionists requested laws from Mahmet and he gave them laws, disgraceful ones. He said that the Kingdom above the earth is corporeal, with food for the belly and marriage after resurrection and constant copulation with women who remained virgins. Mahmet taught laws contrary to the legislation of the Old and New Testaments, to know the unworthy and to speak to the deviant. With special derision, he disgraced the covenant of God which Abraham had taken. For it is written: "Circumcise all of your male children on the eighth day."[45] Now Mahmet decreed that people might circumcise whenever it suited them, irrespective of age, and not just men, but even women. And instead of a luminous baptism, which our Lord Jesus Christ prescribed: "If someone is not born of water and Spirit, he will not enter the kingdom of God."[46] Mahmet now said: "Work evil constantly and merely rinse with water, and dry." Mahmet, who was a prophet-legislator for seven years, said many other worthless, fanatical, heretical and ridiculous things, and they destroyed Bznunik', Aghiovit, and Taron.[47]

Mahmet prohibited the use of the sword, and instead subjected the greater part of the world through words of counsel. And with an unbreakable oath, he sealed a written contract with Armenia that the land enjoy Christianity fearlessly; and he sold them their faith, from each house taking four *dram* and three *mot'xorbal*, which is wheat, a saddlebag, a hair rope and pair of gloves. Now from the priests, *azats*, and cavalry he did not order the tax collected. Those governing the lands were called *amirmumnik'*. After the twentieth year of Mahmet, Abu Bakr, Uthman, and Amr held the kingdom of the Ishmaelites for thirty-eight years.

---

45 Genesis 17:11-12.
46 John 3:5.
47 Some mss. lack "and they destroyed…".

VOLUME I

Յետ Եզրի առնու զկաթողիկոսութիւնն տէր Ներսէս ամս քսան։ Սա շինեաց զվկայարան սրբոյն Սարգսի, որ ի Դուին։ Ի կոտորելն Իսմայէլի զքաղաքն Դուին երկոտասան հազար՝ արեամբ կոտորելոցն ծածկեցաւ սուրբ սեղանն եւ աւազանն, եւ զայլսն գերեցին աւելի քան զերեսուն եւ հինգ հազար։ Եւ զոսկերս սպանելոցն ամփոփեաց հայրապետոն ի նոյն վկայարանի. շինեաց եւ զՎիրապն՝ զտեղիս սրբոյն Գրիգորի. շինեաց եւ զսուրբն Գրիգոր, զզարմացուցիչն տեսողաց, որ յետոյ աւերեցաւ ի տաճկաց։

Առ սա եկեալ ասորւոց ուղղափառաց՝ խնդրէին ի սըրմանէ եպիսկոպոս. եւ նա պահանջեաց ի նոցանէ գրով խոստովանութիւն հաւատոյ, եւ նոքա ետուն նմա զայս բան. «Հաւատամք ի հայր եւ որդի եւ ի սուրբ հոգին. ի հայր, որոյ հայրութիւնն անհասանելի է, յորդի, որոյ ծնելութիւնն անքաժանելի է, եւ ի սուրբ հոգին, որ ի հօրէ ելանէ, եւ ընդ հօր եւ ընդ որդւոյ երկրպագի եւ փառաւորի», զոր եւ կցորդ արարեալ՝ մինչեւ ցայսօր պաշտի յեկեղեցիս Հայոց յաւուր ճրագալուցի յայտնութեան տեառն։ Եւ ապա ձեռնադրէ նոցա եպիսկոպոս զԱբդիսոյ։

Դէպ եղեւ սմա աշխարհաժողով բազմութեամբ ի տօնի վարդավառին լինել ի Բագուան։ Եւ բազմացեալ էին երգք շարականաց յեկեղեցիս Հայոց, մինչեւ ոչ գիտել միոյ գաւառի երգեցող՝ զմիւսոյն։ Եւ ասացին շարական վարդավառի հարցինն, եւ միւս դասն ոչ կարաց փոխել զնա. եւ փոխեցին բազում շարականս, եւ ոչ զայն եւս գիտէին։ Ապա հայրապետոն Ներսէս հաւանութեամբ ամենայն ժողովրդոյն ընտրեցին զպիտանին եւ զօգտակարն, զի յամենայն յեկեղեցիս յամենայն աւուր մի պաշտօն լիցի ըստ աւուրն խորհրդոյ։ Եւ ընտրեցին արս իմաստունս, զի շրջեցին ընդ ամենայն աշխարհս Հայոց, եւ զնոյն կարգաւորութիւն հաստատեցին, որ է մինչեւ ցայսօր։

After Ezr, lord Nerses occupied the Catholicosate for twenty years. He built the martyrium of Saint Sargis which is in Dwin. During the destruction of 20,000 people in the city of Dwin by the Ishmaelites, the holy altar and basin were covered with the blood of those cut down, while more than 35,000 others were taken into slavery. The patriarch gathered the bones of the slain into the same chapel. He constructed the place of Saint Gregory['s imprisonment], Virap, and likewise built [the church of] Saint Gregory, which astonished those who saw it. This place was later ruined by the Tachiks.

Orthodox Syrians came to Catholicos Nerses requesting a bishop [ordained] by him. He demanded of them in writing a confession of the faith and the Syrians gave him [the following confession]: "We believe in the Father and the Son and the Holy Spirit. In the Father, Whose paternity is unreachable, in the Son Whose birth is indivisible and in the Holy Spirit, Which is of the Father and through the Father and the Son It is worshipped and glorified"—a confession which is recited to this day in the service of the Armenian Church on the day of the Revelation of the Lord. Nerses ordained Abdisoy bishop [for them].

He chanced to be in Baguan with the multitude assembled for the feast of the Transfiguration. The sharakans had so multiplied in the churches of Armenia, until what was sung in one district was not known in another. [In one district] they sang sharakans about the Transfiguration while another group of clerics could not adapt them. They substituted many sharakans, but these too were not known. Therefore, the patriarch Nerses, with the approval of all the attendees, selected the appropriate and useful from the sharakans, so that in every church of Armenia on every day, the service would be synchronized. They selected learned men to circulate throughout all of Armenia and establish this same order which is observed until today.

Յետ Թէոդորոսի եկաց մարզպան Հայոց Համազասպ ամս եօթն: Եւ յետ Ներսիսի առ զկաթողիկոսութիւնն տէր Անաստաս ամս վեց: Սա կոչեաց առ ինքն զմեծ վարդապետն Անանիա՝ ի Շիրակ գաւառէ, այր բանիբուն եւ հանճարեղ, գիտող յոյժ ամենայն տոմարական արուեստից, զի կարգեսցեն անշարժ տոմար հայոց, որպէս այլոց ազգաց: Զոր արարեալ մեծաւ ջանիւ, եւ մինչ կամէին ժողովով հաստատել, վախճանի սուրբն Անաստաս: Անփոյթ եղեալ իրն զկնի եկելոցն, այլ առաջին կարգաւն վարէին: Ի հնգերորդ ամի Անաստասայ եղեւ շինուած կաթողիկէին՝ որ յաւանն Արուճ, զոր շինեաց Գրիգոր Պատրիկն, յորում մկրտի նահատակն Քրիստոսի Դաւիթ, ազգաւ պարսիկ, որ յառաջն Սուրհան կոչէր, եւ վասն վկայութեանն Քրիստոսի կախեցաւ զփայտէ ի Դուին:

Յետ Համազասպայ եղեւ մարզպան Հայոց Գրիգոր Մամիկոնեան ամս տասն, զոր սպանին խազիրք: Եւ Ներսեհ Շիրակացի իշխան եկաց ամս երեք:

Զկնի Անաստասայ եկաց կաթողիկոս տէր Իրայէլ ամս վեց, եւ ապա տէր Սահակ ամս քսան եւ վեց: Սա չոգաւ դեսպանութեան աղագաւ առ Մահմետ զօրավարն Իսմայէլի, որ գայր ի կոտորել զազգս հայոց վասն ապստամբութեանն ի տաճկաց. եւ հասեալ ի Խառան՝ հիւանդացաւ հիւանդութիւն, որ եւ մեռաւ իսկ: Եւ դեռ չեւ եւս էր եկեալ Մահմետ ի Խառան՝ գրեաց գիր պաղատանաց, եթէ՝ «Ես եկի ընդ առաջ քո՝ աղաչել զերեսս քո վասն ազգին իմոյ, եւ ոչ ժամանեցի տեսութեան քո, զի որ ամենեցուն շտեմարանապետն է կենաց, կոչեաց զիս: Արդ՝ երդումն տամ քեզ զուխտադրութիւնն Աստուծոյ, որ առ Աբրահամ եւ առ Իսմայէլ հայրն ձեր, զի մի՛ ինչ չար արասցես ազգիս իմոյ, եւ հարկեսցեն ձեզ. եթէ լուիցես աղաչանաց իմոց, եկեսցեն ի վերայ քո օրհնութիւնք իմ. իսկ եթէ ոչ լուիցես՝ անէծք ժամանեսցեն քեզ, եւ դարձուսցէ աստուած զսիրտս զօրաց քոց ոչ առնել զկամս քո. յայս երկուցս զմինն ընկալ»:

After T'eodoros the marzpan of Armenia was Hamazasp, for seven years. After Nerses, lord Anastas occupied the Catholicosate for six years.[48] Anastas summoned to himself the great vardapet Anania from the district of Shirak (a learned and brilliant man, and very knowledgeable in all the calendrical systems) to establish an immovable Armenian calendar, as other peoples had. Anania worked on this with great effort, until they were ready to adopt it through an assembly. But just then, the holy Anastas died. Those succeeding him as Catholicos neglected the matter and so they continued according to the former systems. In the fifth year of Anastas, a cathedral was built in the awan of Aruch. It was constructed by Grigor patrik,[49] and was the church in which Dawit', the martyr of Christ, was baptized. Dawit', of Iranian origin, who was previously called Surhan, was hanged in Dwin for attesting Christ.

After Hamazasp, the marzpan of Armenia was Grigor Mamikonean, for ten years. He was slain by the Khazars. Then Nerseh Shirakats'i was prince for three years.

After Anastas, lord Israyel was Catholicos for six years then lord Sahak[50] for twenty-six years. Sahak went as an emissary to the Ishmaelite general Mahmet[51] who was coming to destroy the Armenian people because of their rebellion from the Arabs. Sahak reached Harran, where he fell sick and died. But even before Mahmet came to Harran, Sahak had written a letter of entreaty, saying: "I have come before you to beseech you on behalf of my people, however it has not come to pass that I will see you, for the Supreme Master of all life has summoned me. Now I swear to you, vowing by God, by Abraham and your father Ishmael, that you must do no evil to my people; rather, let them pay taxes to you. If you heed my supplication, my blessings shall be upon you. But if you do not listen you will be cursed, and may God so turn the hearts of your soldiers that they not obey you. Choose one of these two."

---

48 From 661-67.
49 *patrik:* patrician.
50 *Sahak Szorop'orets'i* (677-703).
51 *Mahmet* ibn Okba.

Եւ իբրեւ եկն Մահմետ ի Խառան, ասացին նմա զամենայն, եւ ետուն նմա զթուղթն: Եւ իբրեւ ընթերցաւ, եհարց, եթէ՝ «Ո՞ւր իցէ գերեզման նորա»: Եւ ցուցին նմա զտեղին, զի առ ժամայն էր վախճանեալ, եւ չեւ եւս էր թաղեալ: Եւ երթեալ վաղվաղակի՝ ըստ դենին իւրեանց՝ ողջոյն ետ մեռելոյն իբրեւ կենդանւոյ: Եւ ասեն, եթէ մեռեալ մարմինն պատասխանի ետ, եւ ընկալաւ զողջոյնն իբրեւ զկենդանի: Եւ ասաց Մահմետ. «Ի գրոյ քումմէ ծանեայ զքեզ, այրդ Աստուծոյ. արարից եւ կատարեցից զամենայն հրամանս քո»: Եւ վաղվաղակի ելոյծ զթշնամութիւն եւ ոստիկանս առաքեաց Հայոց՝ հարկ եղեալ ի վերայ նոցա, եւ ինքն դարձաւ յաշխարհ իւր: Եւ յետ Սահակայ առնու զկաթողիկոսութիւնն տէր Եղիայ:

Իսկ յետ Հերակլի առնու զթագն որդի նորա Կոստանդին: Ի սորա աւուրս եղեւ յարձակումն Իսմայէլի ընդ աշխարհս ամենայն: Եւ յետ նորա որդին իւր համանուն հօրն: Իսկ զիշխանութիւնն Իսմայէլի, յետ Աբուբաքրայ եւ Օթմանայ եւ Ամրի, առնու Մաւիէ:

Իսկ զմարզպանութիւնն Հայոց յետ Ներսեհի առնու Աշոտ, որ սպանաւ ի տաճկաց, ամս երիս: Եւ յետ նորա Ներսեհ Կամսարական ամս երիս: Եւ յետ նորա Սմբատ Բագրատունի Բիւրատեան ամս քսան: Սա պատերազմեցաւ ընդ զօրս այլազգեաց ի Վարդանակերտն աւանի, եւ յաղթեաց քաջութեամբ ի Բագրեւանդ գաւառի: Ի ԺԳ ամի սորա Մահմետ զծովն Գեղամայ արձակեաց եւ առ զՍեւան. եւ ի ԺԶ ամի սորա Կասմ ամիրայ զիշխանսն Վասպուրականի կոտորեաց:

Եւ յետ Կոստանդնի կայսեր թագաւորեաց Յուստինիանոս: Ի վերայ սորա յարեան նախարարքն իւր եւ հատին զքիթս նորա. եւ փախեաւ ի Խազիրս եւ առեալ անտի իւր կին եւ զօրս բազումս, գայ, դարձեալ թագաւորէ: Եւ յետ նորա առնու զթագն Լեւոն, եւ յետ նորա Ափսիմերոս, եւ յետ նորա Յուստի[նի]անոս, եւ յետ նորա Փիլիկոս Վարդան, եւ յետ նորա Թէոդորոս, եւ յետ նորա Լեւոն:

Now when Mahmet came to Harran they told him everything and gave him the letter. When he had read it, he inquired "Where is his grave?" And they showed him the place [where Sahak lay], for he had just died and was not yet buried. Going there quickly, in accordance with their religion, [Mahmet] saluted the dead man as though he were alive. And they say that the dead body replied, receiving his greeting like a living man. Mahmet said: "From your writing I recognized you, oh man of God. I shall do all that you command." At once the hostility passed, and Mahmet sent ostikans to Armenia to lay taxes on them, while he himself returned to his own land. After Sahak, lord Eghia[52] occupied the Catholicosate.

Now after Heraclius, his son Constantine wore the crown. In his day the Ishmaelites attacked all lands. After Constantine, his homonymous son ruled. As for the principality of Ishmael, Mu'awiya took it after Abubak'r and Ot'man and Amr.

Now after Nerseh, Ashot (who was slain by the Arabs) held the office of marzpan for three years. Then Nerseh Kamsarakan, for three years; after him Smbat Bagratuni Biwratean, for twenty years. He warred with the armies of the foreigners in the Vardanakert awan and courageously defeated them in the district of Bagrewand. In the thirteenth year of Mu'awiya, Mahmet released the waters of the Gegham sea and then took Sewan. In the sixteenth year of Mu'awiya's reign, Kasim amir destroyed the princes of Vaspurakan.

After Emperor Constantine, Justinian[53] ruled. His lords pounced upon him and cut off his nose. The emperor fled to the Khazars. Taking a wife from there, and also many troops, he returned and became emperor again. Then Leontius,[54] then Apsimar,[55] then Justinian wore the crown for a second time,[56] followed by Philippicus Bardanes,[57] Theodosius,[58] and Leo.[59]

---

52 *Eghia* (703-717).
53 *Justinian II Rhinotmetus* (685-95).
54 *Lewon* (695-98).
55 *Tiberius III* (698-705).
56 *Justinian* (second reign, 705-711).
57 *P'ilikos Vardan* (711-13).
58 *Theodosius* III (715-717).
59 *Leo III, the Isaurian* (717-741).

VOLUME I

Եւ զիշխանութիւնն Իսմայէլի յետ Մաւեայ առնու Իզիտ, եւ յետ նորա Մրվան, եւ ապա Աբդլմելիք: Սա է, որ այրեաց զիշխանսն հայոց ի Նախճաւանի յեկեղեցւոջն: Եւ ապա որդի նորա Վլիթ, եւ ապա Սուլէման: Սա զԴարբանդ էառ եւ հրամայեաց քակել զպարիսպն. եւ մինչդեռ քակէին, գտին քար մի, յորում գրեալ էր՝ «Ես Մանկւոն կայսրըր շինեցի զքաղաքի աշտարակս յիմոց գանձուց. ի վերջին աւուրս քակեսցի սա յորդւոցն Իսմայէլի եւ յիւրեանց գանձուց շինեսցի»: Եւ իբրեւ տեսին զքարն՝ դադարեցին եւ շինելոյ սկիզբն արարարին:

Եւ զկնի Սուլեմանայ առնու զիշխանութիւնն Օմառ: Սա գրեաց առ Լեւոն կայսր տեղեկանալ վասն քրիստոնէական ուսմանցս: Եւ կայսրն գրէ պատասխանի լի իմաստութեամբ՝ կարի ձաղելով զօրէնս նոցա: Եւ իբրեւ ընթերցաւ Օմառ, ամաչեաց զամօթ մեծ եւ սկսաւ զգարշելիսն ի բաց հանել յօրինացն իւրեանց, թէպէտ ոչ համարձակեցաւ զամենայնն եղծանել, սակայն բազում ինչ ուղղեաց յանկարգիցն, եւ այնուհետեւ բարեմտութեամբ կայր առ ամենայն քրիստոնեայսն, եւս առաւել առ ազգս հայոց: Եւ հրամայեաց գերելոցն դարձ առնել յաշխարհին Հայոց, յորում ժամանակի արձակեցաւ եւ Վահան Գողթան տէրն, որ վկայեաց յաւուրս շահի Հէշմայ, քանզի յետ Օմառայ առ զիշխանութիւնն Իզիտ, եւ ապա Շամ, եւ ապա Վլիթ, եւ զկնի նորա Մրվան:

Իսկ յետ տեառն Եղիայի առնու զկաթողիկոսութիւնն տէր Յովհաննէս Օձնեցի: Սա էր այր իմաստասէր եւ սուրբ, եւ վայելուչ հասակաւ մարմնոյն, եւ հոգւովն եւս առաւել գեղեցիկ: Զսա կոչեաց Հէշմ ի դուռն իւր, եւ վասն վայելչութեան երեսաց նորա մեծապէս պատուեաց զնա, քանզի խարտեալ ոսկի եւ արկեալ զմորուօք իւրովք՝ եմուտ առ նա:

After Mu'awiya, rule over the Ishmaelites was held by Yazid, then by Marwan and then by 'Abd al-Malik. It was this 'Abd al-Malik who immolated the Armenian princes inside the churches of Naxchawan. Then his son Walid, and then Sulaiman ruled. The latter took Darband and ordered that the Gate there be pulled down. While they were pulling it down, they discovered a stone on which was written: "I Emperor Mankwon built this city's towers from my own treasury. In the last days this will be pulled down by the sons of Ishmael, and will be rebuilt at their expense." And when they saw this stone, they stopped their demolition and started to rebuild.

After Sulaiman, 'Umar held the lordship. It was 'Umar who wrote to the emperor Leo to get information about Christian doctrine. The emperor wrote an extremely learned reply, ridiculing 'Umar's faith. As soon as 'Umar read this, he was greatly embarrassed, and began to remove some of the loathsome things in their religion. Although he did not make bold to annul all the iniquities, nonetheless he righted many things in their disorder, and thereafter was well-disposed toward all Christians and especially toward the Armenian people. ['Umar] ordered that those who had been taken into captivity be repatriated to Armenia. At this time, lord Vahan of Goght'n was returned from captivity. He was martyred in the days of Sham Hisham; after 'Umar, Yazid took power, then Sham, then Walid, followed by Marwan.[60]

Lord Yovhannes Odznets'i occupied the Catholicosate after lord Eghia. Lord Yovhannes[61] was a learned and holy man, attractive physically and even more so spiritually. Hisham[62] summoned him to court, and honored him greatly for the comeliness of his appearance. Now [Yovhannes] had sprinkled gold dust in his beard [before] he went into [the Caliph's presence].

---

60 *Marwan* II (744-750).
61 *Yovhannes* (717-28).
62 *Caliph* (724-43).

Եւ տեսեալ Հէշմայ զարմացաւ ընդ գեղեցկութիւնն եւ ասէ ցնա հեզութեամբ. «Վասն Քրիստոսին ձերոյ ասեն, եթէ կարի յոյժ հեզ էր եւ խոնարհ եւ զաղքատութիւնն առաւել սիրէր: Զայս յայտ առնեն եւ կարգք քրիստոնէից, զի որ նոցա առաջնորդքն են՝ զաղքատութիւն եւ զզձձութիւնն առաւել մեծարեն քան զփարթամութիւն եւ զճոխութիւն: Իսկ դու ընդէ՞ր այդպէս զարդարեալ ես»:

Ասէ ցնա սուրբն. «Դու քան զծառայն քո առաւել ինչ ոչ ունիս, բայց միայն զթագդ եւ զհանդերձդ թագաւորական, եւ վասն այդորիկ երկնչին ի քէն եւ պատուեն զքեզ: Առաջին հարքն մեր նշանագործք էին եւ սքանչելի վարուք, վասն այնորիկ երկնչէին ի նոցանէ ընդ ձեռամբ անկեալքն եւ կատարէին զհրամանս նոցա դողութեամբ: Իսկ մեք այնպիսիք ո՛չ եմք, վասն այնորիկ զարդարիմք մեք ի հանդերձս եւ ի ձեւ, զի մի՛ արհամարհեսցին հրամանք մեր»:

Եւ մերկացուցեալ զկուրծս իւր՝ եցոյց նմա զմազեղէնն, զոր զգեցեալ էր ի ներքոյ հանդերձին երեւելոյ, եւ ասէ. «Ա՛յս է իմ հանդերձ»:

Եւ զարմացաւ արքայն եւ գովեաց զհաւատս քրիստոնէից, եւ ասէ ցսուրբն. «Խնդրեա՛, զինչ եւ կամիս, եւ արարից քեզ»:

Ասէ հայրապետն. «Երիս իրս խնդրեմ ի քէն, որ քեզ դիւրին է տալ: Առաջինն այս՝ ի քրիստոնէից զոք մի՛ բռնադատեսցես թողուլ զհաւատս իւր, այլ յիւրաքանչիւր կամս թողցես. եւ երկրորդ՝ զազատութիւն եկեղեցւոյ ընդ հարկաւ մի՛ դնիցես եւ մի՛ ինչ առնուցուս յերիցանց եւ ի սարկաւագաց. եւ երրորդ՝ ուր եւ իցեն քրիստոնեայք ի տէրութեան քում, համարձակութեամբ պաշտեսցեն զպաշտօնս իւրեանց: Զայս գրո՛վ տուր մեզ, եւ ամենայն ազգ իմ ծառայեսցեն քեզ»:

Seeing Yovhannes, Hisham was amazed at his handsomeness and mildly said to him: "They say about your Christ that he was very meek and humble and greatly loved poverty. The Christian order professes that those who are their leaders honor poverty and plainness more than luxury and riches. Then why are you so bedecked?"

The blessed one replied: "You possess nothing more than your servant except a crown and royal dress, yet it is for these things that people fear and honor you. Our first Fathers were miracle-workers and undertook wondrous [spiritual] disciplines. For that reason, people who fell into their hands feared them and obeyed their commands with trepidation. But we are not like them. Therefore, we adorn ourselves in clothes and fashion, so that they will not ignore our commands."

Then, baring his breast, [Yovhannes] showed [Hisham] a hairshirt which was worn underneath his clothing. And he said: "This is my dress."

The king marveled and praised the beliefs of the Christians. He said to the blessed one: "Ask of me what you will and I will grant it to you."

The patriarch responded: "I ask three things which are easy for you to grant. Do not force Christians to abandon their faith, but leave each to his wishes. Second, do not make the liberty of the Church subject to you through taxation, take nothing from the priests or deacons. Third, wherever there are Christians in your realm, let them perform their rites fearlessly. Give this to us in writing, and my entire people will serve you."

Եւ վաղվաղակի հրամայեաց գրել գիր ըստ խնդրոյ նորա, եւ կնքեաց մատանեաւ իւրով, եւ ետ նմա պարգեւս բազումս, եւ գումարեաց զօրս բազումս ընդ նմա, եւ առաքեաց մեծաւ պատուով յաշխարհս Հայոց: Եւ նորա եկեալ հալածեաց զամենայն յոյնս, որք էին յաշխարհիս Հայոց, եթէ վերակացուք եւ եթէ զինուորք: Եւ նոցա փախուցեալք այնքան շտապով, մինչեւ զզանձս եւս անգամ ոչ ժամանեալ տանել ընդ իւրեանս, այլ աստէն յաշխարհիս թաղեալք եւ զհանգամանս տեղւոյն գրով ընդ իւրեանս տարեալ:

Եւ սրբոյ հայրապետին զաշխարհս ընդ իշխանութեամբ Իսմայէլի նուաճեալ, ինքն ժողով առնէ՝ ի Մանազկերտ. կոչէ եւ զԱթանաս պատրիարքն Ասորւոց: Եւ նա առաքէ վեց եպիսկոպոս, եւ նզովէ զյուլիանիտսն եւ զապականացու ասողս ի Քրիստոս, եւ զԲարշապուհ եւ զԳաբրիէլ բանսարկուս հայոց եւ ասորւոց, եւ կանոնական օրհնադրութեամբ պայծառացոյց զեկեղեցի՝ ի բաց ընկեցեալ զդաւանութիւնն Քաղկեդոնի, որ յաւուրցն Հերակլի կայսեր եւ Եզրի կաթողիկոսի ունէր անկարգութիւն աշխարհս Հայոց: Կարգեալ զընթերցուածն սրբոյն Յակոբայ եւ Կիւրղի եւ զամենայն տօնսն՝ որպէս կարգեալ էր սրբոյն Գրիգորի. եւ տօնեցին ի ԻԵ դեկտեմբերի ամսոյ Դաւթի մարգարէին եւ Յակոբայ առաքելոյն, զոր յայլ ազգս ծննդեան տեառն տօնէին. եւ երգեաց շարական հարցին՝ «Մեղաք յամենայնի եւ զպատուիրանս քո ոչ պահեցաք. արդ խոստովանիմք առ քեզ», որ մինչեւ ցայսօր պաշտի յեկեղեցիս հայոց, սկսեալ ի ՃՀԵ թուականէն մինչեւ յՈՂ թուականս, որ այժմ յաւուրս մեր է: Եւ այսպէս կարգաւորեալ զաշխարհս ամենայն առաքինութեամբ, եւ ինքն վարդապետութեան եւ աղօթից պարապեալ: Շինէ եւ եկեղեցի մեծ ի գիւղն իւր Օձուն, որ հուպ է առ քաղաքն Լոռէ, եւ իւր ընտրեալ տեղի բնակութեան սակաւ մի ի բացեայ ի գիւղէն՝ անդ դադարէր:

At once [Hisham] ordered that a document be written as requested, stamped it with his own ring, and gave Yovhannes many gifts. He mustered many troops to accompany him, and sent him to Armenia with great honor. When Yovhannes arrived [home] he persecuted all the Greeks in Armenia, both overseers and soldiers. The Greeks fled so quickly that they did not have time to take their treasures with them. So they buried them in the ground, wrote a description of the hiding place, and took the information with them.

The blessed patriarch, placing our country under Ishmaelite rule, then convened a meeting in Manazkert to which he summoned At'anas, the patriarch of Syria. [The latter] sent six bishops and anathematized the Julianites and those who said things that denied Christ, Barshapuh and Gabriel, the slanderers of the Armenians and Syrians; and he brightened the Church with canonical legislation, rejecting the Chalcedonian heresy which had spread disorder in Armenia in the days of Emperor Heraclius and the Catholicos Ezr. [Yovhannes] established readings for the feasts of the saints James and Cyril and for all the celebrations just as Saint Gregory had done. They celebrated the feasts of the prophet David and the Apostle James on the twenty-fifth of December—a day on which others celebrate Christmas. The *Harts' sharakan* ("We sin in everything and do not keep Your commands, now we confess to You") was sung then, as it still is today in the service of the churches of Armenia, from 175 of the Armenian Era, to 690 A.E. [1241] which is our day. Thus providing the land with all virtuousness, he occupied himself with doctrine and prayers. [Yovhannes] also constructed a large church in his village of Odzun (which is close to the city Lorhi) and he himself settled in a spot he had chosen for his residence, a short distance from the village.

Եւ եղեւ օր մի, զի յաղօթս էր սուրբն, երկու վիշապք ահագինք յարձակեցան ի տեղին, ուր կայանքն էին առաքինւոյն. եւ տեսեալ պաշտօնէին նորա՝ զարհուրեցաւ, աղաղակեաց առ սուրբն օգնել: Եւ սուրբն կնքեաց ընդդէմ նոցա, եւ առժամայն քարացան, եւ են մինչեւ ցայսօր. եւ ջուր բղխեաց ի պորտոյ վիշապին, եւ բժշկութիւն է ամենայն օձահարի, որք հաւատով ապաւինին յաղօթս սրբոյն: Եւ կալեալ զհայրապետութիւնն ամս մետասան, հանգեաւ ի Քրիստոս պարկեշտ վարուք:

Եւ յետ նորա առնու զկաթողիկոսութիւնն տէր Դաւիթ ամս երեքտասան: Սա էր յԱրամունեաց ի Կոտայս գաւառէ. սա փոխեաց զաթոռն ի Դունայ յԱրամօնս՝ շինեալ եկեղեցի եւ տուն բնակութեան հայրապետական, զի նեղեցաւ նա յոճրագործ ազգէն Մահմետի: Եւ յետ նորա եկաց կաթողիկոս տէր Տրդատ ամս քսան եւ երեք: Սա էր յՕթմսոյ գեղջէ, այր պարկեշտ եւ սուրբ, եւ փայլեալ ամենայն առաքինութեամբ: Եւ յաւուրս սորա դադարեցին հէնքն Իսմայէլի: Եւ յետ նորա եղեւ կաթողիկոս միւս տէր Տրդատ ամս երեք: Եւ ապա տէր Սիոն ամս ութ: Տէր Տրդատ ի Դասնաւորից ի Բուոյնից եւ տէր Սիոն ի Բագաւանէ: Սա առ ոտամբն Սիմն կոչեցեալ լերին զցամաքեալ աղբիւրն հսկմամբ աղօթից դարձեալ բղխեցոյց:

Իսկ յետ Լեւոնի կայսեր թագաւորէ որդի նորա Կոստանդին: Սա կոչեցաւ Կաւալինոս, այսինքն՝ Թրքաժողով. զի զօրն տաճկաց բանակեալ էին առ ափն Ալիս գետոյն, հրամայեաց թրիք ժողովել եւ արկանել ի գետն: Եւ նոցա տեսեալ՝ ահաբեկ եղեն, կարծեցեալք անթիւ լինել զօրացն, եւ փախեան ի նմանէ: Պատմի, թէ ի միում աւուր զկնի միմեանց հինգ առիւծ սպանեալ սորա: Սա զԿարնոյ քաղաք էառ, եւ յետ երկու ամի շինեաց զնա Իզիտ ամիրայ:

One day, when the blessed one was at prayer, two frightful dragons fell upon the residence of this virtuous one. When lord Yovhannes' deacon saw this, he was terrified, and clamored for the holy man's help. Lord Yovhannes made the sign of the Cross before them and the two dragons instantly turned into stone. They exist today. Water spurts from the belly of the dragons, and it is an antidote for all snake-bitten folk who turn to the saint with prayers. After being patriarch for eleven years, and having lived a virtuous life, lord Yovhannes reposed in Christ.

After [Yovhannes] lord Dawit' occupied the Catholicosate for thirteen years.[63] He was from Aramunik' in the district of Kotayk'. It was lord Dawit' who moved the Catholicosal see from Dwin to Aramonk'. There he built a church and a residence for the patriarch, for he had been troubled by the criminal nation of Mahmet. After Dawit', lord Trdat occupied the Catholicosate for twenty-three years. He was from Ot'mus village, a modest, blessed man, radiant in all virtue. In the days of Trdat, the marauding of the Ishmaelites ceased. After Trdat, another lord Trdat became Catholicos for three years, then lord Sion for eight years. Lord Trdat was from Drasnawor, Buoyn and lord Sion was from Bagawan. Lord Sion caused a dry spring at the foot of Mt. Sim to flow again through his prayers.

After Emperor Leo, his son Constantine[64] ruled. He was known as Copronymus, that is "gatherer of ṣoil." For when the Tachik army was encamped on the bank of the Halys river, Constantine ordered soil gathered and thrown into the river. When the Tachiks saw this, they became terrified, thinking that the emperor's army numberless; and they fled from him. It is related that on one day he killed five lions, one after the other. He took the city of Karin. Two years later the *amir* Yazid rebuilt it.

63 From 728-41.

64 *Constantine V* (740-45).

Յետ Մրվանայ առնու զիշխանութիւնն Իսմայէլի Աբդլայ, եւ յետ նորա միւս Աբդլայ, այր ժանտ եւ արծաթասէր, զոր կոչէին զնա ազգ իւր Աբդլդանգի, այսինքն է՝ հայր դանգի կամ ծառայ դանգի, զի ըստ լեզուին հագարացւոց՝ այսպէս կոչի. զի զդանգ առաւել սիրէր քան զաստուած: Սա շինեաց զԲաղդատ: Սա բազում չարիս անցոյց ընդ աշխարհս Հայոց հարկապահանջութեամբ եւ յափշտակութեամբ, եւ այնքան նեղեաց, մինչեւ զմեռելոցն ի կենդանեացն պահանջել զհարկս: Եւ հատաւ գիտ արծաթոյ յաշխարհէս Հայոց, եւ կոտորումն եղեւ Քաղանու, Մրենոյ, Թալնայ, ուր սպանան ոգիք եօթն հարիւր եւ գերեցան հազար եւ երկու հարիւր: Եւ Մուշեղ Մամիկոնեան եւ Սամուէլ այլովք ազատօքն Հայոց կոտորեցան յաւուրս զատկացն յիսմայելացւոց:

Յայսմ ժամանակի եւ թուականիս հայոց ՄԻԲ էր Ստեփանոս դրան երէց, որ բանիբուն ճանաչիւր, եհաս ի կատարումն ամենայն իմաստասիրական եւ գրամարտիկոս արուեստից՝ հանդերձ հոգեւորական առաքինութեամբ: Էին եւ վարդապետք աշխարհիս Հայոց ընտրեալք եւ լուսաւորք՝ տէր Եփրեմ եւ Անաստաս եւ Խաչիկ եւ Դաւիթ Հոռոմայրեցի, եւ մեծն իմաստասէրն Ստեփանոս Սիւնեցի, աշակերտ Մովսիսի, զոր ի վերագոյնն յիշատակեցաք, որ թարգմանիչ եղեւ ի յունականէն ի հայ լեզու, եւ ի վերայ թարգմանութեանն արար եւ երգս հոգեւորս քաղցր եղանակաւ՝ շարականս եւ կցուրդս եւ այլ երգս. արար եւ մեկնութիւն համառօտ՝ աւետարանացն, եւ քերականին, եւ Յոբայ, եւ «Տէր, եթէ շրթանցն գիշերոյ»:

After Marwan, the chief of the Ishmaelites was Abdla and then another Abdla, a foul and money-loving man, whom his people called Abdldang, that is, "father (or servant) of a penny," which is what that means in the Hagarenes' language. For he loved a penny more than he loved God. It was Abdldang who built Baghdad. He visited many ills on Armenia by tax demands and through ravaging; he placed the country into such straits that taxes were demanded from the living for the dead. The mining of silver was stopped in Armenia. The cities K'aghian, Mren, and T'alan were destroyed, 700 people were killed and 1,200 were taken captive. Mushegh Mamikonean and Samuel, with others of the Armenian azats were killed by the Ishmaelites during the days of Easter.

At this time, in the year 222 A.E. [773], Step'annos, the court-priest, who was recognized as an eloquent man, attained mastery of all scholarly and grammatical knowledge, with spiritual virtue. In Armenia there were select, enlightening vardapets then, [among them] lords Ep'rem, Anastas, Xach'ik, and Dawit' Horhomayets'i, and the great scholar Step'annos Siwnets'i, a pupil of Movses, whom we recalled above. Step'annos was a translator from the Greek to the Armenian language who, beyond his translations, wrote spiritual songs of sweet melody, sharakans, anthems, and other songs. He also wrote brief commentaries on the Gospels, on grammar, on the Book of Job and [the hymn] "Lord, that the edge of night..."

Ասի վասն սրբոյն Ստեփանոսի, թէ ի մանկութեանն վարժ եւ կիրթ էր գրովք սրբովք: Հանդիպի նմա հակաճառ ասպետն Սմբատ՝ երկաքնակ այր: Եւ թողեալ զնա յանհաւանութեան՝ գնաց ի Հոռոմս. եւ գտեալ անդ միայնակեաց մի ուղղափառ՝ դադարեաց առ նմա եւ ուսանէր ի նմանէ: Եւ լուեալ Սմբատայ, գրէ առ թագաւորն հոռոմոց, թէ Ստեփանոս հերձուածող, որ հայհոյէ զդաւանութիւնդ ձեր, այդր դադարեալ է առ այս անուն միայնակեցի: Եւ յոյժ ցասուցեալ թագաւորն՝ խնդրէ զնա ի դուռն: Եւ խրատ ետ նմա միայնակեացն ասել զինքենէ, թէ՝ «Մուրացիկ եմ թափառական»: Եւ լուեալ զայն կայսերն՝ շիջաւ ցասումն բարկութեան նորա: Եւ գտեալ համարձակութիւն Ստեփանոսի աղաչեաց զկայսրն բանալ նմա զարկեղս գրոց սրբոց: Եւ գտեալ մատեան մի ոսկետիպ սակս հաւատոյ՝ մատոյց առաջի կայսերն եւ ընթերցեալ զայն, յղէ զնա ի Հռոմ քաղաք՝ բերել անտի երիս գիրս՝ համաբարբառս այնմ գրոց, յաղագս ճշմարիտ հաւատոյ, զի զաշխարհն յայն կրօնս դարձուցեն:

Իսկ նորա զգրեանն ի Հռոմայ առեալ՝ անփոյթ զհրաման ինքնակալին արարեալ, գայ ի Դուին քաղաք՝ զիւր աշխարհն նորօք լուսաւորել: Եւ ձեռնադրէ զնա տէր Դաւիթ եպիսկոպոս Սիւնեաց, ի խնդրոյ Քուրդոյի եւ Բաբգենի իշխանաց Սիւնեաց: Եւ զմի ամ կալեալ զաթոռն, սպանեալ եղեւ ի պոռնիկ կանանց ի Մոզն գաւառի. զորոյ զմարմինն առեալ բերին յԱրկազան սենեակն, եւ անտի ի Թանատաց վանս փոխեցին ի հանգիստ:

Եւ բերեալ զգրեանն երանելոյն Ստեփանոսի ի Հըռոմայ յեպիսկոպոսութիւնն Սիւնեաց, յերրեակ դասու եպիսկոպոսացն Հայոց կարգեցաւ:

It is said that from childhood, the blessed Step'annos was versed in the writings of holy men. *Aspet* Smbat, a Diophysite, was antagonistic toward Step'annos. So Step'annos left him in disagreement and went to Rome where he found a certain orthodox hermit with whom he stayed and from whom he learned. Now when Smbat heard about this, he wrote to the Byzantine emperor [informing him] that Step'annos was a heretic who anathematized the emperor's confession, and that he was staying with a certain hermit named such-and-such. The emperor became furious and ordered Step'annos to court. But the hermit first advised him to say about himself: "I am a beggar and a wanderer." When the emperor heard this, his angry rage subsided. Becoming bold, Step'annos entreated the emperor to open the trunks of sacred writings for him. Finding there a book with golden letters containing an account of the faith, he showed it to the emperor. [The latter] upon reading it, sent Step'annos to the city of Rome to bring thence three similar books about the true faith, so that the country be converted to that religion.

Now Step'annos, heedless of the emperor's order, took the books from Rome and went to the city of Dwin in order to enlighten his country with them. And lord Dawit' ordained Step'annos as bishop of Siwnik', at the request of K'urd and Babgen, princes of Siwnik'. After occupying the episcopacy for only a year, [Step'annos] was slain by a whore from Moz district. His body was taken to a chamber in Arkaz; from there they laid it to rest in the monastery of T'anahat.

The venerable Step'annos brought the writings to the bishopric of Siwnik'; three ranks for the bishops of Armenia were established.

Իսկ միայնակեաց ոմն, Նոյ անուն, տեսանէր ի տեսլեանն, զի Ստեփանոս զգոգն արեամբ լի առաջի Փրկչին ունէր եւ ասէր. «Տես, տէր, զայս, զի քո են դատաստանք արդար»: Եւ ազդեալ միայնակեացն ի գաւառն զգալ բարկութեանն եւ բողոքէ կալ յաղօթս:

Եւ ահա խաւար ի վերուստ անտեսանելի կալաւ զՄոզանն սահման, եւ զաւուրս քառասուն շարժեցաւ վայրն, եւխորասոյզ եղեալ ընկղմեցան կենդանույն ոգիք իբրեւ տասն հազար: Վասն այնորիկ Վայոյ ձոր անուանեցաւ մինչեւ ցայսօր ժամանակի: Եւ բազում բժշկութիւնք լինին ի նշխարաց նորա, որք հաւատով ապաւինին ի բարեխօսութիւն սրբոյն, ախտացելոց ի պէսպէս ցաւոց եւ ի հիւանդութեանց. զի աստուած զփառաւորիչս իւր փառաւորէ աստ եւ ի հանդերձելումն տայ զպատրաստեալ բարիսն, «զոր ակն ոչ ետես եւ ունկն ոչ լուաւ եւ ի սիրտ մարդոյ ոչ անկաւ»:

Եւ ապա տէր Եսայի, յԵղապատրուշ գեղջէ, կոչէ շընորհօքն Աստուծոյ ի պէտս ժողովրդեան իւրոյ ի քահանայութեան եւ յեպիսկոպոսութեան կարգէ ի հայրապետութիւն արժանապէս ամս երեքտասան: Եւ յետ վախճանի նորա Իպնդօկլ կողոպտէ զեկեղեցին, եւ բազում կաշառօք յաջորդէ տէր Ստեփանոս ամ մի: Սա էր ի Դունայ: Եւ յետ նորա տէր Յովաբ ամ մի. սա էր յՈստանէն ի կուրապաղատէն: Եւ զկնի նորա տէր Սողոմոն ամ մի. սա էր ի Մաքենոցաց վանիցն՝ ծերացեալ յոյժ: Եւ յետ նորա տէր Գէորգ ամս երիս, որ Խոյլ-Որբուկն կոչէր. սա էր յԱրագածոտանէ: Եւ յետ նորա տէր Յովսէփ ամս մետասան. սա էր յԱրագածոտանէ ի բնակչաց սրբոյն Գրիգորի:

Իսկ յետ Կոստանդնի կայսեր առնու զթագն Լեւոն, եւ յետ նորա Կոստանդին եւ Եռինէ մայր իւր: Ի սոցա աւուրս կանգնումն եղեւ պատկերացն ի Հռոմ:

Now a certain cenobite named Noah, saw a vision in which Step'annos' breast was covered with blood as he stood before the Savior, saying: "Behold this, Lord, for Your judgments are righteous." Notifying the cenobites in the district about the coming wrath, he admonished them to pray.

Then behold, from On High an impenetrable darkness enveloped the borders of Moz, and the place shook for forty days. Ten thousand people were buried [in the earthquake], for which reason the place was called Vayots' Dzor,[65] as it still is today. For those in pain, and those who are ill, there is much healing in Step'annos' relics, for those who seek the blessed man's intercession. In this world God glorifies those who glorify Him, while in the next world, He gives them the good things He has prepared, [things] "which eye has not seen, which ear has not heard, and which the heart of mankind has not experienced."[66]

Then by the grace of God lord Esay from the village of Eghapatrush was called to tend to the needs of his people, [first] in the orders of priest and bishop and [later], worthily, as patriarch for thirteen years. After his death Ibn Dukl robbed the Church; and lord Step'annos ruled for one year, by means of numerous bribes. He was from Ostan of the Curopalate.[67] After him, lord Soghomon, a very old man from Makenots'ats' monastery, ruled for one year. After him, lord Georg reigned for three years. He was from Aragatsotn and was called Xoyl Orbuk. After him lord Yovsep' ruled for eleven years. He was from Aragatsotn, from the dwelling of Saint Gregory.

Leo[68] wore the crown after Emperor Constantine, and following Leo were Constantine[69] and his mother Irene.[70] In these days there came a halt to the use of images in Rome.

---

65 *Vayots' Dzor:* "Valley of Sighs".
66 1 Corinthians 2:9.
67 *i.e.,* Dwin.
68 *Leo IV, the Khazar* (775-80).
69 *Constantine VI* (780-797).
70 *Irene* (regent 780-90, 792-97).

Եւ եղեւ սոցա տեսանել տապան մի մեծ մարմարեայ, եւ զարմացան, եւ հրամայեցին բանալ զտապանն, եւ գտին գրեալ ի նմա, թէ՝ «Զի՞նչ օգուտ է ծածկելդ զիս, զի յաւուրս Կոստանդեայ եւ Եռինեայ, մօր նորա, տեսանելոց է արեգակն զիս»: Եւ յետ տասն ամի ի միասին թագաւորելոյ՝ ընկէց զմայրն իւր Կոստանդին եւ ինքն թագաւորեաց ամս հինգ: Եւ յետ նորա թագաւորեաց Նիկիփոր: Յաւուրս սորա երկու եղբարք Սահակ եւ Յովսէփ իսմայելացիք կատարեցան վկայութեամբ ի Քրիստոս ի Կարնոյ քաղաք յաւուրս ի ԺԵ: Եւ յետ նորա թագաւորեաց Միքայէլն: Յաւուրս սորա սով սաստիկ եղեւ ընդհանուր: Յաւուր միում ի քաղաքին Կարնոյ գտին մեռեալ երեք հազար: Եւ յետ նորա Լեւոն: Սա զպատկերսն ընկէց եւ շինեաց զԲիւզու եւ զԱրկադուպօլիս:

Իսկ յետ այրելոյ զիշխանսն հայոց ի Նախճաւանի, յետ յիսուն եւ չորս ամի Հայոց մարզպան եղեւ Աշոտ Բագրատունի ամս եօթն եւ տասն. եւ յետ նորա Սմբատ ամս քըսան եւ երկու. եւ յետ նորա Աշոտ Մսակերն ամս քսան. եւ ապա Սմբատ՝ որդի Աշոտայ, որ Աբլաբասն կոչէր, ամս երեսուն եւ հինգ: Սա շինէ զսուրբ քաւարանն մեծապայծառ զարդու յԵրազգաւորս, որ արդ Շիրակաւանն կոչի:

Իսկ զիշխանութիւնն Իսմայէլի յետ Աբդլայի առնու Մահադի, եւ ապա Մուսէ, եւ յետ նորա Ահարոն, եւ յետ նորա Մահամադ, եւ ապա Մահմուն, եւ ապա Աբուսահակ Մահմետ, եւ յետ նորա Ահարոն:

[At Rome] they observed a large marble coffin, were astonished by it, and ordered that it be opened. They found written in [the coffin]: "What use it is to conceal me, for in the days of Constantine and his mother Irene, I will see the sun again." After a joint reign of ten years, Constantine deposed his mother and ruled alone for seven years. But then the mother seized the son, gouged his eyes out and herself reigned for five years. After her, Nicephorus[71] reigned. In his time two Ishmaelite brothers, Sahak and Yovsep' underwent martyrdom in Christ in the city of Karin, on the fifteenth of [the sixth month of the Armenian calendar] Arats'. After Nicephorus, Michael[72] ruled; and in his days a severe general famine occurred. On one day, 3,000 people were found dead in the city of Karin. Leo[73] ruled after Michael. He threw down the images and built Biwzu and Arkadupolis.

Now fifty-four years after the immolation of the Armenian princes in Naxchawan, Ashot Bagratuni became the *marzpan* of Armenia, ruling for seventeen years, He was succeeded by Smbat for twenty-two years, Ashot Msaker, twenty years, and Ashot's son Smbat, who was called Ablabas, for thirty-five years. The latter built the lavishly ornamented blessed chapel at Erazgawors, which is presently called Shirakawan.

Now after Abdlay, the kingdom of the Ishmaelites was led by Mahadi, Muse, Aharon, Sahamad; then by Mahmun, Abusahak Mahmet, and Aharon.

---

71 *Nicephorus* I (802-811).
72 *Michael I, Rhangabe* (811-13).
73 *Leo V, the Armenian* (813-30).

VOLUME I

Իսկ յետ Յովսեփայ եղեւ կաթողիկոս տէր Դաւիթ ամս քսան եւ հինգ. սա էր ի Մազազայ՝ ի գեղջէ Կակաղայ: Եւ յետ նորա տէր Յովհաննէս ամս քսան եւ երկու. սա էր ի գաւառէ Կոտայից՝ ի գեղջէ Ովայից: Յութերորդ ամի սորա չարախօսք ոմանք ի նմին տանէ բանս հայհոյութեան խօսէին զսրբոյն, որք չարամահ սատակեցան նանրալեզուքն, որպէս այնոքիկ, որք առ Նարկեսոսիւն էին Երուսաղէմի եպիսկոպոսիւ: Եւ յետ նորա տէր Զաքարիայ. սա էր ի Կոտայս գաւառէ՝ ի գեղջէն Ձագայ. ի միում աւուր ամենայնին արժանաւորեալ՝ սարկաւագութեան եւ քահանայութեան եւ կաթողիկոսութեան, այր սուրբ եւ առաքինի ամս քսան եւ երկու:

Ի սորա աւուրս եկաց գլուխ Իսմայէլի այր ոմն անօրէն եւ աստուածատեաց, Ջափր անուն նորա: Սա յոյժ մախայր ընդ անունն Քրիստոսի, եւ զբազումս հրապուրէր յուրացութիւն եւ զեւս բազումս, որք ոչ հաւանէին նմա, սպանանէր դառն տանջանօք: Բազում չարիս գործեաց նա ընդ աշխարհս, որ ընդ իշխանութեամբ նորա էին, եւս առաւել ընդ աշխարհս Հայոց՝ սպանմամբ եւ գերութեամբ, քանզի առաքեաց ոստիկան մի Ապուսէթ անուն, որոյ եկեալ կալաւ զիշխանն Տարօնոյ զԲագարատ եւ զայլս բազումս: Զոր իմացեալ բնակիչք լերինն Խոյթայ, որ Սասունքն անուանին, եկեալ սպանին զԱպուսէթն, զոր լուեալ Ջափրի՝ բարկացաւ յոյժ եւ առաքեաց զօրագլուխ մի՝ Բուղայ անուն, թուրք ազգաւ, այր խորամանկ եւ անօրէն. որ եկեալ աւերեաց զաշխարհս Հայոց՝ զո՛ր խաբէութեամբ եւ զո՛ր պատերազմաւ, եւ խաղացոյց ի գերութիւն ի Սամառայ, որ եւ զԱմբատ ասպարապետն Հայոց խաբէութեամբ տարաւ առ Ջափր: Եւ նա եդ զնա ի բանտի, զի ուրասցի զՔրիստոս. որ ոչ հաւանեալ հրամանի անօրինին, այլ համարձակութեամբ զՔրիստոս խոստովանեցաւ եւ պահեցաւ ի նմին բանտի, մինչեւ անդէն մեռաւ, եւ զխոստովանողական անունն ժառանգեաց: Եւ այլ բազումք վըկայեցին վասն Քրիստոսի, եւ մեռան յանօրինէն:

After Yovsep', lord Dawit' from the village of Kakagh in Mazaz, was Catholicos for twenty-five years; after him, lord Yovhannes from the village of Ovayk' in Kotayk', for twenty-two years. In the seventh year of his reign, some slanderers from his House began to utter accursed things about the blessed man. These blabbers were tortured to death just like those who were with the bishop of Jerusalem, Narcissus. After Yovhannes, lord Zak'aria[74] from Dzag village in Kotayk' ruled, on one and the same day being entrusted with everything: the deaconhood, the priesthood and the Catholicosate. This holy and virtuous man was Catholicos for twenty-two years.

In these days a certain criminal and God-hating man named Ja'far rose to the head of the Ishmaelites. He was very envious of Christ and charmed many into apostasy, while torturing to death those who did not accept. He wrought much evil in the lands under his rule, and especially in Armenia, through killings and enslavements. For he had sent an ostikan named Apuset' who had come and captured the prince of Taron, Bagarat, and many other people. Now when the inhabitants of the Xut' mountains, called Sasun, heard about this affair, they came and killed Apuset'. When Ja'far was informed of this, he became furious, and sent to Armenia a commander named Bugha, a Turk, a wily and criminal man. Bugha came and ravaged Armenia through treachery and wars and led away many people to Samara in captivity, taking Smbat *asparapet* of Armenia to Ja'far. Now Ja'far put Smbat into jail so that he renounce Christ; but instead of accepting the impious command, Smbat boldly confessed Christ, and was kept in that prison until he died. Smbat inherited the name "the Confessor." Many others were martyred for Christ, dying wickedly.

---

74 *Lord Zak'aria* (854-876).

Եւ զաարկաւագ ոմն՝ աարի, անուն Նանան, վասն համբաւոյ վարդապետութեան նորա ըմբռնեալ ածին առաջի Ջափրի. եւ համարձակութեամբ խոստովանեցաւ զՔրիստոս. եւ տանջեալ զնա եւ բանտարգել արարեալ յոլով ժամանակս, յետոյ արձակեցաւ խնամօքն Աստուծոյ, որ եւ գրեաց զմեկնութիւն աւետարանին Յովհաննու լուսաւոր բանիւք: Նոյնպէս եւ յիշխանացն Հայոց Ստեփանոս անուն, որ Կոնն կոչէր, նահատակութեամբ կատարեցաւ ի Քրիստոս, եւ բազումք ուրացան զճշմարիտն Աստուած վասն երկիւղի մահուն: Եւ այլ յոլովակի չարիս անցոյց ընդ աշխարհս, զորս գտցես ի գիրս Թումայի եւ Շապուհոյ եւ այլոց պատմագրացն:

Ի թիւ հայոց ՃՂԴ, եւ աարուց ՌՀԳ, շինեաց Ջափր զԲաղդատ ի վերայ Տիգրիս գետոյ չորս աւուր ճանապարհաւ հեռի ի Բաբիլոնէ: Եւ ծնաւ կին մի, երեսուն տարի ապրեցաւ, ոչինչ չկերաւ:

Իսկ զկնի մահուան խոստովանողին Սմբատայ առնու զիշխանութիւնն Աշոտ, որդի նորա: Սա ամենայն նախնեաց վեհագոյն գտաւ, զի զկնի սպարապետութեան իշխանաց իշխան եղեւ, եւ ապա թագաւորեաց յերկոցունց թագաւորացն յիսմայելականէն եւ ի յունականէն: Քանզի յետ Ջափրի առնու զթագն Մահմետ. եւ ապա Ահմատ. ապա Աբդլա. եւ ապա Մահմետ: Սա իշխանաց իշխան կացոյց զԱշոտ, եւ ապա թագ ետ նմա:

Իսկ յետ Լեւոնի կայսեր առնու զթագն Միքայէլն, եւ յետ նորա Թէոփիլոս, եւ զկնի նորա Միքայէլն, եւ յետ նորա Վասիլն, զաա ասեն ի Տարօնոյ, ի գեղջէ Թլայ: Սա շինեաց զսուրբ Զօրավարն. սա դարձեալ թագ առաքեաց, Աշոտայ ի վերայ իսմայելականին: Առ Աշոտ գրեաց թուղթ պատրիարքն Կոստանդնուպօլսի Փոտ, եւ առաքեաց մասն ի տէրունական խաչէն, որոյ պատասխանի գրեաց հրամանաւ Աշոտայ վարդապետն Իսահակ՝ գեղեցիկ եւ իմաստասիրական:

A certain Syrian deacon named Nana was taken before Ja'far because of the renown of his preaching. [Nana] boldly confessed Christ before him. They tortured him and imprisoned him for a long time, but later he was released through the attention of God; and he wrote a commentary on the Gospel of John, with radiant words. Similarly, Step'annos, (called Kon), one of the Armenian princes, underwent martyrdom for Christ; and many denied the true God out of fear of death. [Ja'far] occasioned many other evils throughout the world, information about which you will find in the writings of T'uma and Shapuh and other authors.

In the year 194 A.E. [745], which is 1073 of the Syrians, Ja'far built Baghdad on the Tigris river, four days journey from Babylon. [In this time] a woman was born, and lived for thirty years not eating anything at all.

After the death of Smbat the Confessor, his son Ashot[75] ruled the kingdom. He was viewed as greater than all of his predecessors, since after holding the *sparapetut'iwn*, he was prince of princes and then received crowns from two kings, Ishmaelite and Byzantine. After Ja'far, Mahmet wore the crown, then Ahmat, Abdla, and Mahmet. The latter designated Ashot the prince of princes and then gave him a crown.

Michael wore the crown after Emperor Leo; then followed Theophilos, Michael and Basil,[76] who they say was from T'il village in Taron. He built the holy church of Zoravar.[77] Basil again sent a crown to Ashot, in addition to the one the Ishmaelites had sent. Photius, the patriarch of Constantinople sent a letter to Ashot together with a piece of the Cross of the Lord. At Ashot's order, the vardapet Sahak wrote a reply to Photius, beautiful and wise.

---

75 *Ashot* I (885-890).
76 *Basil* I (867-86).
77 *Zoravar*: "the General".

Արդ ի բառնալոյ թագաւորութեանն Արշակունեաց մին-չեւ ցթագաւորութիւնն Բագրատունեաց լինին ամք չորս հարիւր երեսուն եւ չորս:

Ի ՅԼԴ թուականին հայոց թագաւորեաց Աշոտ, ա՛յր եր-կիւղած յԱստուծոյ եւ բարեպաշտօն, եւ զարդարիչ եկեղեց-ւոյ, եւ սիրող պաշտօնէից Աստուծոյ, որ զարդարեաց զե-կեղեցիս հայոց մեծաւ զարդուք եւ պայծառութեամբ, երե-սուն երկու ամ իշխանաց իշխան կացեալ, եւ հինգ ամ թա-գաւորեալ Հայոց, եւ փոխեցաւ ի Քրիստոս բարւոք մահ-ուամբ եւ ճշմարիտ դաւանութեամբ: Եւ յետ նորա թագա-ւորեաց որդի իւր Սմբատ ամս քսան եւ չորս: Սա վկայու-թեամբ կատարեցաւ ի Քրիստոս ի Դուին, կախեալ զփայ-տէ ի Յուսփայ՝ որդւոյն Ապուսեթայ:

Իսկ յետ Զաքարիայի առնու զկաթողիկոսութիւնն տէր Գէորգ ի քաղաքագեղջէն Գառնւոյ. սա գերեցաւ յիսմայէ-լացւոցն. եւ իշխանքն Աղուանից գնեցին եւ արձակեցին: Եւ յետ նորա եկաց կաթողիկոս տէր Մաշտոց ամ մի: Սա էր այր սուրբ եւ առաքինի, եւ լցեալ հանճարով եւ իմաստու-թեամբ, բնակէր ի կղզւոջն Սեւան մեծաւ ճգնութեամբ, զամս քառասուն հաց ո՛չ եկեր եւ ջուր ո՛չ էարբ, միահան-դերձ եւ բոկոտն: Սա կարգեաց զգիրսն, որ ըստ անուան իւրում՝ կոչի Մաշտոց, ժողովեալ զամենայն կարգեալ ա-ղօթսն եւ զընթերծուածսն ի միասին՝ յարմարեալ յաւել-ուածով յիւրմէ, որ ունի յինքեան զամենայն կարգս հաւա-տոյ քրիստոնէութեան, եւ հասեալ ի ծերութիւն պարար-տութեան, հանգեաւ ի Քրիստոս փառաւորապէս: Եւ եդաւ մարմին նորա ի գերեզմանի ի Գառնի հուպ առ զարմանա-լի թախտն Տրդատայ. եւ շինեցին ի վերայ նորա եկեղեցի վայելուչ: Եւ յետ նորա յաջորդէ զաթոռն տէր Յովհաննէս աշակերտ նորին եւ ազգային՝ ամս քսան եւ ութ: Սա էր այր իմաստուն եւ բանաւոր ի քաղաքագեղջէն Գառնւոյ, ուստի սուրբ հայրապետն Գէորգ էր: Սա գրեաց պատմութիւնս զե-ղեցկայարմարս եւ զոր ինչ գործեցին անօրէն ազգն հագա-րացւոց ընդ աշխարհս ամենայն՝ մեծամեծ չարիս:

From the fall of the Arsacid kingdom until the [establishment of the] Bagratid kingdom, 434 years had transpired.

In 334 A.E. [885], Ashot reigned, a God-fearing, benevolent man, an adorner of the Church, and a lover of the services of God. He embellished the churches of Armenia with great ornaments and brightness [during] thirty-two years as prince of princes, and five years as king of Armenia. Then he passed to Christ, dying peacefully, possessing the correct doctrine. Afterwards his son Smbat ruled for twenty-four years [d. 914]. The latter underwent martyrdom in Christ at Dwin—hanged from a tree by Yusup', Apuset's son.

Lord Georg from the town of Garhni occupied the Catholicosate after Zak'aria. He had been taken captive by the Ishmaelites, and the princes of [Caucasian] Aghuania went and freed him. After him lord Mashtots' was Catholicos for one year. He was a blessed and virtuous man, filled with brilliance and wisdom and he dwelled on the island in lake Sewan practicing great asceticism—wearing a single garment and walking barefoot—for forty years he ate no bread and drank no water. It was lord Mashtots' who established the book (which is called Mashtots' after him), gathering together all the ordered prayers and readings, arranged with an appendix which itself has all the orders of Christian faith. Reaching a ripe age, he gloriously reposed in Christ. His body was placed in the cemetery in Garhni close to the marvelous grave of Trdat. They built a beautiful church over him. Lord Yovhannes succeeded Mashtots' on the patriarchal throne.[78] He was lord Mashtots' pupil and relative, and he reigned for twenty-eight years. He was a wise logical man from the town of Garhni, where the blessed patriarch Georg was from. He wrote a well-arranged history detailing the great evils wrought by the lawless people of Hagar throughout the world.

---

78 *Lord Yovhannes* (acceded 897/98).

Արդ յայսմ վայրի կամ է ինձ սակաւ մի երկրորդել վասն պառակտման չար ազգին Իսմայէլի. զի հրամայէ փրկիչն մեր եւ աստուած տէր Յիսուս Քրիստոս, եթէ՝ «Ամենայն թագաւորութիւն բաժանեալ յանձն՝ աւերի», որպէս առցայս, զի ի բազումս բաժանեալ տէրութիւնն. զի Սոփարն տիրէր աշխարհին Խորասանու, եւ Աւալիկն Ապութորսպ ի Բասրացւոց քաղաքին, եւ Յիսէ Շեխայ որդին ի Պաղեստինէ, եւ որդին Ապլտփոյ՝ ի Դիլմաց աշխարհին, եւ այլք ոմանք ի տեղիս տեղիս խռովութիւնս յարուցեալ՝ ջանային բռնութեամբ տիրել իրերաց: Վասն որոյ եւ դժուարագիտ եղեւ անուանք անբարշտացն: Բայց յորոց եւ է՛ ոստիկանք չարք եւ անմարդիկ արձակեալք լինէին յաշխարհս մեր, որպէս գազանաբարոյն Բուղայ եւ անօրինագոյնն Ափշին, որդի յառաջագոյն եկելոյն չարագործին Ապուսեթայ, եւ կամ ե՛ւս չարագունին ապականչին Յուսփայ, եղբօր Ափշնոյ, որ սպան զՍմբատ թագաւորն ի Դուին, եւ թագաւորեցոյց զԳագիկ ոմն ի տանէն Արծրունեաց, զորդի Դերենկանն, այր բարի եւ աստուածասէր, որդի քեռ թագաւորին Սմբատայ Բագրատունւոյ: Սա շինեաց զկղզին Աղթամար, որ ի ծովուն Բզնունեաց, քաղաք թագաւորական եւ եկեղեցի հրաշազան եւ պայծառ յօրինուածով:

Այսոքիկ ամենեքեան չար վերակացուք, որ գային յաշխարհս մեր աւերել եւ եղծանել, մինչեւ բարձաւ թագաւորութիւն ամիրմումնեացն, եւ փոխանորդեցին սկիւթացիքն, ո՛չ ելլենախոհքն, այլ բարբարոսականքն. քանզի զբազում ազգս հարեալ հնազանդեցուցին, եւ ինքեանք իշխեցին, ընդ որս եւ զիշխանութիւնն տաճկաց հնազանդեցուցին: Բայց զի զանուանս նոցա ո՛չ ուրեք գտաք գրեալ, վասն այնորիկ եւ ոչ մեք կարացաք դրոշմել. թուի՛ թէ եւ ո՛չ ի դպրութիւն կենաց, այլ յարձանս ամբարշտաց: Վասն այնորիկ լքեալ՝ թողցուք զնոսա իբրեւ զարանց յուսացելոց ի զօրութիւնս իւրեանց, որք խլեցան յարկացն Աստուծոյ:

At this point I would like to repeat some things about the disintegration of unity among the wicked Hagarene people. For our Savior and God, Lord Jesus Christ said: "A kingdom divided against itself will be destroyed,"[79] just as theirs was, for it was split into many lordships. Thus Sop'ar ruled the land of Khurasan, while in Basra city Awalik Aput'orosp ruled, Yise's son Shaxa ruled in Palestine, the son of Apltulip in the land of Daylam and various others in different places stirred up agitation, trying to rule over their regions by force. Therefore, it was difficult to find the names of the impious [rulers]; but those who ruled unleashed upon our land wicked and inhuman ostikans, such as the beast-like Bugha and the more wanton Ap'shin, son of the criminal Apuset' who had come [to Armenia] before, and the yet more wicked corrupter Ap'shin, who killed King Smbat in Dwin. Yusup' set up as king a certain Gagik, son of Derenik, from the Artsrunid House, a good God-loving man, son of the sister of King Smbat Bagratuni. He built a royal city and church of astonishing, radiant construction on the island of Aght'amar in the Bznunik' Sea.[80]

All of these wicked overseers came to our country to loot and destroy until the kingship of the *amirmunik'* ended, and they were replaced by the Scythians.[81] They were not civilized folk, but barbarians who had defeated and subjugated many people and ruled themselves. Among those subdued were the Tachiks.[82] But since we have not found their names recorded anywhere, we cannot register them here. Count them not among those in the Book of Life, but rather as monuments of impiety. So let us forsake them and their generals as hopeless men who have been expelled from the mansions of God.

---

79 Matthew 12:25; Luke 11:17.
80 *Bznunik' Sea*: Lake Van.
81 *i.e.,* the Saljuqs.
82 *Tachiks*: Arabs.

Ի սկսանել թագաւորութեանն թուրքաց՝ արք յիսուն, հայ ազգաւ, նեղեալք ի նոցունց, ելին յանապատ սպառազինեալք, եւ եկին ի Մարաշ. գտին այր մի քաջ, Փիլարտոս անուն, հայ, եդին զնա գլխաւոր եւ, մտեալ ի Կիլիկիա, առին զբովանդակ աշխարհն, յորս էին եւ Ռուբինեանք՝ սերեալք թագաւորազունքն: Զի մինչեւ ցՄելիքշահ սուլթանն գրեալ էր զպատճառս տիրելոյն նոցա մեծիմաստ վարդապետին, որ Սարկաւագն կոչէր, եւ երկրորդեալ էր Սամուէլ քահանայ, այլ եւ զհօր նորա զարհինախանձին Ալփասլանայ եւ զնորին հօր եւ հաւուց, զոր Տուղրիլ բէկ եւ Մահմուտ եւ Սալչուկ անուանք են նոցա:

Այլ մեք դարձցուք անդրէն ի կարգ ոճոյն, ուստի ելաք, հանցուք արտաքս զմիննն եւ ասասցուք խրախուսութեամբ. «Նոքա ի ձեռանէ քումմէ մերժեցան, մեք ժողովուրդք եւ խաշն արօտի քո»:

Քանզի յետ մահուանն Սմբատայ Բագրատունւոյ թագաւորէ Հայոց Աշոտ որդի նորա՝ հրամանաւ Ռոմանոսի կայսեր, յետ եօթն ամի սպանման հօրն, ամս ութ: Իսկ յետ Վասլի կայսեր թագաւորեաց Լեւոն, եւ ապա Ալէքսն: Եւ զկնի նորա Ռոմանոս. սա հալածեաց զամենայն կրօնաւորս եւ զքահանայս հայոց, որք էին յաշխարհին Հոռոմոց, զի ո՛չ հաւանեցան դաւանութեանն Քաղկեդոնի: Եւ եկեալ յաշխարհս Հայոց յաւուրս Աբասայ, որդւոյ Սմբատայ, հաստատեցին վանորայս՝ զԿամրջաձոր, եւ զԿապուտքարն ի գաւառին Արշարունեաց, եւ զհռչականունն Հոռոմոսին կոչեցեալ վանք, եւ զԴպրէվանք ի Շիրակ գաւառին. շինեցին եւ եկեղեցի մի յանուն ամենաասուրբ Աստուածածնին ի վանքն, որ կոչի Սանահին, ի սահմանս Լոռէ քաղաքին, եւ զի կոչէին զերիցունսն հոռոմոց երէց, անուանեցին զմի վանքն, որ ի Շիրակ՝ Հոռոմոց վանք, որ ցարդ եւս ասի Հոռոմեցի վանք:

Եւ յետ Ռոմանոսի թագաւորէ Կոստանդին՝ որդի Լեւոնի, եւ ապա Ռոմանոս, եւ զկնի նորա Նիկիփոր, եւ զկնի նորա Կիռժան:

GANDZAKETS'I'S HISTORY OF THE ARMENIANS

At the beginning of the rule by the Turks, fifty men of Armenian nationality, put into straits by them [Saljuqs] went armed into the desert and came to Marash. They found a courageous man named Philaretus, an Armenian, and they set him up as leader. Entering Cilicia they took the whole country where the Rhubineans of the royal house ruled. The wise vardapet called Sarkawag wrote about the reasons for [the Saljuqs'] rule up to the time of Sultan Melik'shah, and Samuel the priest repeated him. He wrote about [Malik-Shah's] father and grandfather, named Tughril *bey*, Mahmut and Salchuk.

But we shall return to where we left off, saying with our spirits raised: "They were rejected by You; we are Your people and the sheep of Your flock."[83]

After the death of Smbat Bagratuni, the Armenians were ruled by his son Ashot[84] at the order of Emperor Romanus for eight years. This was seven years after the murder of his father. After Emperor Basil, Leo ruled, then Alexander. After him was Romanus.[85] He persecuted all the Armenian clerics and priests on Byzantine territory because they did not accept the doctrine of Chalcedon. [These clerics] came to Armenia in the days of Abas, son of Smbat, and founded the monasteries of Kamrjadzor and Kaputk'ar in the Arsharunik' district and the famous monastery called Horhomos and Dprevank' in the Shirak district. In the monastery called Sanahin they built a church in the name of the most holy Mother of God in the boundaries of the city of Lorhe. Because the priests were called "Horhomots'" priests, they named a monastery in Shirak Horhomots' monastery; and to this day it is called Horhomets'i monastery.

After Romanus, Constantine, the son of Leo ruled and then Romanus[86] and after him Nicephorus and after him Kirhzhan.[87]

---

83 Psalms 74:1; 95:7; 100:3.
84 *Ashot II, Erkat'* (915/22-929).
85 *Romanus I, Lecapenus* (919-44).
86 *Romanus* II (959-63).
87 *John I, Tzimisces* (969-76).

Իսկ յետ Յովհաննիսի առնու զկաթողիկոսութիւնն տէր Ստեփանոս ամ մի. եւ ապա տէր Թէոդորոս ամս մետասան, եւ ապա տէր Եղիսէ ամս եօթն, եւ ապա տէր Անանիա Մոկացին ամս քսան եւ երկու:

Յաւուրս սորա է՛ր եպիսկոպոս մի կողմանցն Սիւնեաց, Յակոբ անուն, որ սկսաւ նորաձեւութիւնս առնել խօսից եւ կարգաց, եւ այլ միւս եպիսկոպոս, Խոսրով անուն, որ ասէր: «Ո՛չ է պարտ կիւրակէ ասել զօրն տէրունի. այլ կիւռիակէ, զի հոռոմերէն է. ասէ նոյնպէս եւ հասարակաց թողուլ, ասէր, զզէսս տղայոց եւ ո՛չ հատանել մինչեւ երկայնասցի եւ պատ առցէ, զի վասն այնորիկ, ասէ, կոչի պատանի. եւ ապա կտրել հրամայէր, զի վասն այնորիկ, կոչի կտրիճ»: Եւ ասէր. «Ո՛չ է պարտ եպիսկոպոսի ընծայաբեր լինել եպիսկոպոսապետի, այսինքն՝ կաթողիկոսի, զի աւելի օրհնութիւն ո՛չ ունի, ասէ, բայց միայն զանուանակոչութիւնն»: Եւ այլ այսպիսի անիմաստ բանիւք լցոյց զաշխարհս եւ խռովութիւն յարոյց ամենայն ուրեք վասն նորաձեւութեան:

Առ որ գրէ թուղթս խրատականս տէր Անանիա՝ ի բաց կալ յանհանճար եւ յընդունայն բանիցն: Իսկ նա փոխանակ զղջանալոյ՝ առաւել եւս անամօթացաւ, զանձն իմաստուն կարծել եւ զնոսա տգէտս, առ որ հարկաւորի դարձեալ գրել երկիցս եւ երիցս: Գրեն եւ այլ իմաստուն վարդապետք, եւ յիշեցուցանէն նմա ի գրոց զհանգամանս կարգաց: Իսկ նա ի նոյն միտս ամբարշտութեան կացեալ՝ քամահէր զամենեքումբք: Եւ ինքն Յակոբ ապստամբեալ ի կաթողիկոսէն՝ ամրանայր ի բերդն Սիւնեաց. զոր ընդ բանիւք արարեալ կաթողիկոսին՝ գրէ առ տիկինն Սիւնեաց տալ զնա ի ձեռս, զի խրատեսցէ զնա, զի թերեւս գայցէ ի զղջումն: Եւ նորքա ոչ ետուն զնա ի ձեռս նորա, եւ զնոսա եւս արար ընդ բանիւ կապանաց: Եւ ի նոյն միտս եկաց մինչեւ մեռաւ: Ապա գնաց տէր Անանիա յաշխարհն Սիւնեաց հնազանդել զապստամբսն:

Now after Yovhannes, lord Step'annos occupied the Catholicosate for one year. Then lord T'eodoros for eleven years, then lord Eghise for seven years, then lord Anania of Mokk'[88] for twenty-two years.

In his day, there was a bishop from the Siwnik' area named Yakob who started to introduce new customs of speech and ritual, and there was another bishop, Xosrov by name, who stated: "It is not right to call the Lord's day *kiwrake* but [it should be] *kiwrhiake*, for it is Greek." He likewise said to let children's hair grow, not to cut it until it became long and formed a wall, because they are so styled youths. Then he ordered [that the hair] should be cut since [young men] are called braves.[89] And he said: "It is not necessary for a bishop to give gifts to the head bishop, that is, to the Catholicos, for the latter has no more holiness than the former, only a different title." Thus, he filled the country with such foolish words; and, because of these new ways, agitation was stirred up everywhere.

Lord Anania wrote advisory letters [to Yakob], urging him to stand clear of ill-advised and vain things. But he, instead of regretting what he had done, became yet more brazen, thinking himself a learned man and the others ignorant. It was necessary to write to him two and three times. Otherwise vardapets wrote to him reminding him of the details of the ritual according to Scripture. But he continued in the same sacrilegious ways, denouncing everyone. Then he, Yakob, rebelled from the Catholicos, and holed up in the fortress of Siwnik'. The Catholicos excommunicated him and wrote to the lady of Siwnik' to hand him over, for him to counsel so that he might come to repentance. But they did not hand him over and he excommunicated them. [Yakob] held the same beliefs until his death. Then lord Anania went to Siwnik' to quell the rebellion.

---

88 *Anania I, Mokats'i* (946-68).
89 *Cut (ktrel); braves (ktrich)*.

Եւ իբրեւ լուան իշխանքն Սիւնեաց զգալուստ հայրապետին, ելին ընդ առաջ նորա՝ զմեղանս յանձն առեալ, եւ ետուն նմա ձեռագիր երդմամբ՝ այլ ո՛չ եւս ապստամբել յաթոռոյ սրբոյն Գրիգորի յազգէ մինչեւ յազգ: Եւ ապա ձեռնադրեաց յազգէ նոցա զմի ոմն արքեպիսկոպոս. որ յառաջն եպիսկոպոսի աթոռ էր Սիւնեացն, զայն պատիւ արարեալ իշխանացն Սիւնեաց, հրամայեաց խաչ տանել առաջի արքեպիսկոպոսին Սիւնեաց, ո՛ւր եւ երթիցէ:

Յետ մահուան տեառն Անանիայի եկաց յաթոռ նորա տէր Վահան ի Բաղաց ամ մի: Սա դաշնադիր եղեւ ընդ Վիրս միաբան դաւանութեամբ: Վասն որոյ ժողովեալ յամուրն յԱնի ի թագաւորութեանն Աշոտայ, որդւոյ Աբասայ, բազում եպիսկոպոսաց եւ խստակրօն վանականաց, որք ծանուցեալ հաւաստեաւ զհերձուած կորստական մտաց նորա, զի ետ բերել պատկերս վասն նորոգման աղանդոյն Քաղկեդոնի, եւ որոշեալ զնա՝ հալածական արարին: Եւ միաբանեալ նստուցին յաթոռ սրբոյ Լուսաւորչին զՍտեփանոս հարազատ արեան սրբոյ առն Աստուծոյ Մաշտոցի, որ ի Սեւան կղզւոջ: Եւ էր սա հետեւեալ վարուց նորա. որ եկաց յաթոռ հայրապետութեանն ամս երկու: Բայց քանզի Վահանիկն դեռ եւս կենդանի էր ի Վասպուրական, հաւանեցոյց զոմանս ի պարզամտացն՝ սուտ զնմանէ կարծել զհամբաւ հերձուածոյ. եւ վասն այնորիկ զմիջոց աշխարհիս Հայոց լցին նզովիւք: Իսկ ի հրամանէն Աստուծոյ ի միում ամի մեռան երկոքեանն, եւ ամ մի անվերակացու լեալ: Ապա հրամանաւ թագաւորին Աշոտայ, որ Ողորմածն կոչիւր, ժողովեալ ընտրելոց արանց եւ եպիսկոպոսաց սրբոց, կացուցանեն յաթոռն հայրապետական զերանելի այրն Աստուծոյ զտէր Խաչիկ, զհարազատ տեառն Անանիայի, մեծի հայրապետին, որ բանիւ վարդապետութեան սանձեաց զբերանս հերձուածողաց, սրբասէր եւ քրիստոսասէր գոլով, որ կալաւ զաթոռն ամս ինն եւ տասն: Եւ զկնի նորա տէր Սարգիս ամս քսան եւ չորս:

When the princes of Siwnik' heard of the patriarch's coming, they went before him confessing their sins. They gave him a written oath that they would no longer rebel against the throne of Saint Gregory, from generation to generation. Then [Anania] ordained a certain archbishop from their line, who previously occupied the bishop's throne in Siwnik'. He did this in honor of the princes of Siwnik', ordering that a cross be borne before the archbishop of Siwnik' wherever he went.

After the death of lord Anania, his throne was occupied for one year by Vahan from Baghk'. He negotiated unity of faith with the Georgians. For this action, many bishops and devout monks who recognized and confirmed the heretical bent of his beliefs, gathered in the fortress of Ani in the kingdom of Ashot, son of Abas. He wanted to bring back the images, to restore the Chalcedonian heresy. Confirming him a heretic, they persecuted him. United, they seated on the throne of Saint Gregory the Illuminator Step'anos, a blood relation of that holy man of God, Mashtots', from the island of Sewan. He followed [Mashtots'] conduct, and held the patriarchate for two years. But since Vahanik was still alive in Vaspurakan, some simple-minded creatures were convinced that it was wrong to consider him schismatic. Therefore, anathemas arose in the midst of Armenia. But at the command of God, both of them died in the same year; and for one year the throne of the patriarchate was left unoccupied. Then, at the command of King Ashot (called "the Merciful") select men and holy bishops assembled and seated on the patriarchal throne the venerable man of God lord Xach'ik, a relative of the great patriarch lord Anania. A lover of the saints and of Christ, he bridled the tongues of schismatics with the words of doctrine. He occupied the throne for nine years and ten months. He was followed by lord Sargis[90] who ruled for twenty-four years.

---

90 *Sargis I Sewants'i* (992-1019).

Իսկ զկնի Աշոտայ թագաւորէ որդի նորա Սմբատ, որ եւ Շահնշահ կոչիւր: Սա ընդ թագաւորելն իւրում, լիր արկեալ պարսպին Անւոյ բարձրաբերձ բրգամբք եւ լայնատարած տեղօք յԱխուրեան գետոյն մինչեւ ցԾաղկոցաձորն կոչեցեալ վայր, հիմնարկեաց եւ զկաթողիկէն պայծառ ի նըմին քաղաքի եւ ոչ կարաց աւարտել, զի եհաս նմա վախճան մահու՝ թագաւորեալ ամս երեքտասան:

Յաւուրս սորա սկիզբն եղեւ շինուածոյ հռչակաւոր ուխտին, որ Մարմաշէնն կոչի, ի քրիստոսասէր իշխանէն Վահրամայ:

Եւ յետ նորա թագաւորէ Գագիկ, եղբայր նորա, ամս քսան եւ ինն: Սա շինեաց զսուրբ Գրիգորն, զոր շինեաց հայրապետն Ներսէս. եւ կատարեցաւ ի հազար ամի մարմնանալոյ տեառն մերոյ Յիսուսի Քրիստոսի, եւ ի ՆԽԷ թուականին հայոց: Եւ կին նորա Կատրամիտէ թագուհի աւարտեաց զկաթողիկէն սուրբ, զոր ոչ կարաց կատարել Սմբատ թագաւորն: Շինեաց եւ Սմբատ Մագիստրոսն զփափագատես վանքն, որ Բագնայրն կոչի:

Իսկ յետ Կիռժանայ կայսեր առնու զթագն Վասիլն՝ ամս յիսուն թագաւորեալ: Սա էր այր բարեմիտ, յաւէտ առ ազգս հայոց, որ եւ թողեալ զդաւանութիւնն Քաղկեդոնի, մերում ճշմարտութեանս հետեւեաց. եւ եկեալ յաշխարհն Կիլիկեցւոց, մկրտեցաւ ի հայոց ի վանքն, որ կոչի Պաղակձիակ, եւ ետ վանիցն գիւղս եւ ագարակս այլ ինչ բազումս:

Եւ յետ տեառն Սարգսի առնու զկաթողիկոսութիւնն Հայոց տէր Պետրոս ամս երեսուն եւ ինն: Եւ յետ Գագկայ Շահնշահի թագաւորեաց որդի նորա Յովհաննէս ամս քըսան:

Յաւուրս սորա մեծապատիւ Վեստն Սարգիս զկնի բազում շինուածոյ բերդից եւ եկեղեցեաց շինեաց եւ զփառաւոր վանքն զԽցկօնսն եւ զեկեղեցին յանուն սրբոյն Սարգսի, եւ զԾառաքար վանքն բերդ արարեալ՝ պարսպեաց ամրագոյն, եւ եկեղեցիս շինեալ ի նմա փառաւորս:

After Ashot, his son Smbat (called Shahnshah) ruled. During his reign the walls of Ani were topped with lofty towers and with wide places, from the Axurean river to the place known as Tsaghkots'adzor. He laid the foundation for a glorious cathedral in the same city, though he was unable to complete it, since death overtook him. He ruled for thirteen years.

In these days the Christ-loving prince Vahram began construction of the renowned monastery called Marmashen.

After [Smbat] his brother Gagik ruled for twenty-nine years. He built the beautiful church of Saint Gregory above Tsaghkats'or, taking as a model the charming church of Saint Gregory which patriarch Nerses built. It was completed in the 1000th year of the incarnation of our Lord Jesus Christ, and in the year 447 of the Armenian Era [998]. His wife, Queen Katramite, finished the holy cathedral which King Smbat was unable to complete, and Smbat Magistros built the desirable monastery called Bagnayr.

After Emperor Kirhzhan, Basil[91] wore the crown for fifty years. He was a kind man, especially toward the Armenian people; for he abandoned the Chalcedonian heresy and followed our true path. He came to Cilicia and was baptized by Armenians in a monastery called Paghakdziak. He gave to the monastery villages, fields, and many other things.

After lord Sargis, lord Petros[92] occupied the Armenian Catholicosate for thirty-nine years, After Gagik Shahnshah, his son Yovhannes ruled for twenty years.

In his day the very distinguished Vest Sargis, after building many fortresses and churches, built the glorious monastery of Xts'konk' and a church in the name of Saint Sargis; and making Tsarak'ar monastery a fortress, he built stronger walls and glorious churches in it.

---

91 *Basil II, Bulgaroctonus* (976-1025).
92 *Petros I, Getadardz* (1019-1058).

Բայց թագաւորն Յովհաննէս գժտութեամբ լեալ ընդ հայրապետին Պետրոսի, դնէ զնա ի բանտի եւ զԴէոսկորոս ոմն առաջնորդ սուրբ ուխտին, որ կոչի Սանահին, բերեալ ձեռնադրէ զնա կաթողիկոս փոխանակ Պետրոսի:

Ապա եկեալ Յովսէփ կաթողիկոսն Աղուանից, հաշտութիւն արարեալ ի մէջ թագաւորին եւ հայրապետին, հանէ զկաթողիկոսն ի բանտէ:

Իբրեւ տեսին ռամիկ բազմութիւնն քաղաքին Անւոյ, եթէ արձակեցաւ կաթողիկոսն ի բանտէն, ընթացեալ յանդգնութեամբ ի վերայ Դէոսկորոսի, պատառեցին Զքօղն յերեսաց նորա յաւուր յայտնութեան տեառն, մինչդեռ օրհնէին զջուրն, քանզի քօղով վարէին յայնմ ժամանակի կաթողիկոսքն, եւ հանին անարգանօք զնա ի քաղաքէն, եւ կացուցին զՊետրոս յաթոռ իւր: Եւ գնաց Դէոսկորոս տրտմութեամբ ի Սանահին ի տունն իւր, եւ անդ եղեւ վախճան կենաց նորա, եւ եդաւ հուպ յեկեղեցին:

Եւ յաւուրս իշխանութեանն Զաքարէի եւ առաջնորդութեան Սանահնին Գրիգոր վարդապետին, որդւոյն Տուտայ, որ էր այր երեւելի, առաքեցին բնակիչք քաղաքին Անւոյ առ այր մի քարակոփ ի Սանահինն ի նոյն քաղաքէ, զի յայտնի կամ գաղտնի առցէ մասն ինչ ի նշխարացն Դէոսկորոսի եւ տարցէ՝ ի քաղաքն. «Զի վասն նորա են, ասեն, այս կոտորուած, որ լինի ի քաղաքիս հանապազ յայլազգեաց. զի թերեւս թողութիւն արասցէ քաղաքիս վասն յանդգնութեանն, զոր գործեցին ընդ նա հարքն մեր»: Իսկ այրն երթեալ ի գիշերի, կամեցաւ բանալ զգերեզմանն եւ առնուլ ի նմանէ մասն ինչ: Եւ ահաբեկեալ ահիւ մեծաւ՝ ոչ կարաց բանալ զգերեզմանն եւ երթեալ պատմեաց վարդապետին Գրիգորի: Եւ նա ասաց. «Ես ոչ համարձակիմ գործել զայդ իրդ, մինչեւ ժողով բազմութեան բնակչացն Անւոյ այսր գայցեն, եւ մեք ընդ նոսա պաղատեսցուք, խնդրել զթողութիւն ի նշխարաց նորա»: Իսկ ասացեալն յապաղէր, զի ոչ ոք արար փոյթ զայնմանէ:

But King Yovhannes, filled with resentment for patriarch Petros, put him in jail. Then he brought and ordained as Catholicos in place of Petros a certain Deoskoros, head of the monastery called Sanahin.

Then the Catholicos of Aghuania, Yovsep', arrived, reconciled the king and the patriarch, and removed the Catholicos from prison.

As soon as the common people of the city of Ani saw that the Catholicos had been released from prison, they boldly pounced upon Deoskoros and tore the veil from his face on the day of the Revelation of the Lord, while he was blessing the waters; for the Catholicoi in those times wore veils. The people expelled him from the city with insults and placed Petros on his patriarchal throne. Sadly, Deoskoros went to his home at Sanahin. His life ended there and he was buried close to the church.

In the days of the princeship of Zak'aria and of the leadership of Sanahin by the venerable vardapet Grigor Tuteordi, the inhabitants of the city of Ani sent to a stone-cutter in the same city of Sanahin [requesting] that he take a part of the relics of Deoskoros and send them to Ani, openly or secretly, "For it was because of him that this ruin befell us from foreigners. Perhaps he will forgive the city for the brazen behavior our fathers displayed toward him." The stone-cutter went in the night and tried to open the grave and take some relics from it, but he was seized with great trepidation and was unable to do it. So he went to vardapet Grigor and told him what had happened, saying: "I do not dare do this deed until an assembly of the multitude of Ani's residents come here and together we seek permission from his relics." But this proposal was delayed, for no one concerned himself with the matter.

VOLUME I

Եւ յետ Յովհաննիսի առնու զթագաւորութիւնն Գագիկ, որդի Աշոտայ, ամս երկու: Արդ յետ մահուանն Յովհաննիսի, որ եւ Սմբատ, միաբանեալ իշխանաց եւ զօրացն, յաւէտ եւ պատրիարքն Պետրոս ժողովեցան առ դրունս մեծափառ կաթողիկէին Անւոյ եւ կացուցանեն զԳագիկ, զեղբօրորդին Յովհաննիսի, թագաւոր ի վերայ ինքեանց՝ երդմունս ուխտից կնքեալ միամտութեամբ ծառայել նմա: Իսկ նա պատերազմական արիութեանց ոչինչ փոյթ տարեալ, որով աշխարհ վարի, մանաւանդ զի առ այնու ժամանակաւ աւելի իմն ի դէպ էր քաջանալ, քանզի իշխանութիւնն Իսմայէլի շփոթեալ էր, քանզի սկիւթացիք յարեան ի վերայ նոցա, որպէս ցուցաք յառաջագոյն: Նոյնպէս եւ յունացն եւս վրդովեալ էր: Բայց սա զի ի մանկութենէ դպրութեամբ գրոց վարժեալ էր, ի նոսին եւ զբօսնոյր: Զոր իմացեալ ազգին յունաց՝ առ իւրեանս կոչեցին խաբանօք, յաւէտ եւս ի սադրելոյ իշխանացն, որք նենգեցին ուխտին, զոր եդին ընդ նմա աննենգ պահել զտէրութիւն նորա ի վերայ ինքեանց, եւ ոչ կացին յուխտին: Եւ կատարած գործոյն կորուստ եղեւ անձանց եւ աշխարհիս, զի եւ յոյնք զգնացեալն ի կղզւոջ արգելին եւ ի տեղի նորա վերակացուս արձակեալ, ամ մի:

Իսկ բնակիչք աշխարհիս՝ զմիմեամբք ելանելով անճոռնի յոխորտանօք, եւ ի միմեանս յարձակեալ խորամանկութեամբ, եւ ստաբանութեամբ խորհէին զխորհուրդ նենգութեան՝ մատնել զմիմեանս կայսեր, բաղբաղեալ զձեռն տալն առ հագարացիսն, որք եւ իշխանացն, անգամ զհայրապետն, եւ նորա զնոսա. զոր յոչ կամայս առեալ տանէին ի բնակութենէ իւրեանց: Իսկ մնացեալքն իբրեւ զանտերունչս անկուշեալ՝ կիցս ընկենուին. տիրեալ յունաց ամս քան եւ մի:

After Yovhannes, Gagik, son of Ashot ruled the kingdom for two years. Now after the death of Yovhannes also called Smbat, the princes, army, and more so the patriarch Petros met at the court of the glorious Catholicosate in Ani and placed as king over themselves Gagik, Yovhannes' brother's son, sealing oaths vowing to serve him with unanimity. But Gagik had no interest in military affairs, with which the world is conducted, even though in that period it was necessary to be bold, since the rule of the Ishmaelites was in confusion because the Scythians [the Saljuqs] had attacked them, as we explained earlier. Similarly, the Byzantines were in agitation. But as [Gagik] was trained from childhood in literature, he diverted himself with that. When the Byzantines learned about this, they called him to them with tricks [at the urging of] the princes who had betrayed the oath they had made [to Gagik] to keep his sovereignty over themselves and not to break the oath. And the deed that was done brought ruin to people and to the land, for the Greeks put the journeyer into exile on an island and appointed overseers to occupy his place, for one year.

Now the inhabitants of our land rose up against one another with unseemly insolence and in deception, lying and thinking up plots with which to betray each other to the emperor, accusing each other of giving aid to the Hagarenes, accusing the princes, the patriarch, and *vice versa*, and forcibly removing each other from their abodes. Those remaining were as though lordless. The Byzantines ruled for twenty-one years.

Յետ որոյ հուր հարաւային բքոյն շարժեալ՝ եբեր զգազանն մարդախանձ, որ հրդեհեալ՝ բնաջինջ արար զազգս մեր, եւս առաւել զքաղաքն Անի, զի պաշարեաց զնա զաւուրս քսան եւ եօթն եւ ապա առեալ կոտորեաց զբնակիչս քաղաքին Անւոյ՝ ոչ ումեք ողորմելով արիւնարբու գազանն, որ Ալփասլանն կոչէր։

Այլ մերն դադարեաց թագաւորական գաւազանն, զի թէպէտ գոյր ուրուք տէրութիւն, որպէս Կիւրիկէին, որ ի Լոռէ քաղաք, եւ որ շուրջ զնովաւ, զի եւ սա յազգէ Բագրատունեաց էր. եւ միւս եւս Գագիկ թագաւոր Վանանդայ եւ Կարուց, որ գնաց առ յոյնս, սակայն գլխաւորն դադարեաց յաւուրս Գագկայ, եւ այլքն անձնատուր եղեն ընդ ձեռամբ վիշապին, եւ կէսք փախստեայ գնացին առ կայսրն յունաց։ Եւ նոքա տիրեցին ընդհանուր աշխարհիս։ Իսկ յոյնք գնացելոցն ետուն երկիրս եւ քաղաքս կալուածոյ՝ զկողմանս Կեսարու եւ Սեբաստու, զոր ետ Գագկացն՝ երկոցունց թագաւորացն։

Իսկ զկաթողիկոսն Պետրոս մեծապատիւ պատուով պատուեաց կայսրն, եւ եդ նմա աթոռ ոսկի։ Եւ իբրեւ յարեաւ յաթոռոյն եւ կամէր արտաքս ելանել, եպիսկոպոս մի, նորա անունն Եղիսէ, էա՛ռ զսայլիտն ոսկի, յորոյ վերայ նստաւ կաթողիկոսն։ Իսկ սպասաւորքն արքունի ո՛չ տային նմա թոյլ առնուլ։ Եւ եհարց կայսրն զեպիսկոպոսն, եթէ՝ «Ընդէ՞ր զայդ առնես»։ Եւ ասէ ցնա եպիսկոպոսն. «Օրէն է մեր՝ յաթոռն, յոր նստի կաթողիկոսն, ոչ այլ ումեք նստիլ, բայց ի նմանէ»։ Եւ զարմացաւ կայսրն ընդ պատիւն, զոր ետ եպիսկոպոսն կաթողիկոսին, եւ հրամայեաց սպասաւորացն թոյլ տալ, զի առցէ եպիսկոպոսն։ Եւ ասէ ցնա. «Եօթն հազար դահեկանի է այդ. տա՛ր պահեա՛ զայդ ի պատիւ կաթողիկոսին քո»։

After this a stormy wind moved from the south and brought a man-devouring beast which annihilated our country with fire, and especially the city of Ani for it was besieged for twenty-seven days; then finally when they took it, they destroyed the inhabitants of the city of Ani. The bloody beast called Alp Arslan[93] did not spare a single one.

Then the royal wand fell from our hands. For though there were lordships in some areas, such as that of Kiwrike of the Bagratids in the city of Lorhe and the area around it, or that of the other Gagik, king of Vanand and Kars who went to the Byzantines, nonetheless, the chief [kingdom] ended in the days of Gagik; others surrendered themselves to the dragon, while others fled to the emperor of the Byzantines. And they ruined the entire country. To those who emigrated, the Byzantines gave lands and cities in the areas of Caesarea and Sebastia, which was given to the two king Gagiks.

Now the emperor honored Catholicos Petros greatly and seated him on a throne of gold. As soon as [Petros] arose from the chair and wanted to go out, a bishop named Eghishe started to take the gold chair which the Catholicos had been sitting on. However, the court servitors did not let him proceed. And the emperor asked the bishop: "Why did you do that?" [Eghishe] replied: "It is our law that only the Catholicos may sit on his chair. No one else has the right to do so." The emperor was surprised at the honor which the bishop displayed toward the Catholicos and he ordered the servitors to allow him to take it. And he said [to Eghishe]: "That chair is worth 7,000 *dahekans*. Take it and keep it to honor your Catholicos."

---

93 *Alp Arslan* (1063-1073).

Եղեւ երբեմն ժամանակ, զի յաւուր յայտնութեան տեառն ժողովեալ էին ամենայն քրիստոնեայքն եւ այլ ամբոխ բազում ի Տրապիզոն քաղաք օրհնել զջուրն, որպէս սովոր են քրիստոնեայք: Եւ ըստ նախանձուն, զոր ունին յոյնք ընդ հայս, կացուցին զՀայրապետն Պետրոս իւրովք ժողովրդովքն ի վերոյ, եւ ինքեանք ի ներքոյ կողմանէ գետոյն, այսպիսի մտօք, զի թերակատար համարէին զօրհնութիւնն հայոց, զի ինքեանք ի ներքոյ կալով՝ զօրհնեալն ի հայոց, վերստին օրհնեսցեն: Սովորեցուցեալ էին եւ աղաւնի մի սպիտակ, որ գայր խառնէր ընդ ջուրսն եւ վերանայր, որով խաբէին զանընտելսն, եթէ հոգին սուրբ էջ ի նմանութիւն աղաւնւոյ:

Եւ յաղօթել հայրապետին Պետրոսի՝ դարձաւ ջուր գետոյն ի վեր, եւ լոյս սաստիկ ծագեաց, որ նուաղեցուցանէր զճառագայթս արեգականն: Եւ իբրեւ եկն աղաւնին նոցա խառնիլ ընդ ջուրն, որպէս սովորն էր, յանկարծակի խոյացեալ արծիւ մի՝ էառ զաղաւնին եւ գնաց: Եւ զամօթի մեծի հարան ամենայն յոյնք, եւ ակամայ գովէին զհաւատս հայոց:

Եւ հրամայեաց կայսրն հայրապետին դնել զաթոռ իւր ի Սեբաստիա եւ անտի հովուել զհօտ իւր:

Եւ անդ եկաց հայրապետն մինչեւ ցվախճան իւր. եւ եդաւ անդէն ի Սեբաստիա՝ կացեալ կաթողիկոս ամս երեսուն եւ ինն: Եւ յետ նորա տէր Խաչիկ սակաւ ժամանակս:

Ապա աշխարհս Հայոց ժողովեալ ի մի վայր, կացուցանեն յաթոռն հայրապետական զտէր Վահրամ, զոր անուանեցին Գրիգորիս, զորդին Գրիգորի Մագիստրոսի, ի քաղաքէն Բջնոյ, զթոռն Վասակայ մարտիրոսի, զայր իմաստուն եւ առաքինի:

Սա խնդրեաց ի հօրէ իւրմէ մեկնել զարուեստն քերականի, զի էր նա իմաստասէր. եւ մեկնեաց զնա արուեստաւոր բանիւ: Այս սքանչելի հայրապետս թարգմանեաց բազում ճառս վկայից Աստուծոյ, եւ ճառս ներբողականս ի յունաց եւ յասորւոց:

On the day of the Revelation of the Lord, all the Christians and many other people assembled in the city of Trebizond for the Blessing of the Water, as is Christian custom. Because of the great envy which the Greeks had toward the Armenians, they positioned patriarch Petros and his people upstream, and themselves down the river. They did this with the thought that since the blessing of the Armenians was considered defective by them and since they were downstream, [the Greeks] would bless again that which had been blessed by the Armenians. They had trained a white dove to come, dip into the water and then rise from it; thus did they trick those unaccustomed to such things [into thinking] that the Holy Spirit had descended in the likeness of a dove.

When patriarch Petros prayed, the water began to run upstream, and an intense light arose, which dimmed the rays of the sun. Then when their dove came to dip into the water as was the custom, suddenly an eagle swooped down, snatched the dove, and flew off. All the Greeks were greatly ashamed and praised the faith of the Armenians, despite themselves.

The emperor ordered the Catholicos to place his throne in Sebastia and to direct his flock from there.

The patriarch remained there until his death. They buried him there in Sebastia, after a rule as Catholicos of thirty-nine years. After him lord Xach'ik ruled briefly.

Then gathering together in one place, the Armenians placed lord Vahram (whom they called Grigoris) on the patriarchal throne. He was from the city of Bjni, son of Grigor Magistros, grandson of Vasak the martyr, and was a learned and virtuous man.

He beseeched his father to expound grammar, since he was a scholar, and [Grigor Magistros] did this eloquently. This wonderful patriarch translated from Greek and Syrian many homilies about the martyrs of God and homilies of praise.

Եղ սա ի մտի իւրում յետ ժամանակաց երթալ ի Հռոմ քաղաք յերկրպագութիւն նշխարաց սրբոց առաքելոցն Պետրոսի եւ Պօղոսի՝ խորհրդակից իւր առեալ զվարդապետ ոմն, Գէորգ անուն: Եւ կոչեալ զհօտ իւր՝ զեպիսկոպոսս եւ զերիցունս, եւ զիշխանս, ասաց նոցա զմտածումն իւր: Իսկ նոցա յարտասուս հարեալ լային դառնապէս եւ աղաչէին զնա մի թողուլ զնոսա որբս եւ անհովիւս: Իսկ նա ասէ ցնոսա. «Ուխտ է իմ եղեալ, եւ անհնար է ինձ ստել, տեսէք ձեզ այր մի եւ ձեռնադրեցից զնա փոխանակ իմ»: Եւ էր պատգամաւոր վարդապետն այն Գէորգ զոր վերագոյնն յիշեցաք: Իբրեւ ոչ հաւանէին ժողովուրդքն, այլ ի նոյն աղաչանս պնդեալ կային եւ ո՛չ զոք գտանէին փոխանորդ նորա: Յայնժամ ասէ ցնոսա Գէորգ. «Ընդէ՞ր այդչափ աղաչէք զնա, զի նա ուխտ եղեալ է երթալ, եւ ես տեղեակ եմ խորհրդոյ նորա, զի ոչ փոխի յայնմ: Ես աւասիկ, թող ձեռնադրեսցէ զիս փոխանորդ իւր»:

Եւ իբրեւ լուաւ կաթողիկոսն՝ զարմացաւ եւ լի եղեւ ցասմամբ, զի երդուեալ էր Գէորգայ՝ ընդ նմա երթալ. սակայն յակամայ կամաց ձեռնադրէ զնա, եւ ինքն ճանապարհորդ լինէր: Եւ նստաւ Գէորգ յաթոռ նորա:

Եւ երթալ սրբոյ հայրապետին ի Հռոմ, մեծապէս պատուեցին զնա ազգն ֆռանկաց: Եւ կատարեալ զուխտ իւր, եկ ի նաւ գալ ի Կոստանդնուպօլիս թարգմանութեան աղագաւ: Եւ յարուցեալ բռնութիւն հողմոյ ի ծովուն եւ տարեալ զնաւն ընդ այլ ճանապարհ, հանէ զնոսա յԵգիպտոս: Իսկ որք ընդ նմա էին սպասաւորքն նորա, երկեան զի սովորութիւն էր բնակչաց աշխարհին զալեկոծեալ նաւսն կողոպտել եւ սպանանել:

After some time, he decided to travel to the city of Rome to revere the holy relics of the Apostles Peter and Paul; sharing in this plan was a certain vardapet Georg. Calling his flock together, bishops and elders and princes, [Grigoris] told them about his plan. [The audience] burst into bitter tears and pleaded with him not to leave them orphans without a pastor. But he said to them: "I have made a vow, and it is impossible for me to break it. Find yourselves someone and I will ordain him to serve in my stead." That vardapet Georg, about whom we spoke above, was the messenger. When he saw that the people did not accept this decision, and kept persisting in their supplications and found no one to replace Grigoris, Georg said to the people: "Why do you beseech him so? He has taken an oath to leave and I am familiar with his plan, which cannot be changed now. Here, let him ordain me as his replacement."

As soon as the Catholicos heard this he was astonished and filled with wrath, for Georg had sworn to accompany him. But against his will, he ordained him and set off on his way. And Georg occupied his throne.

When the blessed patriarch went to Rome, the Frank people honored him greatly. Upon fulfilling his vow, Grigoris took a boat to Constantinople, for translation-related work. But a windstorm arose at sea and it took the boat by a different route, landing them in Egypt. Those servants he had with him were fearful, because it was a custom of the country's inhabitants to plunder storm-tossed boats and to kill survivors.

Եւ կացեալ սրբոյ հայրապետին Գրիգորիսի յաղօթս, եղեւ անձրեւ սաստիկ յԵգիպտոս, որ երբէք չէր լեալ։ Իբրեւ տեսին զայս բնակիչք աշխարհին՝ զարհուրեցան, բայց հա-գարացին, որ թագաւորէր նոցա, այր իմաստուն էր, կոչեաց զզօրսն իւր եւ ասէ ցնոսա. «Դուք ինքնին գիտէք, զի յաշ-խարհիս Եգիպտացւոց անձրեւ չէ՛ եկեալ ի սկզբանց ան-տի մինչեւ ցայժմ, բայց միայն կարկուտ յաւուրսն Մովսի-սի, եւ անձրեւ՝ մի, յորժամ Յիսուսն է եկեալ, սոյնպէս եւ այս նշան է գալստեան սքանչելագործ մարդոյ։ Տեսէք, խնդրե-ցէ՛ք զնա, թէ ո՞ ոք է»։

Եւ շրջեալ զօրացն ընդ աշխարհին՝ գտին զԳրիգորիս իւրովք պաշտօնէիւքն, զի կային յաղօթս առ եզր ծովուն։ Եւ ածին զնոսա առ սուլտանն։ Եհարց զնոսա, եթէ՝ «Վասն ձե՞ր եկն անձրեւս այս»։ Եւ նոքա ասէն. «Այո՛»։ Եւ ասէ ցը-նոսա. «Վասն ի՞նչ պատճառանաց, խնդրեցէք զայս»։ Եւ նոքա ասեն, եթէ՝ «Երկեաք վասն սովորութեան աշխար-հիս ի սպանմանէ, զի նաւաբեկ եղաք ի ծովու»։ Եւ զամե-նայն իրսն ասացին ստուգութեամբ։ Յայնժամ զարմացաւ եւ գովեաց զհաւատս նոցա եւ ասէ ցհայրապետն. «Նիստ դու յԱղէքսանդրիա քաղաքի յաթոռն Մարկոսի, եւ ամե-նայն քրիստոնեայք, որք են ընդ իշխանութեամբ իմով, քե՛զ լիցին հնազանդ»։ Եւ ետ նմա պարգեւս բազումս, եւ սիր-եաց զնա իբրեւ զհայր։ Եւ յայնմ օրէ եղեւ աթոռն Աղէքսան-դրիոյ հնազանդ աթոռոյ սրբոյն Գրիգորի. եւ անդ եկաց եւ վախճանեցաւ սուրբն ի փառս Աստուծոյ գովութեամբ։

The blessed patriarch Grigoris prayed and hard rains fell in Egypt, something which had never happened before. As soon as the inhabitants of the land saw this they were terrified, but the Hagarene who ruled over them was a wise man. He called his troops and said to them: "You yourselves know that in Egypt, from the beginning until now, [such] rain has not fallen; there was hail only in the time of Moses and rain, once, when Jesus came. Therefore, this is the portent of the arrival of a wonder-worker. Go, see, ask him who he is."

Searching throughout the country the troops found Grigoris with his servants, praying by the shore of the sea. They took them to the sultan. The sultan asked: "Was it on your account that these rains came?" And they replied: "Yes." And the sultan said: "What was it that you were praying for?" And they answered: "We fear the custom of the country to kill those who are tossed onto the shore, shipwrecked from the sea." And they told everything correctly. At this the sultan was amazed, lauded their faith and said to the patriarch: "Go sit on the patriarchal throne of Markos in Alexandria, and let all Christians under my sway obey you." And he gave him many presents and entertained him like his father. And from that time on, the See of Alexandria obeyed the See of Saint Gregory [the Illuminator]. [Grigoris] lived and died there with praise, blessed in the glory of God.

Իբրեւ ետես Կիւրիկէ արքայ յազգէն Բագրատունեաց, որդի Դաւթի, որդւոյ Դերենկանն, որ հիմնարկեաց զհոչակաւոր ուխտսն՝ զՀաղբատն եւ զՍանահինն, եթէ եթող տէր Գրիգորիս զաթոռն իւր եւ գնաց ի Հռոմ, կոչեաց առ ինքն զտէր Յովսէփ, զկաթողիկոսն Աղուանից, եւ ետ ձեռնադրել զտէր Բարսեղ կաթողիկոս Հայոց. եւ զՍարգիս ոմն դրան երէց Կիւրիկէի՝ ձեռնադրեն եպիսկոպոս Հաղբատայ. եւ յայնմհետէ եղեւ աթոռ եպիսկոպոսի: Եւ յետ Սարգսի եղեւ եպիսկոպոս Գէորգ. եւ յետ նորա Բարսեղն: Սա է՛ր այր գեղեցիկ տեսլեամբ. զսա տեսեալ թագուհին Վրաց Թամարն, մեծապէս պատուեաց զնա վասն վայելչութեան գեղոյ նորա, զի եւ եղբարք նորա գործակալք էին տանն արքունի:

Եւ յետ Բարսղի եղեւ եպիսկոպոս սուրբն Գրիգորիս: Սա ազգական էր իշխանացն Զաքարէի եւ Իւանէի. սա որ յաւուրս մեր եղեւ:

Եւ յետ նորա Յովհաննէս, այր հեզ եւ առաքինի, ազգական իշխանացն Խաչենոյ: Սա քակեաց զգաւիթն փոքրագոյն, որ ի դուռն կաթողիկէին Հաղբատայ, եւ շինեաց մեծ եւ գեղեցիկ շինուած, որ զարմացուցանէ զտեսողսն հիացմամբ:

Եւ յետ նորա միւս Յովհաննէս, քուերորդի իշխանացն Զաքարէի եւ Իւանէի եւ եղբօրորդի առաջնոյ Յովհաննիսին: Սա շինեաց բերդ մի ամրագոյն պարսպօք մէջ ընդ Հաղբատ եւ ընդ Սանահինն: Վասն որոյ գժտութիւն ընդ երկու մեծամեծ վանքերն եղեւ, որպէս թէ ի հողոյ Սանահնին իցէ. եւ վրէժխնդիր եղեւ իշխանն Շահնշահ՝ որդին Զաքարէի, Սանահնին, զի հայրն նորա անդ թաղեալ էր, եւ իւրեանց սեպհական համարէին. զի Հաղբատ ի Վրաց թագաւորացն հաշուի էր յայնմ ժամանակի: Իբրեւ մեռաւ եպիսկոպոսն Յովհաննէս, քակեցին զպարիսպ բերդին հրամանաւ թաթարին:

King Kiwrike of the Bagratids was the son of Dawit', son of Derenik, who built the famous monasteries of Haghbat and Sanahin. When Kiwrike saw that lord Grigoris had left his throne and gone to Rome, he called to him lord Yovsep', Catholicos of Aghuania, and had him ordain lord Barsegh Catholicos of Armenia. They ordained as bishop of Haghbat a certain of Kiwrike's court-priests, named Sargis. And thenceforth, [Haghbat] became the throne of a bishop. After Sargis, the bishop was Georg, and after him Barsegh. Barsegh was a handsome man. When Queen T'amar of Georgia saw him, she greatly honored him because of his good looks and because his brothers were officials in the royal house.

After Barsegh [the bishop of Haghbat] was the blessed Grigoris, a relative of princes Zak'are and Iwane. He lived in our own time.

After him [the bishop] was Yovhannes, a modest and virtuous man, related to the princes of Xach'en. He tore down the small portico at the door of the cathedral of Haghbat, reconstructing it large and beautiful, bewildering the viewer with delight.

After him another Yovhannes, the sister's son of princes Zak'are and Iwane, and the previous Yovhannes' brother's son [was bishop of Haghbat]. This Yovhannes built a fortress with sturdy walls between Haghbat and Sanahin. On account of this fortress, discord arose between the two great monasteries, to the effect that it was on land belonging to Sanahin. Prince Shahnshah, Zak'are's son, avenged Sanahin since his father was buried there and he considered it their property, for Haghbat was under the Georgian kings' control at that time. As soon as bishop Yovhannes died, they pulled down the walls of the fortress on orders from the T'at'ars.

Եւ յետ մահուան եպիսկոպոսին Յովհաննիսի, եկաց ի տեղի նորա Յովհաննէս՝ որդի Աղսարթանայ ի Մածնաբերդոյ, յազգէ Բագրատունեաց, ամս երկու, որ չեւ էր ձեռնադրեալ եպիսկոպոս վասն շփոթման ժամանակին, որ յետոյ ձեռնադրեցաւ ի կաթողիկոսէն Աղուանից Ներսիսէ կողմանցն Մածնաբերդոյ:

Եւ յետ նորա Համազասպ ի քաղաքէն Անւոյ: Սա շինեաց եկեղեցի հրաշալի, եւ տեղի, ո՛ւր զզանգակսն կախեն, եւ ժամատուն մի մեծ եւ սքանչելի:

Այլ դարձցուք անդրէն ի կարգ բանին, ուստի ելաք: Քանզի ի բազումս բաժանեցաւ կաթողիկոսութիւնն Հայոց՝ տէր Գրիգորիսն, որ եւ Վահրամ, յԵգիպտոս, եւ Գէորգ ի կողմանս Արեւմտից, եւ միւս ոմն ի Վասպուրական՝ ի կղզւոջն Աղթամար, եւ տէր Բարսեղ յաշխարհիս Հայոց: Այսպէս ի յոլովս բաժանեալ էր:

Բայց Գագիկ թագաւորն Կարուց գնաց տեսանել զկայսրն Յունաց, քանզի ընդ իշխանութեամբ նորա էր. եւ ի դառնալն եկն ի Կեսարիա: Լուաւ նա, եթէ Մարկոս ոմն մետրապօլիտ Կեսարու ունի շուն մի, եւ վասն ատելութեանն՝ որ առ ազգս հայոց ունին հոռոմք, զանուն շանն Արմէն կոչեցեալ է: Եւ այսպէս ձայնէ զնա, զի զհայք ամենայն ազգ Արմենք կոչեն վասն քաջութեանն Արամայ Հայկազնոյ:

Գնաց թագաւորն Գագիկ իջեւանս առնել առ մետրոպօլտին. եւ նա ուրախութեամբ ընկալաւ զնա:

Եւ իբրեւ ընդ գինիս մտին, ասէ թագաւորն. «Լուեալ է իմ, եթէ ունիս շուն ազնիւ. ցո՛յց ինձ, զի տեսից զնա»: Ասէ մետրոպօլիտն. «Ասասիկ առ դուրս է հանդէպ մեր»:

Եւ ասէ թագաւորն. «Ձայնեա՛, զի գայցէ այսր»:

Եւ նա ձայնէր նմա զայլ շան անուն, եւ ոչ զիւրն: Իսկ շունն ոչ ընդոստնոյր եւ ոչ գայր ի ներքս:

After the death of bishop Yovhannes, Yovhannes (son of Aghsart'an from Matsnaberd) from the Bagratid family occupied his position for two years. He was not ordained bishop due to the confusion reigning at the time; but later he was ordained by the Catholicos Nerses of Aghuania, for the Matsnaberd area.

After [Yovhannes] the bishop was Hamazasp from the city of Ani. He built a wondrous church and a place to hang the bell, and a great and marvelous refractory.

But let us turn from these matters and return to where we were. The Catholicosate of Armenia was divided into many parts. There were the lords Grigoris Vahram in Egypt, and Georg in the west and another one on the island of Aght'amar in Vaspurakan, and lord Barsegh in Armenia. It was divided into many parts.

Gagik, king of Kars went to see the Byzantine emperor, since he was under his authority. Returning home, he went to Caesarea. He had heard that a certain Markos, the metropolitan of Caesarea, had a dog which was given the name Armen, on account of the hatred which the Greeks have toward the Armenians. And he called him by this name since all peoples call the Armenians Armen on account of the bravery of Hayk's descendant Aram.

King Gagik went and took lodging with the metropolitan, who received him gladly.

When they were in their cups, the king spoke: "I have heard that you have a fine dog. Show me, let me see him."

The metropolitan said: "There he is, by the door across from us."

And the king said: "Call him so he will come here."

The metropolitan then called the dog, but by another name, not its real one. However, the dog did not jump up, and did not come in.

VOLUME I

Աւէ թագաւորն. «Զի՛ւր անունն ձայնեա՛ նմա»: Եւ իբրեւ ձայնեաց, «Արմէն», «Արմէն», վաղվաղակի ի վեր յարեաւ եւ եկն: Աւէ թագաւորն. «Ընդէ՞ր ես կոչել դմա զայդ անուն»: Աւէ մետրոպօլիտն. «Զի մանուկ է»: Եւ հրաման ետ թագաւորն ծառայից իւրոց եւ աւէ. «Բերէ՛ք քուրձ մի մեծ եւ արկէք անդ զշունն»: Եւ հազիւ կարացին արկանել: Եւ կարծէր եպիսկոպոսն, թէ ընդ ինքեան կամի ունել զշունն եւ բարկանայր սպասաւորաց թագաւորին: Եւ աւէ թագաւորն. «Արկէք եւ զեպիսկոպոսդ, թող տեսից, եթէ մանուկ է շունդ, որպէս ասաց դա»: Իսկ նա լայր եւ աղաչէր զթագաւորն թողուլ նմա զանցանս: Իսկ թագաւորն բարկութեամբ աւէ. «Արդ խթանաւ խթեցէ՛ք զշունսդ, զի կերիցեն զմիմեանս»: Եւ նոքա խթէին զշունն, եւ նա առ կսկծի ցաւոյն ժանիքն եւ մագլօքն պատառպատառ եհերձ զնա, մինչեւ մեռաւ: Եւ աւէ. «Արդ գիտացիր, եթէ մանուկ է Արմէնն»:

Եւ ինքն կողոպտեաց զեպիսկոպոսարանն. եւ այլ եւս ոչ ետես զկայսրն:

Իսկ միւս Գագիկն թագւորեալ՝ յաւուր միում ելեալ էր յորս, եւ էր արբեալ: Եւ ի տօթ ժամու էջ յերիվարէն հանգչել ընդ հովանեաւ ծառոցն, եւ ոչ այլ ոք գոյր ընդ նմա, բայց միայն մանուկ մի փոքրիկ, զի այլ զօրքն ամենայն ցրուեալ էին զհետ որսոյ: Եւ պատահեալ նմա արանց յունաց, ծանեան զնա եւ բարձեալ տարան զնա ի բերդ մի: Եւ իբրեւ սթափեցաւ ի գինւոյ անտի, եբաց զաչս իւր եւ աւէ. «Ո՞ւր եմ ես»: Եւ ասեն հոռոմքն. «Ո՞ւր է մետրապօլիտն մեր Մարկոս»: Եւ ընկեցին զնա անարգանօք ընդ պարիսպ բերդին, եւ նա ջարդեալ մեռաւ:

The king said: "Now call him by his real name." And as soon as the metropolitan uttered "Armen, Armen" the dog immediately bounded up and came. The king asked: "Why do you call him by that name?" The metropolitan answered: "Because he is small." Then the king ordered his servants: "Bring a large sack and throw the dog in it." They were barely able to do this. The bishop thought that Gagik wanted to take the dog away with him, and so he got angry at the king's servants. Then the king said: "Throw the bishop in there too, so I may see if the dog is as small as he says." Now the bishop wept and pleaded with the king to forgive his crime. But the king angrily declaimed: "Strike that dog with a goad so they will eat each other up." And they struck the dog. The animal, smarting from the pain, mauled the metropolitan, tearing him to bits with its teeth and paws until he died. Then the king said: "Now you know whether Armen is small or not."

Then [Gagik] sacked the bishopric and saw the emperor no more.

One day (when the other Gagik had become king), Gagik went off to hunt and became drunk. At a sultry hour, he dismounted to rest under the shade of the trees, having no one with him except one small lad, since all the others were scattered about, hunting. Greeks came upon them, recognized Gagik, seized him and took him to a fortress. When the king came to his senses from the wine, he opened his eyes and exclaimed: "Where am I?" And the Romans replied: "Where is our metropolitan Markos?" And they hurled him from the wall of the fortress with insults. He crashed to the ground and died. As for the lad who was with him, an Armenian merchant purchased him and made him his son-in-law.

Իսկ զմանուկն՝ որ էր ընդ նմա, գնեաց ոմն վաճառական հայ, եւ արար իւր փեսայ: Եւ եղեւ յետ աւուրց, իբրեւ զարգացաւ մանուկն եւ եղեւ այր, գնաց ի սահմանս Կիլիկիոյ արամբ միով որսալ կաքաւս: Եւ էր անդ բերդ մի, զոր Բարձրբերդ կոչեն: Եւ էր անդ եպիսկոպոս մի հոռոմ. եւ եղեւ ծանօթութիւն առն եւ եպիսկոպոսին, եւ եղեն միմեանց սիրելիք. եւ զբազում աւուրս ուտէին եւ ըմպէին ի միասին: Եւ այրն ոչ հանէր ի մտաց իւրոց զիրսն, զոր գործեցին հոռոմք ընդ թագաւորն Գագիկ, ընդ ազգական նորա:

Եւ եղեւ օր մի, զի ամենայն պաշտօնեայք եպիսկոպոսին ելեալ էին արտաքս ի բերդէն ի պէտս ինչ գործոյ իւրեանց. եւ էր միայն եպիսկոպոսն եւ պատանի մի ընդ նմա: Եկն այրն որսորդ հուպ առ բերդն որսալ կաքաւս. եւ տեսեալ զեպիսկոպոսն ի պարսպին՝ ձայնեաց առ նա գալ եւ ի միասին ճաշակել: Իսկ եպիսկոպոսն զայրն հրաւիրէր գալ ի բերդ անդր, եւ նա ոչ հաւանէր: Ապա էջ առ նա եպիսկոպոսն առանց պաշտօնէի:

Իբրեւ ետես այրն, եթէ միայն գայ եպիսկոպոսն, ծանեաւ, եթէ ոչ ոք կայ ի բերդին, ասէ ցայրն, որ ընդ նմա էր. «Այսօր ի դէպ է մեզ առնուլ զվրէժ արեան սպանման թագաւորին մերոյ, զոր գործեցին հոռոմք: Տե՛ս, գուցէ առաքիցէ զքեզ եպիսկոպոսն ի բերդ անդր, ջանասջի՛ր առնուլ զնա, եւ ինձ իմացուսցես ի ձեռն նշանի ինչ, զի եւ ես սպանից զեպիսկոպոսն»:

Եւ իբրեւ եկն եպիսկոպոսն, մտին ի ճաշել: Եւ իբրեւ պակասեաց գինին, ասէ եպիսկոպոսն ցսպասաւորն. «Ե՛րթ ի բերդ անդր եւ բե՛ր մեզ գինի, զի ուրախասցուք ի միասին»:

Եւ իբրեւ գնաց այրն, ետ զհրաման եպիսկոպոսին սպասաւորի նորա: Եւ իբրեւ նա խոնարհեցաւ ի կարաս անդր, զի հանցէ գինի, նա կալեալ զոտից նորա, դարձուցեալ ի վերայ գլխոյն՝ խեղդեաց զնա ի գինի անդր եւ, ելեալ ի պարիսպն՝ նշանակեաց տեառն իւրում, եթէ՝ «Առի զբերդս»:

Subsequently, when the lad became a man, he went hunting for partridge with another man, near the border of Cilicia. A fortress which they call Bardzrberd stood there. A Byzantine bishop resided in this fortress. An acquaintance was struck up between the man and the bishop, and they became dear to each other. They ate and drank together for many days. Yet the man had not put out of his mind what the Byzantines had done to his relative, King Gagik.

One day, when all the bishop's deacons had gone out of the fortress to see to some needed work, the bishop was left alone there with a youth. The hunter came close to the fortress to hunt partridge; seeing the bishop on the walls, he called to him to come out so that they might eat together. The bishop invited the man to come into the fortress, but he did not consent. So, the bishop came down to him, without his deacon.

When the man saw that the bishop was coming alone, he realized that there was no one else in the fortress and he said to the man with him: "Today is a good opportunity to avenge with blood the murder of our king, which the Byzantines were responsible for. Take heed! Perhaps the bishop will send you into the fortress. If so, try to take it, and inform me by some hand signal that you have, and I will kill the bishop.

As soon as the bishop arrived, they began to eat. Once the wine gave out, the bishop said to the attendant: "Go to the fortress over there and bring us wine so we may rejoice together."

The man went and gave the bishop's order to his servant. As soon as the servant kneeled over the barrel to fetch some wine, the man seized him by his feet, turned him upside down and drowned him in the wine. Going up to the walls, he notified his lord that he had taken the fortress.

Եւ սա աստէն ի ներքոյ խեղդեաց զեպիսկոպոսն: Եւ ինքն մտեալ ի բերդ անդր, բռնացաւ եւ առ սակաւ սակաւ աճեցոյց զկալուած իւր, զո՛ր բռնութեամբ եւ զո՛ր պատրանօք. մինչեւ տիրեցին նա եւ որդիք իւր, եւ թոռունք աշխարհին Կիլիկեցւոց՝ քաղաքաց եւ գաւառաց: Սա է նախնի թագաւորին Լեւոնի, որ ընդարձակեաց զսահմանս իւր քաջութեամբ, զոր յիւրում տեղւոջն ասասցուք:

Բայց զկնի Վասլի կայսեր, թագաւորեաց Կոստանդին. եւ յետ նորա Ռոմանոս ծերն. եւ զկնի նորա Միխայէլն եւ ապա Կիւռզի. եւ յետ նորա Մոնոմախն: Առ սովաւ ասեն զերթն Գագկայ ի յոյնս: Եւ յետ նորա Կիռ Թոդռոն. եւ ապա Դուկիծն. եւ յետ նորա Դիուժէնն: Յառաջին ամի սորա մեռաւ Գագիկ Շահնշահ, թագաւորն Վանանդայ: Եւ յութերորդ ամի իշխանութեան իւրոյ ել Դիուժէնն բազում զօրօք ի Պարսս ի պատերազմ, եւ եկն ի Մանազկերտ եւ առ զնա, զոր լուեալ բռնաւորին Ալփասլանայ՝ եկն ընդ առաջ, եւ եղեւ սաստիկ պատերազմ: Եւ պարտեցաւ Դիուժէնն, եւ ըմբռնեցաւ ի նմանէ, եւ հարկ եդեալ ի վերայ նորա՝ եթող: Իսկ ազգն նորա ոչ հնազանդեցան նմա, այլ թագաւորեցուցին զՄիխայէլ որդի Դուկծին: Դարձեալ պատերազմեալ Միխայէլն՝ եհար զԴիուժէնն. եւ զօրացն քուրձ ագուցեալ նմա՝ ածին առ թագաւորն Միխայէլ: Եւ ի ճանապարհին զաչս նորա փորեցին հրամանաւ կայսեր եւ ի կսկծոյն մեռաւ ի ՇԻԱ թուականին:

Եւ ի սմին ամի դատաստանք երկայնամտին եւ արդարադատին Աստուծոյ յուզեցան ի վերայ խրոխտ եւ անզգառագիր գազանին Ալփասլանայ, մինչդեռ մրմռայր զայրագնութեամբ տիրել տիեզերաց եւ զմղձկեալ սրտին դառնութիւնն թափել եւ յայտնսիկ, զոր ոչ էր ածեալ զբռամբ, յեղակարծ ժամանակի սրախողխող լեալ՝ բարձաւ ամբարիշտն յերկրէ եւ ոչ ետես զփառս Աստուծոյ:

Down below the walls the hunter strangled the bishop. Then entering the fortress, he seized what was there and increased his own property both by force and deceit, until he, his sons, and grandsons ruled Cilicia, city and district. This man was the forbear of King Lewon, who enlarged the boundaries by his bravery, as we shall relate in its proper place.

After Emperor Basil, Constantine ruled, and after him Romanus the Old,[94] followed by Michael, then Kiwrhzi, then Monomachus.[95] They say that during his reign Gagik journeyed to Byzantium. After Monomachus, [the rulers were] Kyr T'odorh,[96] then Dukits,[97] then Diuzhen.[98] In the first year of Diogenes' reign, Gagik Shahnshah, king of Vanand, died. In the eighth year of his reign, Diogenes arose with a great army and went to Iran to war. He came to Manazkert and took it. Once the tyrant Alp-Arslan heard the news of the taking of Manazkert, he came forward and there was a fierce battle. Diogenes was defeated and captured by Alp-Arslan, a fine was levied on him, and then he was released. However, his people would not obey him. Instead, they enthroned Michael,[99] Ducas' son. Again, taking up arms, Michael struck against Diogenes. The troops put Diogenes into haircloth and sent him to Emperor Michael. On the way, they gouged his eyes out at the command of the emperor. He died in the year 521 A.E.

In the same year the judgments of the far-sighted, righteous God came down upon the arrogant and untameable beast Alp-Arslan. For while he ruled the world, growling with rage and ready to spill his bile on those not yet conquered, he was unexpectedly stabbed to death. Thus, the impious one was removed from the world. And he did not witness the glory of God.

---

94 *Romanus* III, Argyrus (1028-34).
95 *Monomachus* (1042-55).
96 *Kyr Todorh*: Theodora (1055-56).
97 *Dukits*: Constantine X, Ducas (1059-67).
98 *Diuzhen*: Romanus IV, Diogenes (1068-71).
99 *Michael VII* (1071-78).

VOLUME I

Եւ յետ նորա թագաւորեաց բարեբախտ որդի նորա, որ Մելիքշահն կոչիւր: Սա ոչ չարութեան հօրն իւրոյ նըմանեաց, այլ զբարի ածեալ զմտաւ՝ զնոյն եւ արար առ ամենայն հնազանդեալս իւր, յաւէտ առ ազգս հայոց. զի մըտահաս եղեալ, բաւրէր զիմացուածս հօր իւրոյ՝ իբր թէ եղեալ հակառակ խաղաղութեան կենաց մարդկան, արեամբ եւ զրկմամբ խնդացեալ: Իսկ ինքն իմաստաբար քաղցրավարութեամբ կարգօք հանդերձէր զամենայն: Արդ՝ արին այն եւ խոհեմն քան զյոլովս ի թագաւորաց, հոգ տարեալ ամենայնի, զի արդարութեամբ վարեսցի, զի մի ոք լիցի տրտում ի զրկելոյ եւ հպարտ ի գոռոզից: Էր ազատաբարոյ եւ մեծախորհուրդ, այլ եւ տեսիլ մարմնոյն արժանի թագաւորութեան: Սա ի դոյզն ժամանակի զբոլորս հնազանդէր զտիեզերս, ո՛չ պատերազմաւ եւ բռնութեամբ, որքան սիրով եւ խաղաղութեամբ: Եւ այսպէս բարի անուամբ կալեալ զիշխանութիւն ամս քսան, վախճանէր ի կընոջէն դեղակուր լեալ:

Եւ ապա անպատմելի լեալ խռովութիւն զամս չորս, զի եղբայր նորա Դըդուշն եւ որդի նորա Բեքիարուքն, զայսոսիկ ամս մարտիւ պատերազմի զբարեյարմարութիւն աշխարհի ի բաց կտրեցին: Վասն ոչ ընդ փոյթ միոյ ի նոցանէն տիրելոյ՝ հոսմունս արեանց իբրեւ զուխից լինէր, ո՛չ միայն զինակիր նահատակաց, այլ եւ առհասարակ ազանց եւ գաւառաց: Եւ այսպէս բարիքն ի բաց վճարեցան ընդ խզման կենաց թագաւորին: Եւ ապա տիրեաց Բեքիարուքն՝ սպանեալ զԴըդուշն. եւ յետ նորա Խզըլն, որ թարգմանի կարմիր: Սա էառ զԼօռէ քաղաք եւ զուխտսն սուրբ՝ զՍանահինն եւ զՀաղբատ:

After Alp-Arslan, his fortunate son, called Malik-Shah, ruled. He did not imitate the wicked ways of his father, but rather, thinking about good things, he did good things for all his subjects, especially for the Armenians. Since he was intelligent, he denounced the conceptions of his father as inimical to the peace of living people, [considering his father a man] crazed with blood and despoliation. But the son put everything into order with a wise and benign policy. He did such things and was more prudent than many kings, caring about everyone, [caring] that people deal with each other justly, that no one worry about being ravished, and that no one boast proudly. He was liberal and broad-minded, and physically he was worthy of the kingdom. In a short time he subdued the entire world not by war or tyranny, but by peace and love. Thus, with a good reputation he ruled for twenty years, dying through his wife's poison.

Then followed four years of unnarrateable disturbances since [Malik-Shah's] brother Tutush and his son Bakiarukh tore the good land apart during these years with warfare. Since none of them ruled, soon afterwards streams of blood flowed in the land as if it were a torrent, not solely from the armed soldiers, but generally throughout the *awans* and districts. Thus the period following the death of the king [Malik-Shah] passed, one devoid of good things. Finally when Bakiarukh ruled, he murdered Tutush. Then Kizil ruled, his name meaning "Red." The latter took the city of Lorhe and its holy monasteries of Sanahin and Haghbat.

Իսկ յետ Միխայէլի կայսեր առնու զթագն Ալէքսն: Ի տասն եւ եօթն ամի սորա՝ հռոմայեցիք ելին ընդ Թիրակ ի կողմանս ասիացւոց՝ խնդրել զքէն վրիժուց տառապանաց քրիստոնէից ի սկիւթացւոց եւ ի պարսից հանդերձ Տաճկաստանաւ: Եւ բազումք կրեցին նեղութիւն յորդւոյն բելիարայ, Ալէքս կոչեցելոյ, որ էր թագաւոր ի Կոստանդնուպօլիս, գաղտնի եւ յայտնի նենգութեամբ. քանզի հրամայեաց անօրէնն խառնել ի կերակուրն դեղ մահացու, եւ այնպէս տալ նոցա, նոյնպէս եւ յըմպելիսն, որք ուտէին եւ մեռանէին: Եւ ի ծովու եւս նենգեաց զնոսա, որ վստահանային ի նա, իբրեւ ի հաւատակից իւրեանց, եւ բարբարոսացն խորամանկութեամբ օգնէր, որում հատուցէ տէր: Քանզի եւ չէր իսկ քրիստոնեայ, որպէս եւ ոչ մայր նորա, զի բազումք մեռան ի փրանկացն. եւ մնացեալքն ունայն դարձան յԱնտաք եւ առին զնա եւ զԵրուսաղէմ, երկու թագաւորազունք՝ Մայմունն եւ Տանղրիլն, եւ եօթն կոմսունք: Եւ թագաւորեաց յԵրուսաղէմ Կոնտոփրի, եւ ապա Պաղտոյնն ամս եօթն եւ տասն, եւ Ամարի ամս տասն եւ ինն. եւ եղեւ այս ի ՇԽՋ թըւին հայոց:

Մեռաւ սկիւթացի բռնաւորն Խզըլն ի յառման քաղաքին Դունայ ի զօրացն Պարսից. եւ ապա ի բազումս բաժանի տէրութիւն նոցա, ոմն բռնացեալ ի Խորասան, եւ ոմն յԱսորեստան, եւ այլ ոմն ի կողմն Կապպադովկացւոց եւ Հայոց եւ ոմն յԵգիպտոս. եւ այլք յայլ տեղիս, որոց անուանքն անծանօթ են մեզ:

Following Emperor Michael, Alexius[100] wore the crown. In his seventeenth regnal year, the Byzantines went through T'irak in the area of Asia, seeking revenge for the destruction of the Christians by the Scythians, Iranians and Tachiks. Many people experienced grief because of this son of Belial called Alexius, who was the emperor in Constantinople and worked treachery in open and in secret. For this lawless man ordered that fatal poison be mixed with food and drink, and those it had been given to died. On the seas he deceived those who trusted him as their coreligionist. He deceitfully aided the barbarians, for which may the Lord repay him. He was not even a Christian, nor was his mother; for many of the Franks died. The survivors returned empty-handed to Antioch and took the city and Jerusalem. Two kinglets ruled there, Raymond and Tancred and seven counts. Godfrey ruled in Jerusalem and then Baldwin for seventeen years and then Amari for nineteen years. This was in 546 of the Armenian Era [1097].

The Scythian tyrant Kizil died during the taking of the city of Dwin by the Iranian troops. Then their kingdom was fragmented into many pieces. One tyrannized in Khurasan, one in Syria, another one in the areas of Cappadocia and Armenia, one in Egypt, and others in other localities, although their names are unknown to us.

---
100 *Alexius I, Comnenus* (1081-1118).

Ի ՇԿԲ թուականին վախճանեցաւ տէր Բարսեղ՝ կալեալ զհայրապետութիւնն ամս երեսուն երեք, եւ յաջորդէ զաթոռն տէր Գրիգորիս, եղբայրն Ներսիսի, մեծաշուք պատուով: Սոքա էին յազգէ սրբոյն Գրիգորի: Վասն որոյ եւ ընդ նստելն իսկ յաթոռ սուրբ Լուսաւորչին՝ սքանչելի հայրապետն սուրբն Գրիգորիս, պայծառացոյց զսուրբ եկեղեցի զանազան կարգօք եւ օրինադրութեամբ կանոնականօք, ամենայնիւ ջանայր ըստ օրինակի իւրոց նախնեացն վարիլ, սրբոյն Գրիգորի եւ զաւակի նորա նմանիլ: Սա փոխեաց զաթոռն հայրապետական ի բերդն, որ կոչի Հըռոմկլայ. քանզի իբրեւ տարան յոյնք առ իւրեանս զԳագիկ թագաւորն եւ զտէր Պետրոս, այնուհետեւ ոչ եղեւ յարեւելս աթոռն հայրապետական, այլ ընդ իշխանութեամբ յունաց՝ երբեմն ի Սեբաստիա, երբեմն ի Ծովքն կոչեցեալ վայր, իսկ սա փոխեաց ի Կլայն Հռոմայական: Եւ եղեւ պատճառ փոխելոյն այս, նեղեցաւ ի սկիւթականացն եւ ի տաճկաց՝ այսր անդր յածելով. ապա ետես զբերդն ամուր՝ բարձեալ զսրբութիւնսն իւր եւ զսպասք եկեղեցւոյ, տարաւ եդ անդ ի պահեստի առ բարեմիտ կին մի իշխանի, ազգաւ ֆռանկ: Եւ եղեւ ընդ աւուրսն ընդ այնոսիկ վախճանել իշխանին, որ էր տէր բերդին, եւ մնաց կինն նորա այրի, զոր աղաչեալ սրբազան հայրապետին զկինն բարեպաշտօն՝ տալ զբերդն ցհայրապետն, զի լիցի նա աթոռ կաթողիկոսութեան Հայոց: Եւ կինն ետ յօժարութեամբ: Եւ յուղարկեալ սրբոյ հայրապետին զկինն յաշխարհն Կիլիկեցւոց առ մեծ իշխանաց իշխանն Հայոց Թորոս, եւ նա ետ նմա գիւղս եւ ագարակս եւ այլ կալուածս, եւ ուրախ արար զկինն յոյժ, եւ ապա առաքեաց զնա յաշխարհն իւր:

Այս Թորոս իշխան եւ եղբայր իւր Ստեփանէ որդիք էին իշխանին Լեւոնի, որդւոյ Կոստանդեայ, որդւոյ Ռուբենայ, թոռունք յառաջագոյն ասացելոյ առնն, որ յազգականութենէ եւ ի զաւակացն Գագկայ Արծրունեաց: Սոքա ընդարձակեցին զսահմանս իւրեանց քաջութեամբ՝ տիրելով բազում գաւառաց եւ քաղաքաց աշխարհին Կիլիկեցւոց եւ Սուրացւոց եւ այլոց բազմաց. առին զանուանի քաղաքս աշխարհին՝ զՏարսոն եւ զՍիս, եւ զԱտանա, եւ զՄելեւկիա եւ որ շուրջ զնոքօք գաւառք եւ քաղաքք:

In 562 of the Armenian Era [1113] lord Barsegh died after having been patriarch for thirty-three years. He was succeeded on the throne with grand solemnity by lord Grigoris, brother of Nerses. They were of the family of Saint Gregory. Therefore, as soon as he sat on the throne of the holy Illuminator, this marvelous patriarch Grigoris made the blessed Church sparkle with various regulations and canonical laws, in everything trying to deport himself after the example of his ancestor Saint Gregory and his son. He moved the patriarchal throne to the fortress called Hrhomklay, since once the Byzantines took to themselves King Gagik and lord Petros, there no longer was a patriarchal throne in the east, but it was under the domination of the Byzantines, sometimes in Sebastia, sometimes in a place called Tsovk', then later transferred to Hrhomklay. The reason for these moves was the troubles occasioned by the Scythians and Tachiks, which tossed them hither and thither. [During this time the Catholicos], having taken the Church's sacred things and vessels, gave them for safe-keeping to a beneficent woman of Frank nationality, [who lived in] the secure fortress. During these days the prince who was lord of the fortress died, leaving his wife a widow. The blessed patriarch beseeched the pious woman to give the fortress to the patriarch, so that it become the seat of the Armenian Catholicosate; and the woman gave it gladly. The blessed patriarch sent the woman to Cilicia, to the great prince of princes of Armenia, T'oros, and he gave her villages, fields, and other property. Making her very happy, he sent her to her own land.

This prince T'oros and his brother Step'ane were sons of prince Lewon, son of Kostand, son of Ruben; they were of the sons and descendants of Gagik Artsruni. They enlarged their boundaries bravely, ruling over many districts and cities of Cilicia and Syria and many other places. They captured the famous cities of the land: Tarsus, Sis, Adana, Seleucia, and the districts and cities surrounding them.

Զոր լեալ կայսրն յունաց, որ Ալէքս կոչիւր, առաքէ բազում զօրօք ի վերայ իշխանացն հայոց՝ Ստեփաննեայ եւ Թորոսին զԱնդրոնիկոս: Եւ ըմբռնեալ զՍտեփանէ խաբէութեամբ՝ ետ սպանանել: Իսկ Թորոսի առեալ զեղբօրորդիս իւր զՌուբէն եւ զԼեւոն, եդ զնոսա ի բերդ մի ամուր, եւ ապա էառ Թորոս զքէն վրիժուց արեան եղբօր իւրոյ ի հոռոմոց անտի, որ բնակեալ էին յաշխարհին, զի զբռնացեալսն կոտորէր եւ զայլսն փախստական առնէր յաշխարհէն, եւ ինքն տիրէր ամենայն գաւառացն մեծաւ զօրութեամբ:

Իսկ յայս թուականի ՇԿԲ, յորում վախճանեցաւ Բարսեղ կաթողիկոսն, փոխեցաւ առ Քրիստոս մեծ եւ հռչականուն վարդապետն Գէորգ, զոր ըստ քաղցրութեան բարուց իւրոց Մեղրիկ կոչէին: Սա կարգաւորեաց զհռչակաւոր ուխտն, որ Դրազարկ կոչի, անդադար լինել ի պաշտօնն զցայգ եւ զցերեկ եւ համապազ պահօք կատարել, եւ առանձինն ումեք ինչ ոչ լինել, բայց ի հասարակաց տանէն: Ի սոյն ամի եւ արին հռոմայեցւոց Տանդրիլ՝ իշխող քաղաքին Անտիոքայ, վախճանէր, դեղակուր լեալ ի պատրիարքէն իւրեանց: Եւ առնու զկաթողիկոսութիւնն Հայոց յետ տէր Բարսղի՝ Գրիգորիս ամս յիսուն երեք:

Իսկ սքանչելի հայրապետն Գրիգորիս ձեռն ի գործ արկեալ շինեաց եկեղեցի հրաշազան գմբեթարդ ի նոյն բերդի, եւ սկսաւ թարգմանութիւն առնել յասորւածային գրոց, եւ բազում գիրս ետ թարգմանել ի հայ լեզու, զո՛րն ինքեամբ եւ զո՛րն ի ձեռն այլոց:

Յաւուրս սորա էին վարդապետք անուանիք եւ իմաստունք՝ Ներսէս սքանչելի, հարազատ նորուն կաթողիկոսի, եւ միւս Ներսէս եպիսկոպոս Լամբրօնեցի, եղբայր Հեթմոյ, որ թարգմանեաց զՄեկնութիւն Տեսլեանն Յովհաննու, եւ զՊատմութիւն Գրիգորի պապուն Հռոմայ, եւ զՕրինադրութիւն սրբոյն Բենեդիքտոսի. արար եւ մեկնութիւնս յինքենէ սաղմոսացն Դաւթի, եւ առակացն Սաղմոսի, եւ սուրբ պատարագամատուցին, եւ աղօթիցն Յովհաննու Աւետարանչին, որոյ սկիզբն է այս՝ «Է՛ր ընդ եղբարսն Երա»: Շինեաց եւ եկեղեցի հրաշազան ի վանքն, որ կոչի Սկեւռայ, հուպ ի բերդն անառ Լամբրօն, եւ կարգեաց զպաշտօն վանիցն ըստ օրինակի այլոց ազգաց սարկաւագաւ եւ դպրաւ եւ անծածկոյթ գլխաւ, զոր յոլովք դարովեն ի հայոց:

Now when the emperor of the Byzantines (who was called Alexius) heard about this matter, he sent Andronikos against the princes Step'ane and T'oros with many troops. Andronikos treacherously seized Step'ane and had him killed. Then T'oros took his brother's sons, Rhuben and Lewon, put them in a secure fortress, then worked out the blood feud against the Greeks who lived there, for what they had done to his brother. For he destroyed the people by force and made them refugees from the country; and he ruled all the districts with great strength.

Now in the year 562 A.E. [1113], when Catholicos Barsegh died, the great and renowned vardapet Gevorg, who was called Meghrik[101] for the sweetness of his ways, also passed to Christ. He put the famous convent called Drazark into order, being ceaseless in conducting services day and night, and perpetually keeping fasts. No one there possessed anything as private property, instead, all was held in common. In the same year the brave Roman, Tancred, the ruler of the city of Antioch, died poisoned by their patriarch. And after lord Barsegh, Grigoris occupied the Armenian Catholicosate for fifty-three years.

The remarkable patriarch Grigoris[102] undertook to build a marvelous domed church in the same fortress. He also began making translations into Armenian of sacred writings and many other works; some he did himself, others, he asked other people to do.

In these days there lived the noted and learned *vardapets* Nerses the marvelous (the relative of the Catholicos) and the other Nerses, bishop of Lambron, brother of Het'um, who translated the *Interpretation of the Revelation of John*, the *History* of Pope Gregory of Rome and the *Orders* of the blessed Benedict. He also wrote his own interpretations of the Psalms of David and the Proverbs of Solomon, as well as the holy missal and the prayers of the Evangelist John which begin "He was with his brothers." He built a wondrous church in the monastery called Skewrha, close to the impregnable fortress of Lambron; and he arranged the services of the monastery according to the example of other peoples, with deacons and scribes and uncovered heads, for which he was greatly criticized by the Armenians.

---

101 *Meghrik:* Honey.
102 *Grigoris II, Vkayaser* (1065-1105).

VOLUME I

Եւ միւս եւս եպիսկոպոս՝ անուն Իգնատիոս, որում հրամայեաց կաթողիկոսն մեկնութիւն առնել Ղուկասու աւետարանին: Եւ նա ոչ առ յանձն, մինչեւ տեսանէր ի տեսլեան տուն մի լուսաւոր եւ զարդարեալ ամենայն վայելչութեամբ, եւ զամենայն վարդապետս եկեղեցւոյ անդ խրախացեալս. կամեցաւ եւ ինքն մտանել ի ներքս. եւ արգելուին զնա եւ ասէին, եթէ՝ «Վասն զի ո՛չ աշխատեցար ի մեկնել զաւետարանն, ո՛չ մտցես այսր»: Եւ զարթուցեալ սկսաւ մեկնել զաւետարանն Ղուկայ խորհրդական եւ մտաւոր բանիւ:

Եւ այլ ոմն վարդապետ սքանչելի, Սարգիս անուն, ի վանքն, որ կոչի ասորերէն Քարաշիթաւ, արար մեկնութիւն եօթանեցունց թղթոցն կաթողիկեայց նախերգանօք եւ յորդորակօք, ընդարձակ եւ առատ ճառիւք: Եւ միւս եւս եպիսկոպոս, Յովսէփ անուն, այր երեւելի ի կողմանս Անտիոքու:

Իսկ յԱրեւելս արք անուանիք եւ գիտնականք լուսաւորիչք եկեղեցւոյ՝ Անանիա վարդապետ ի Սանահինն, յաւուրս Դէոսկորոսի, այր մտաւոր եւ հանճարեղ, գիտող տոմարական արհեստի, եւ գրոց աստուածայնոց մեկնող: Սորա ասեն ի մի հաւաքեալ ի մեկնութիւնն առաքելոյ զբանսն Եփրեմի եւ Յովհաննու Ոսկեբերանին եւ Կիւրղի եւ այլ սրբոց արարեալ համառօտ վասն դիւրահասութեան ընթերցողաց, արար եւ խորհրդական եւ մտաւոր տեսութիւն եւ համեմատութիւն աւետարանացն առ օրինակս. գրեաց եւ լուսաւոր իմացուածս վասն խորհրդական սրբասացութեանս, որ յեկեղեցիս ուղղափառաց խաչեցարիւ ասեն, եւ զՆերբողեանն Շողակաթին:

There was another bishop, named Ignatios, whom the Catholicos ordered to make an interpretation of the Gospel of Luke. But he did not consent until he had a dream in which all the vardapets of the Church were seen rejoicing in a luminous house decorated with every charm. He too wanted to enter, but they prevented him, saying: "Since you did not labor to interpret the Gospel, you shall not set foot in here." And when he awoke, he began to interpret the Gospel of Luke with sagacious words.

Another marvelous vardapet named Sargis in the monastery called K'arashit'aw in Syrian, made an interpretation of the seven Catholic letters, a large work with prefaces and full of homilies. There was yet another bishop active in the Antioch area, the venerable bishop Yovsep'.

Now in the East, there were noted men and scholars, illuminators of the Church. One such was Anania the vardapet at Sanahin [who lived] in the days of Deoskoros,[103] an intellectual, brilliant man, knowledgeable in the science of constructing calendrical systems, and an interpreter of Scripture. They say that he assembled in one volume for interpretation the words of Ep'rem, of the Apostles, of John Chrysostom, Cyril, and other saints in summary form for the reader's convenience. He also made a serious, intelligent survey and comparison of the Gospels with examples. In addition, he wrote a clear commentary on the Trisageion which is recited in the churches of the Orthodox with [the expression] "Who Was Crucified"; and he wrote the eulogy *Shoghakat'*.

---

103 *Deoskoros*, abbot of Sanahin (1037).

Սոյնպէս եւ մեծիմաստն գիտութեամբ քան զյոլովս եւ հանճարեղն յամենայնի՝ մտահարուստն Յովհաննէս, Սարկաւագն կոչեցեալ, ի Հաղբատ: Սա բազում ինչ աշխատասիրեաց ի գիրս՝ յիշատակ բարի թողեալ. սա զբազմաց փափագելին եւ ո՛չ ձեռնհաս, զհաստատ եւ զանշարժ տոմարն կարգեաց հայոց փոխանակ շարժականին եւ անհաստատնոյն. արար եւ միաբանութիւն ամենայն ազգաց տոմարի ընդ հայոց. վասն զի յոյժ իմաստուն էր այրն եւ աստուածային շնորհօք զարդարեալ, նորա բանքն ամենայն իմաստասիրական ոճով, որպէս զԳրիգորի Աստուածաբանին, եւ ոչ գեղջուկ: Սա գրեաց ճառս ներբողականս ի մեծազօր արքայն Հայոց Տրդատ, եւ ի սուրբ հայրապետն Ներսէս, եւ ի սքանչելին Սահակ եւ Մեսրոպ. արար եւ շարական Ղեւոնդեանցն քաղցր եղանակաւ եւ յարմար բանիւ, որոյ սկիզբն է այս. «Պայծառացան այսօր սուրբ եկեղեցիք»: Գրեաց նոցուն եւ ճառս ներբողականս. գրեաց սա եւ գիրս աղօթից. գրեաց եւ օրինակս ստոյգ գրոց:

Եւ կարի յոյժ սիրէր զսա թագաւորն Վրաց Դաւիթ, հայրն Դեմետրեայ, պապն Դաւթի եւ Գիորգեայ, այնքա՛ն, զի մինչ լսէր զգալուստ նորա, յոտն յառնէր եւ ելանէր ընդ առաջ նորա, եւ խոնարհեցուցեալ զգլուխն՝ խնդրէր ի նմանէ օրհնութիւն. եւ նա եդեալ զձեռն ի վերայ գլխոյ նորա, զայս սաղմոս ասէր. «Գտի զԴաւիթ ծառայ իմ եւ իւղով սրբով իմով օծի զնա: Ձեռն իմ ընկալցի զնա եւ բազուկ իմ զօրացուսցէ զնա: Մի մեղիցէ նմա թշնամի եւ որդի անօրէնութեան մի չարչարեսցէ զնա»: Եւ ի պատճառս, սորա սիրէր թագաւորն զազգս հայոց:

Like Anania, in Haghbat the brilliant Yovhannes called Sargawag [was active], a man more learned than many, a genius. Yovhannes studied many writings and left behind a fine memorial to himself. He achieved what many desired but were not competent to do: he established a fixed rather than a movable calendar and made correspondence between the calendars of all peoples and the Armenians. For he was extremely wise and a man adorned with divine graces, his words [written] in the most learned style rather than colloquial, just as those of Gregory the Theologian. He wrote homilies in praise of the mighty Armenian king, Trdat, the blessed patriarch Nerses, and the marvelous Sahak and Mesrop. He also composed a sharakan on the Ghewondians with a sweet melody and appropriate words, which begins "The holy churches are gleaming today." In addition he wrote elegiac homilies for them and accurate paradigms of prayerbooks and other books.

King David of Georgia (father of Demetre, grandfather of David and Giorg) liked Yovhannes Sargawag so much that on hearing of his arrival, he took himself before him to request his blessings. Placing his hand upon King David's head, Yovhannes recited this Psalm: "I have found my servant David and with my holy oil I anoint him. Let my hand surround him and my arm strengthen him, Let him not be harmed by enemies and let the son of iniquity not torment him."[104] And because of Yovhannes, King David loved the Armenian people.

---
104 Psalms 88:21-23.

Դէպ եղեւ սմա յաւուր միում վասն անառակ գնացից որոշել զոմն ի խորհրդական պատարագէն, Զոմզոմայ անուն: Եւ նա փոխանակ զղջանալոյ եւ ապաշխարելոյ՝ խորհէր սպանանել զքանչելին: Օր մի պատահեալ նմա, մինչդեռ գայր նա յայրէ անտի, որ ի ներքոյ կայ վանիցն, հայելով ի վերայ գետոյն՝ ըմբռնեալ անամօթն, ընկէց յերկիր եւ հարաւ ի վերայ նորա: Իսկ սուրբն զի իմաստուն էր, ասէ ցնա. «Ո՛րդեակ Ստեփանոս, մի՛ սպանաներ զիս»: Եւ ասէ ցնա յանդուգն. «Մինչեւ ցայժմ Զոմզոմայ էի, իսկ այժմ փոխանակ միոյ նուի բազումս յաւելուս՝ Ստեփաննոս: Քանզի Զոմզոմայն մականուն էր նորա: Դու ընդէ՞ր սպաներ զիս, զի հաներ յեկեղեցւոյ»: Ասէ ցնա իմաստասէրն. «Եւ դարձեալ մուծից զքեզ յեկեղեցի»: Եւ եթող զնա: Եւ եկեալ նորա ի վանսն՝ ասէ ցեղբարսն. «Զոր ինչ ասէին զեղբօրէս զայսմանէ, կարծեմ թէ՝ սուտ է, ահաւասիկ մուծանեմ զսա յեկեղեցի»: Եւ հրամայեաց եկեղեցապանին առնել զնա աւագ երէց: Եւ բազում քրթմնջիւն էր վասն այնորիկ, որպէս թէ անարժան էր, եւ նա կաշառս էառ եւ եմոյծ զնա յեկեղեցին:

Իբրեւ եհաս ժամ խորհրդական պատարագին, ել թըշուառականն ի բեմ անդր, զի մատուցէ պատարագ: Եկն վարդապետն ի գաւիթ անդր ի մէջ ատենին՝ հանդէպ սրբոյ սեղանոյն, եբաց զգլուխ իւր եւ սկսաւ աղօթել: Եւ վաղվաղակի ոգի չար եմուտ յայրն աներկիւղ, եւ ընկէց զնա ի բեմէ անտի ի յատակս տաճարին, եւ սկսաւ լլկել զնա յոյժ. եւ հանին զնա արտաքս ի տաճարէ անտի, որպէս զՈզիայն, եւ երկիւղ մեծ անկաւ ի վերայ տեսողացն:

Եւ այսպիսի բարուք քաղաքավարութեամբ կեցեալ յաշխարհի՝ փոխեցաւ ի Քրիստոս աշխատասէրն ի Հաղբատ. եւ թաղեցին զնա յարեւելից կուսէ եկեղեցւոյն մեծի առ դուրս փոքրագոյն եկեղեցւոյն, զոր յետոյ քակեաց եպիսկոպոսն Համազասպ եւ շինեաց հրաշալի շինուած, ուր զզանգակսն կախէին՝ յարմարեալ ի նմին եւ եկեղեցիս: Եւ եղեւ վախճան սրբոյն ի ՇՀԸ թուականին:

An event occurred one day because of the decision to remove from the solemn mass for debauched behavior a certain individual named Zomzoma. This Zomzoma, instead of feeling remorse and repenting, planned to slay the wonderful Yovhannes. One day he encountered him as he was emerging from a cave under the monastery. As [Yovhannes] stood looking at the river, the shameful one seized him, threw him to the ground and pounced on him. Now since the blessed Yovhannes was a wise man, he said to Zomzoma: "Step'anos my son, do not kill me." And the bold one replied: "Until today I was Zomzoma, but now instead of one 'n' there are many 'n's, Step'annos." For his last name was Zomzoma. [Yovhannes] said: "Why do you want to kill me, because you were removed from the Church? I will reinstate you in the Church." And [Zomzoma] let Yovhannes go. Going to the monastery [Yovhannes] said to the brothers: "What the brother said about this matter I think is false. Lo, I enter Zomzoma in the Church." He ordered the sacrist to accept Zomzoma as senior priest. This caused much grumbling, and people said that it was cheap and that [Yovhannes] had taken bribes and so reinstated him in the Church.

As soon as the hour for the solemn mass arrived, the wretched [Zomzoma] walked onto the bema to perform the service. The vardapet came amidst the assembly into the portico across from the holy table; he uncovered his head and began to pray. Instantly some evil spirit came and entered the impious [Zomzoma], threw him from the bema to the floor of the church and began to torment him greatly. They took him out of the church, like Ozia, and great trepidation came over the viewers.

Living with such fine behavior in this world, the scholar [Yovhannes] passed to Christ in Haghbat. They buried him on the east side of the great church by the door of the smaller church. This [smaller church] was later torn down by bishop Hamazasp. In its place a marvelous structure was built adapted in style to the church, where the bell was hung. The blessed [Yovhannes] died in 578 A.E.[1129].

Եւ զկնի ամի միոյ վախճանեցաւ սուրբ լուսաւորիչն Դաւիթ վարդապետն, Ալաւկայ որդի, որ գրեաց զԿանոնական օրինադրութիւնս՝ գեղեցկայարմարս եւ պիտանացուս ի խնդրոյ քահանայի միոջ, որում անուն էր Արքայութիւն, ի քաղաքէն Գանձակայ: Եւ միւս եւս սքանչելի վարդապետ, զոր Թոքակերի որդի կոչէին, Գրիգոր անուն: Սոքա երեքեանս էին յաշխարհէն Գանձակայ, ուստի եւ ես:

Դէպ եղեւ, զի յաւուր միում նստէին երեքեան արքս սքանչելի, եկն անդ ոմն շինական այր մի եւ ասէ ցնոսա. «Երանի՜ որ գիտէ, թէ ի ձէնջ ո՞ իմաստագոյն իցէ»: Զայս իբրեւ ծաղրական ասաց: Պատասխանի ետ Թոքակերի որդին եւ ասէ. «Ես ասեմ քեզ: Մինչդեռ էաք ի մերում աշխարհին, ես կտրող էի եւ կարող. իսկ Սարկաւագս՝ կարել միայն գիտէր. իսկ այժմ սա կտրէ եւ կարէ, եւ բազում նկարս յաւելու ի վերայ»: Զայս առակաբար վասն իմաստութեան նորա ասաց: Զի ա՛յնպէս փոյթ էր այրն յուսումն, մինչ զի պատահեաց յաւուր միում գնալ նմա յայրն, ո՛ւր գրեանն էին, եւ այլք ընդ նմա: Իբրեւ ելին, որ ընդ նմայն էին, եւ փակեցին զդուռն, նա թաքոյց զանձն ի ներքս, այսպէս գիտելով նոցա, եթէ նախ ել նա: Իբրեւ անցին բազում աւուրք ի վերայ, դարձեալ գնացին յայրն ի պէտս ինչ, տեսին զնա եւ սքանչացան, հարցանէին զնա, թէ՝ «Ո՞րպէս ապրեցար առանց կե՛րակրոյ եւ ըմպելոյ»: Եւ նա եցոյց նոցա զգրեանն, զոր ընթերցեալ էր. եւ ասէ՝ «Այդ է իմ կերակուր եւ ըմպելի, զոր կերայ եւ արբի զաւուրս զայսոսիկ»:

Ի ՇՁԸ թուականին եղեւ շարժ սաստիկ եւ կործանեցաւ քաղաքն Գանձակ, եւ տապալեցան շինուածք, որ ի նմա, ի վերայ բնակչաց իւրոց: Եւ եկն թագաւորն Վրաց Դեմետրէ՝ հայրն Դաւթի եւ Գիորգեայ, եւ տարաւ զդրունս քաղաքին յաշխարհն իւր: Փլաւ եւ լեառն Ալհարակ ի շարժմանէն եւ արգել զձորակն, որ անցանէր ընդ մէջ նորա. եւ եղեւ ծովակ, որ է մինչեւ ցայսօր. լինին ի նմա ձկունք ազնիւք:

After one year the holy illuminating *vardapet* Dawit', son of Alawik, died. He wrote the *Penetential*, a beautiful and useful work, at the request of a priest named Ark'ayut'iwn from the city of Gandzak. There was yet another marvelous *vardapet* called T'ok'aker's son, Grigor by name. Both of these men were from Gandzak, where I too am from.

It happened one day that the three marvelous men were seated together. A peasant came up and said to them: "If only I knew which of you is more learned." He said this in ridicule. T'ok'aker's son answered, saying: "While we were in our land, I was a chopper and tailor, and Sargawag only knew how to sew. But now he chops and sews and does many drawings besides." In his wisdom, he had spoken allegorically. This man was so interested in learning that one day he went to a cave where books were housed. There were other people with him. He concealed himself inside, first leading the others to think that he had departed. When the others left, they shut the doors. After some days, they returned to the cave for something. They saw him inside and were astonished, asking: "However did you live without food and drink?" And he showed them the books he had been reading and said: "This has been my food and drink during these days."

In 588 A.E. [1139], there was a severe earthquake which destroyed the city of Gandzak. The city's buildings collapsed upon their inhabitants. King Demetre of Georgia, father of David and Giorgi came and took the city's doors to his land. Because of this earthquake, the Mt. Alharak crumbled and blocked the valley which led through to it. And thus a small lake was created there which exists to this day. It has excellent fish.

Իսկ սքանչելի հայրապետն Գրիգորիս օր ըստ օրէ յաւելոյր ի բարեգործութիւն ի պայծառութիւն եկեղեցւոյ: Եւ էր սիրեցեալ նա յամենայն ազգաց: Եղեւ նմա գնալ ի սուրբ քաղաքն Երուսաղէմ, զի երկրպագեսցէ նա սուրբ տեղեացն տնօրինականաց: Իբրեւ եհաս նա ի քաղաքն Անտիոք, ել ամենայն քաղաքն ընդ առաջ նորա ջահիւք եւ լապտերօք եւ մեծաւ պատուով տարեալ նստուցին զնա յաթոռն Պետրոսի առաքելոյն: Եւ իբրեւ եհաս նա յԵրուսաղէմ, ազգն փռանկաց, որ իշխողք էին քաղաքին, եւ պատրիարք նոցա առաւել սէր հաստատեցին ընդ ազգիս մերում վասն նորա, զի էր նա բարի տեսլեամբ եւ գիտութեամբ սուրբ գրոց զարդարեալ. զհին դաշինսն Տրդատայ եւ սրբոյն Գրիգորի եւ Կոստանդիանոսի կայսեր եւ Սեղբեստրոսի հայրապետին վերստին նորոգեցին առ սովաւ: Եւ այսպէս քաղաքավարութեամբ կեցեալ՝ փոխեցաւ առ Քրիստոս լի աւուրբք եւ կատարեալ առաքինութեամբ: Եւ փոխանորդէ զաթոռն եղբայր նորին Ներսէս զեօթն ամ:

Այս Ներսէս առաւելեալ էր իմաստութեամբ քան զյոլովս ի ժամանակի անդ ո՛չ միայն քան զվարդապետս հայոց, այլ եւ քան զյունաց եւ զասորւոց, այնքան՝ մինչ զի համբաւ իմաստութեան նորա տարածեցաւ ընդ ամենայն ազգս. մինչ զի իմաստասէր ոմն կոստանդնուպօլսեցի, անուն Թէորա, լուեալ զհամբաւ նորա, բարձեալ զգրեանս իւր ի վերայ գրաստուց, եկն փորձել զնա եւ լսել զիմաստութիւն նորա: Եւ եկեալ՝ զաւուրս բազումս խօսեցաւ ընդ նմա, եւ եգիտ զնա փորձ ամենայնիւ, այլ եւ հոգւով սրբով առլցեալ: Եւ իբրեւ գնաց նա ի քաղաքն Կոստանդնուպօլիս, հարցանէին զնա, թէ՝ «Ո՛րպէս էր համբաւն, նոյնպէ՞ս է, եթէ ո՛չ»: Եւ նա ասէ՝ «Որպէս լուաք, սոյնպէս եւ տեսաք. զի նոր ոմն Գրիգորիոս Աստուածաբան յարուցեալ է»: Եւ զարմացուցանէր զամենեսեան վասն նորա:

The marvelous patriarch Grigoris daily increased his good works for the glorification of the Church. He was loved by all people. It happened that he went to the holy city of Jerusalem to revere the sites of the Incarnation of the Lord. As soon as he reached the city of Antioch, the entire population came out before him bearing torches and lamps. With great honor they took him and seated him on the throne of the Apostle Peter. As soon as he reached Jerusalem, the Frank people (who were ruling the city) and their patriarch more deeply established love between our peoples, on account of Grigoris. For he was pleasing in appearance and adorned with knowledge of the holy Scriptures. According to tradition, the old agreement of Trdat and Saint Gregory, of Emperor Constantine and the patriarch Sylvester, was restored. Having lived with such decorum, he passed to Christ with perfect virtue, in ripe old age. His brother Nerses replaced him on the [Catholicosal] throne for seven years.

Nerses was more learned than many of his day; not only more than the Armenian vardapets, but more than the Greek and Syrian [clerics], so much so that his reputation spread throughout all the lands; to the point that when a certain Constantinopolitan scholar named T'eora heard of his reputation he packed his belongings on donkeys and came to evaluate Nerses and to listen to his wisdom. He came and spoke with Nerses for many days, finding him knowledgeable about everything and also filled with the Holy Spirit. When [T'eora] returned to the city of Constantinople, people questioned him, asking: "What is he like? Is his reputation as they say, or not?" [T'eora] replied: "What we heard was what we saw, for he is a new Gregory the Theologian." Everyone marveled at him.

VOLUME I

Եւ զի էր նա այր բանաւոր, բազում ինչ կարգեաց նա յեկեղեցիս քաղցր եղանակաւ, խոսրովային ոճով շարականս, մեղեդիս, տաղս եւ ոտանաւորս, քանզի նորա է յարութեան օրհնութիւնն՝ երրորդ կողմն, եւ աստուածածնի փոխման երկուց աւուրցն, եւ Պետրոսի եւ Պօղոսի օրհնութիւնն, եւ մանկունքն, եւ համբարձին, որոյ սկիզբն է այս. «Ցնծա՛ այսօր եկեղեցի Աստուծոյ յիշատակաւ սուրբ առաքելոցն», եւ Որդւոցն որոտման օրհնութիւն՝ «Որ էն յԷութեան որդի միշտ էին», եւ շարական մի Անտոնի, եւ երկու Թէոդոսի եւ մի քառասնիցն, եւ մի առաքելոցն, եւ աւագ շաբաթին երից աւուրց օրհնութիւն, երկուշաբաթին, երեքշաբաթին, չորեքշաբաթին, եւ երկու շարական յարութեան ճաշոյ, եւ Նինուէացւոցն, եւ հրեշտակապետացն, եւ սրբոց Վարդանանցն, եւ այլ բազում շարականս:

Արար նա զքարոզ սրբոյ պատարագին քաղցր եղանակաւ, եւ տունս շարականաց նմին խորհրդաբար, եւ երկու գանձս ըստ գրոյ անուան իւրոյ՝ մի «Վարդավառին» եւ մի «Փոխման աստուածածնին», որպէս Նարեկացին Գրիգոր «զՀոգւոյն գալստեանն» եւ «զԵկեղեցւոյ» եւ «զՍուրբ խաչին». ա՛յն, որ գրեաց զգիրս աղօթից յոգնազան բառիւք եւ իմաստասիրական ոճով, եւ «զՆերբողեանն սրբոյն Յակոբայ Մծբնացւոյն, եւ «զԱռաքելոցն»: Սոյնպէս եւ սա կարգեաց զհամառօտն Մատթէոսի աւետարանին լուսաւոր եւ առատ մտօք, մինչեւ յայն տեղին, որ ասաց տէրն, թէ՝ «Մի՛ համարիք, եթէ եկի լուծանել զօրէնս կամ զմարգարէս»: Եւ անդ ոչ գիտեմ, եթէ վասն ինչ պատճառի խափան եղեւ: Գրեաց նա եւ ճառս հրեշտակապետացն ըստ ոճոյն Դիոնիսեայ Արիսպագացւոյն. թարգմանեաց եւ բազում ճառս վկայից Աստուծոյ:

Since he was a brilliant man, he introduced many sharakans into the churches, [hymns] in a xosrovean style, melodies, canticles, and verses. He was responsible for [the hymns] the blessing of Resurrection, the Third koghm, on the two days of the Assumption of the Mother of God, the blessing of Peter and Paul, Mankunk', Hambardzin which begins: "Rejoice today, Church of God, with the memory of the blessed Apostles." [He also wrote] the blessing of the Sons of Thunder [which begins]: "He who exists always is the son of God." [He also wrote] one sharakan for [the feast of] Anton, two for T'eodos, one on the forty martyrs of Sebastia, one on the Apostles, the blessing of three days of Easter week (Monday, Tuesday and Wednesday), two sharakans on the feast of the Resurrection, on the Ninevites, the Archangels, about the holy Vardanants', as well as many other sharakans.

With the same sublimity as the sharakans, he also wrote sermons on the holy mass, as well as two gandz which bear his name, Vardavarh and the Translation of the Mother of God, as Grigor Narekats'i wrote the Coming of the Spirit, the Church, and the Holy Cross with profound and deep words, and the Prayerbook, the Eulogy on Jacob of Nisibis and the Apostles. [Nerses Shnorhali] similarly compiled an abbreviated version of the Gospel of Matthew full of radiant and rich ideas, which reached as far as the passage where the Lord said: "Do not believe that I came to overturn the laws and the prophets[105]." At that point, I do not know why, the work halts. He wrote homilies on the archangels according to the style of Dionysius the Areopagate. He also translated many homilies about the martyrs of God.

---

105 Matthew 5:17.

Եւ այսպիսի բարւոք կարգաւորութեամբ փոխեցաւ առ Քրիստոս յոյսն ամենեցուն ցանկալի եւ երանելի մահուամբ. զի այնպիսի էին կամք սրբոյն, զի թէ հնար իցէ՝ ոչ ոք խօսեսցի ի խօսս աշխարհականս, բա՛յց ի գրոց, ո՛չ ի գինարբուս եւ ո՛չ յայլ ուրախութիւնս: Վասն այնորիկ ա-բար նա երգս եւ ուսոյց այնոցիկ, որ պահէին զբերդն, զի փոխանակ վայրապար ձայնիցն, զայն ասասցեն, որոյ սկիզբն է սաղմոսն Դաւթի՝ «Յիշեցի ի գիշերի զանուն քո, տէր», եւ այսպէս խորհրդաբար ըստ կարգի՝ «Զարթի՛ք փառք իմ», որ այժմ ասի յեկեղեցի ի ժամ գիշերային պաշտաման:

Կոչեցաւ երբեմն ի մեծէն Ալէքսէ, որ էր փեսայ ինքնակալ թագաւորին հոռոմց Մանիլին, եւ եկեալ էր ի Մամուեստիա քաղաք Կիլիկեցւոց, եւ հարցեալ զնա բանս խորինս եւ դժուարիմացս ի գրոց եւ յամենայնի կատարեալ ետես զնա, եւ մեծարեաց զնա յոյժ: Դարձեալ գրեաց առ նա՝ գրով տալ նմա զխոստովանութիւն հաւատոյ հայոց, եւ զխորհուրդ տօնից, եւ զառաջաւոր պահոցն, եւ զխորհուրդ մի բնութեանն, զոր ասեմք մեք ի Քրիստոս Յիսուս յետ միաւորութեանն, եւ այլ կարգաց եկեղեցւոյ, որ ո՛չ է միաբան այլոց ազգաց:

Having accomplished such fine deeds, he passed to Christ—the hope of all—with a desirable, venerable death. The wish of this blessed man was that, if possible, people should abstain from speaking crassly, and instead occupy themselves with learning, not in wine bibbing or any other pleasure. Therefore, he created songs and instructed the men who held the fortresses that instead of their vain noises they should utter the beginning lines of the psalm of David: "In the night I recalled Your Name, Lord",[106] and solemnly in order "Arise my Glory"[107] which is now recited at evening worship in church.

Occasionally [Nerses] was summoned by the great Alexius, who was the son-in-law of the king of the Byzantines, Emperor Manuel. [Nerses] went to the city of Mamestia in Cilicia and [Alexius] asked him deep and difficult questions from books. He found him perfected in everything and greatly exalted him. Once he wrote to [Nerses] requesting that he be given in writing a description of the confession of faith of the Armenians, the solemn festivals, primary fasts, and the mystery of One Nature (we say that there is unity in [the natures of] Jesus Christ), and about other laws of [our] Church which are not the same as other peoples'.[108]

---

106 Psalm 119:55.
107 Psalm 57:8.
108 We omit the translation of pp. 120-46 (much of section 2) which deals with doctrinal matters.

Բ

Զայս իբրեւ ընթերցան, գովեցին զհաւատս հայոց ամենայն իմաստունքն յունաց: Եւ զի յամենայնի հանճարեղ էր Ներսէս, արար եւ առակս խորհրդաբարս ի գրոց, եւ հանելուկս, զի փոխանակ առասպելեաց՝ զայն ասասցեն ի գինարբուս եւ ի հարսանիս: Եւ էր ինքն հեզ ամենայնիւ եւ պարկեշտ, արժանաւոր այրն Աստուծոյ:

Եւ յետ նորա յաջորդէ զաթոռն Գրիգոր ամս քսան: Սա շինեաց զգեղապաճոյճ եկեղեցին ի Կլայն եւ զարդարեաց զնա մեծապէս: Եւ ապա Գրիգորիս մի ամ, Տղայն կոչեցեալ, քուերորդի նոցունց: Եւ էր նա հասակաւն գեղեցիկ եւ բարուք տեսանելով. բայց մի մախողք բազում էին նորա, արկին բարուրս ինչ ի վերայ նորա եպիսկոպոսքն նախանձոտք եւ մատնեցին զնա ստութեամբ Լեւոնի թագաւորի: Եւ նա հրամայեաց արգելուլ զնա ի բերդ մի, մինչ քննութիւն լիցի ճշմարտութեամբ վասն նորա, եւ ինքն գրեաց թուղթ յԱրեւելս՝ յաշխարհին Հայոց առ վարդապետս եւ եպիսկոպոսս, եթէ զինչ կամք իցեն նոցա վասն այնր: Եւ մինչ չեւ պատասխան ընկալեալ, վախճանեցաւ կաթողիկոսն այսպիսի մահուամբ. Յաւուր միում տեսին զնա անկեալ ընդ պարիսպ բերդին՝ ունելով կտաւ զմիջաւ իւրով, այնպէս մեռեալ: Եւ զայս ոմանք ասէին, եթէ մախողքն նորա ընկեցին՝ եպիսկոպոսքն, որք ակն ունէին ժառանգել զաթոռն, յորոց մինն ասէին զՅովհաննէս, որ յետ նորա կալաւ զաթոռն, եւ զԱնանիա, որ եղեւ հակառակաթոռ ի Սեւաստ, յիշխանութեան սուլտանին հոռոմց, եւ այլք յեպիսկոպոսաց անտի, արք վեց: Եւ կէսք ասէին, եթէ ի գիշերի կամեցաւ փախչել ի բերդէ անտի, հնարեցաւ իջանել ընդ պարիսպն կտաւովն, եւ կտրեալ կտաւոյն, անկաւ եւ մեռաւ: Զճշմարիտն մեք ոչ գիտեմք, այս արդարադատին Աստուծոյ է գիտելի, որոյ ծածուկքն մարդկան յայտնի են նմա:

II

When all the Byzantine wise men had read this, they praised the faith of the Armenians. Since [Nerses] was such a brilliant man, he also created allegorical proverbs based on the themes of Scripture as well as riddles, so that people would repeat them in place of the pagan legends when drinking and at weddings. Nerses himself was a worthy man of God, mild and modest in everything.

After him, Grigor succeeded as patriarch and ruled for twenty years. He built the embellished church at Klayn[109] and lavishly adorned it. Then Grigoris, called Tgha (the sister's son) ruled, for one year.[110] He was a man of fine stature and handsome appearance, but because there were many bishops jealous of him, people who spread slanders about him and deceitfully betrayed him to King Lewon, Lewon ordered that [the Catholicos] be held in a fortress until an examination take place on the accuracy [of the charges], and he himself wrote a letter to the East,[111] to the *vardapets* and bishops of Armenia inquiring what their will was regarding the man. But before their reply arrived, the Catholicos died in the following manner. One day his body was discovered with linen wrapped around the waist, fallen at the walls of the fortress. Some say that it was because of their rancor that certain bishops threw him over the wall, bishops who had their eyes on inheriting the [Catholicosal] throne. One of these, they say, was Yovhannes, who occupied the throne after him. [Another suspect] was also Anania who was a counter-patriarch in Sebastia, under the domination of the Sultan of Rum, as well as six other bishops from there. Others claim that [Gregory] wanted to flee the fortress at night, and was able to lower himself from the wall with linen, but the cloth tore and he fell to his death. We do not know what the truth in this matter is. It is known only by righteous God, to whom all the secrets of mankind are revealed.

---

109 *Klayn:* Hrhomkla.
110 The text is corrupt here, or Kirakos was confused. The correct order of Catholicoi is Gregory IV Tgha (1173-93), Gregory V (whom Kirakos calls Tgha, 1193-94), followed by Gregory VI Apirat (1194-1203).
111 *to the East: i.e.,* to Greater Armenia.

VOLUME I

Եւ ապա տէր Գրիգոր Ապիրատն ամս եօթն: Եւ այնուհետեւ սկսան մախողքն Գրիգորիսի զմիմեամբք ելանել, թէ ո՞ նստիցի յաթոռն հայրապետական: Եւ Յովհաննէսն՝ զի ընտանի էր թագաւորին Լեւոնի, բռնացաւ եւ կալաւ: Իբրեւ ետես զայն միւս եպիսկոպոս՝ Անանիա, չոգաւ նա առ սուլտանն, զոր հոռոմոց կոչեն, եւ ետ նմա կաշառս, եւ նստաւ կաթողիկոս ի Սեւաստ, զի ասէր զինքն յազգէ կաթողիկոսին Պետրոսի, որ կայ թաղեալ անդէն: Եւ այսպէս բաժանեցաւ աթոռ սրբոյն Գրիգորի յերիս՝ մի բունն, զոր էառն Յովհաննէս, որ ի Հոռոմկլայն, եւ միւսն ի Սեւաստ, զոր ապստամբեցաւ Անանիա, եւ միւս եւս ի կղզւոջն, որ կոչի Աղթամար, Դաւիթ անուն:

Այստեղ իսկ յետ Ալէքսի կայսեր թագաւորէ Կալօժանն. եւ յետ նորա Մանուէլն: Արդ՝ ի ՇՂԸ թուականութեանն հայոց ազգն հոռոմայեցւոց՝ զօրաժողով լեալ բիւրք բիւրուց, դիմեցին յայսկոյս Ովկիանոսի ընդ նոյնն ընդ Թիրակ ըստ առաջին անցիցն, զոր նշանակեցաք ի ՇԽՁ թուականին, եւ մոռացան զանհնարին նեղութիւնսն, զոր եցոյց որդին բելիարայ Ալէքսն՝ անդանօր այնոցիկ, որք ոչ իմացան զխարդախ խաբէութիւն նորա՝ համարելով զնա հաւատակից եւ պաշտօնեայ Քրիստոսի: Վասն այնորիկ եւ սոքա աստանօր, զի չյիշեցին զանցս աղետիցն, ինքեանք առաւել խաբեալք եւ պարտեալք ի նորին թոռնէն, որոյ անուն՝ ըստ նեռինն՝ դերաքրիստոս կոչի, սոյնպէս եւ սորայս՝ տարորոշ եւ հեռի ամենայնիւ ի գործս եւ ի կրօնս Էմմանուէլի, Մանիլ անուն, որ դժրեաց զհոռոմայեցիսն մահարար կերակրօք եւ ըմպելեօք:

Then lord Grigor Apirat ruled for seven years. Thereafter bickering arose among those jealous of Grigoris, as to who should sit on the patriarchal throne. Yovhannes, since he was an intimate of King Lewon, forced his way and occupied the throne. As soon as the other bishop, Anania, saw this, he went to the Sultan of Rum, bribed him, and sat as Catholicos in Sebastia, for he claimed that he was of the line of the Catholicos Petros who was buried there. And so the throne of Saint Gregory was divided into three parts: one (the real one) which Yovhannes occupied in Hrhomkla; one occupied by Anania (who had rebelled), in Sebastia; and yet one more on the island of Aght'amar [occupied] by Dawit'.

After Emperor Alexius, Kalozhan ruled, followed by Manuel. Now in 598 A.E. [1149], the Byzantines held a military review with their myriad upon myriad of troops, and turned to this side of the Ocean first passing through Thrace, as we noted under the year 546 A.E. [1097]. They had forgotten the impossible difficulties caused by that son of Belial, Alexius. Those who did not know the false treachery of this man, viewed him as a co-religionist and a servant of Christ. Those people here, who did not remember those disastrous events, were even more tricked and cheated by [Alexius'] grandson, whose name (like that of the Antichrist) was pseudo-Christos. He was a man named Manuel who like Emmanuel was rancorous and contrary in everything—actions and religion—and who betrayed the Byzantines with fatal food and drink.

Բայց յաւուրս հաւուն նորա Ալէքսի կոմս ոմն եկն յԵրուսաղէմ յԱնտիոք: Եւ իբրեւ եմուտ ի տաճար սրբոյն Պետրոսի առաքելոյ եւ հաղորդ եղեւ պաշտամանն, երեւեցաւ նմա սուրբ առաքեալն Պետրոս եւ ասէ. «Ի պատուհանին եկեղեցւոյդ թաղեալ կայ գեղարդն, որով խոցեցին զփրկիչն մեր, առեալ տարցես յաշխարհն քո»: Եւ նորա առեալ խնդութեամբ, եկն ի Կոստանդնուպօլիս: Եւ լուեալ Ալէքսի կայսեր՝ մեծարանս արար նմա յոյժ, եւ ետ նմա գանձս բազումս, եւ խնդրեաց ի նմանէ զգեղարդն, եւ եթող առ նմա կոմսն, եւ գնաց զճանապարհս իւր:

Իսկ ի ՈԼՋ թուականին յարեաւ բռնակալ ոմն՝ քուրդ ազգաւ, Սալահադին անուն, ի Մասեաց յոտնէ, ծառայ լեալ սուլտանին Մերտինայ եւ Հալպայ: Սա զօրս կազմեալ բազում յոյժ՝ չոգաւ ի վերայ քաղաքին Երուսաղէմի: Եւ ել թագաւորն Երուսաղէմի, ֆռանկ ազգաւ, ընդդէմ նորա զօրու ծանու. եւ նենգ գործեցին նմա զօրքն իւր ծովեզերեայ, զի տէրն Տրապօլեաց, բարեկամ ընդ թշնամին լեալ՝ մատնէ զթագաւորն ի ձեռս նոցա այսպիսի եղանակաւ.

Է՛ր տօթ յոյժ ժամանակն եւ տեղին անջրդի: Եւ խորհրդակից լեալ կոմսին ընդ թագաւորին առնուլ իւրեանց կայանս զապառաժն անջրդի, իսկ թշնամիքն կալան զեզրն Յորդանանու: Իբրեւ խմբեցաւ պատերազմն ի միջօրէին, երիվարք զօրուն քրիստոնէից, քանզի պապաքեալ էին ի ծարաւոյ, իբրեւ տեսին զջուրն՝ քարշեալ զհեծեալսն, ընկեցին ի մէջ թշնամեացն, եւ նոցա սուր ի գործ արկեալ՝ յանխնայ կոտորեցին:

In the days of his grandfather Alexius, a certain count came to Antioch from Jerusalem. As soon as he entered the temple of Saint Peter the Apostle, and participated in the service, the blessed Saint Peter appeared to him and said: "The lance with which they pierced our Savior is buried in the window of this church. Take it to your country." Thus the man took it with joy and went to Constantinople. When Emperor Alexius heard about this matter, he greatly honored the count and gave him many treasures, requesting the lance from him. The count left the lance with him and went on his way.

Now in 636 A.E. [1187] a certain tyrant of Kurdish nationality whose name was Saladin and who came from [the area of] Maseats'otn arose. He was the vassal of the sultan of Mertin and Aleppo. Gathering together an enormous army he went against the city of Jerusalem. The king of Jerusalem, a Frank, went against him with numerous troops. But his sailors betrayed him; for the lord of Tripoli was a friend of the enemy of the Frank king, and betrayed the king to his enemies in the following manner.

The season was very hot, and the place was waterless. The count, being an advisor to the king, urged him to take a waterless area for their base, while the enemy held the shores of the Jordan River. At noon they were in battle formation. Since the horses of the Christian soldiers were parched with thirst, as soon as they spotted the water, they raced for it, dragging their riders along and plunging them into the midst of the enemy, who put their swords to work and mercilessly cut them down.

Իսկ թագաւորն Երուսաղէմի, զի այր քաջ էր, զբազումս կոտորեաց ի թշնամեացն անձամբն իւրով: Եւ իբրեւ ետես, եթէ անհնար է նմա զերծանել, զի սպանին զերիվար նորա, կամաւ ետ զինքն ի ձեռս նոցա: Եւ նոքա երդումն պահանջեալ ի նմանէ, զի մի՛ այլ հանցէ նոցա սուր, թողին զնա. եւ գնաց յաշխարհին Հռոմայեցւոց: Եւ ինքեանք չոգան ի վերայ Երուսաղէմի, եւ առին զնա եւ որ շուրջ զնովաւ քաղաքք եւ կոտորեցին զամենեսեան: Եւ խաւարեցաւ արեգակն զյոլով ժամս: Եւ տիրեցին Սալահադնեանք Պաղեստինի եւ Եգիպտոսի եւ Միջագետաց, եւ մեծ մասին Հայոց աշխարհիս, ինքեանք եւ թոռունք իւրեանց, որ կոչին Եդլեանք. յորոց էին Մելիք Քեմլ, եւ Մելիք Աշրափն, եւ այլ սուլտանք, որ տիրեցին բազում աշխարհաց:

Իսկ Կիւրիկէ Բագրատունի, որ ի Լոռէ քաղաքի, զամենայն ժամանակս իւր կացեալ ընդդէմ վրաց, ի հաստատութեան պահէր զհայրենիս իւր: Եւ յետ մահուան նորա որդիք իւր՝ դաւեալք ի վրաց, ելեալք ի տանէ հայրենեաց, գնացին ի պարսիկս, Դաւիթ եւ Աբաս, եւ առնուն ի նոցանէ ի ժառանգութիւն զՏաւուշ եւ զՄածնաբերդ եւ զայլ տեղիս: Ապա յետ աւուրց՝ առնուն դարձեալ պարսիկք ի նոցանէ զՏաւուշ, եւ նոքա բնակեն ի Մածնաբերդ, եւ մահուամբ փոխին յաշխարհէ Դաւիթ եւ Աբաս: Եւ յաջորդէ զտեղի հօր իւրոյ Դաւթի, որդի նորա Կիւրիկէ, այր բարեբարոյ եւ կատարեալ ի գործս առաքինութեան, քան զհարս իւր. եւ բարւոք փոխեալ յաշխարհէս, թողու ժառանգակալ զորդի իւր՝ զմանուկն Աբաս երկոտասանամեայ: Սա առնու իւր կին զդուստր Սարգսի բարեպաշտ իշխանի, որդւոյ Զաքարիայ, որդւոյ Վահրամայ, զքոյր մեծամեծ իշխանացն Զաքարէի եւ Իւանէի, Նանայ անուն: Սոցա գործք յոլով են, զոր յիւրում տեղւոջն նշանակեսցուք: Եւ կեցեալ Աբաս ամս երկու ընդ ամուսնոյն իւրոյ, վախճանի ամաց ինն եւ տասանց: Սորա զաւակ ոչ էր ի կնոջէն իւրմէ:

Now since the king of Jerusalem was a brave man, he slew many of the enemy with his own hands. But when he realized that it would be impossible for him to get free (since they had killed his horse), he wanted to surrender to the enemy. They made him swear that he would never again unsheathe his sword against them, and let him go free. He went to Byzantium. Saladin's forces went against Jerusalem, took it and the surrounding cities, killing everyone. Then the sun dimmed for many hours. The Saladinites ruled Palestine, Egypt, Mesopotamia and a large part of Armenia, they and their grandsons who are called 'Ayyubids; among them were Melik' K'eml, Melik' Ashrap' and other sultans who ruled many lands.

Kiwrike Bagratuni, who was in the city of Lorhe spent his entire life fighting against the Georgians to preserve the stability of his patrimony. After his death, his sons Dawit' and Abas, deceived by the Georgians, left the home of their ancestors and went over to the Iranians. They received from the Iranians as hereditary property [the cities of] Tawush, Matsnaberd and other places. Subsequently the Iranians took Tawush from them and they resided in Matsnaberd. Then Dawit' and Abas passed away. Kiwrike succeeded his father Dawit'. He was a mild man, accomplished in virtuous deeds; more so than his father. Passing from this world in goodness, he left as heir his small son Abas, who was twelve years old. He took as a wife Nana, the daughter of the pious prince Sargis son of Zak'aria, son of Vahram, sister of the great princes Zak'are and Iwane. Their deeds were many, as we shall note in the proper places. After living with his wife for two years, Abas died at the age of nineteen. He had no son from this wife.

Իբրեւ ետես քոյր նորա, Բաւրինայ անուն, եթէ բնաջինջ լինին յազգէն՝ անհնարին սգով վարանէր: Ապա ասացին նմա, եթէ է՛ կին մի, որ ունի մանուկ մի ստնդիայ յեղբօրէն քումմէ: Ապա զուարթացեալ կնոջն, առնու զմանուկն եւ սնուցանէ. եւ անուանեաց զանուն նորա Աղսարթան, որ եղեւ ժառանգակալ Մածնաբերդոյ, այր աստուածապաշտ եւ քահանայասէր: Սա որ եհաս յաւուրս մեր՝ սորա ի ծերութեան ցաւեցին ոտք: Ընդ սա խաբէութեամբ վարեցաւ Դաւիթ իշխան Նոր բերդին, զի էր եւ նա յազգէ Բագրատունեաց, հայրն Վասակայ իշխանի, որ շինեաց զեկեղեցին հրաշազան ի վանքն, որ Անապատն կոչի, հուպ ի Նոր բերդն՝ առաջնորդութեամբ եւ ձեռնտուութեամբ արքեպիսկոպոսին Յովհաննիսի Տուեցւոյ քաղաքին Շամքորոյ, եւ Գարդմանայ, եւ Երգեվանիցն, եւ Տէրունականին, եւ Տաւշոյ, եւ այլ կողմանց իշխանութեան Վահրամայ իշխանի: Եւ եղեւ աւարտումն եկեղեցւոյն, որ օծաւ եւ կնքեցաւ յանուն սրբոյ Աստուածածնին ի ՈՁԹ թուականին հայոց: Այր սուրբ եւ առաքինի եւ բարեգործ էր եպիսկոպոսն Յովհաննէս, որ յոլով քառասունս անսուաղ պահէր:

Իսկ Դաւիթ իշխան Նոր բերդին խաբեաց զմանուկն Աղսարթան եւ փեսայացոյց զնա ի դուստրն իւր, եւ ինքն տիրեաց Մածնաբերդոյ, եւ ապա եհան զդուստր իւր ի նըմանէ: Իսկ Աղսարթանայ իւր արարեալ զբնակիչս բերդին, յանկարծակի յեղակարծ ժամու ըմբռնեալ զԴաւիթ հանդերձ ամենայն ընտանեօքն՝ հանին արտաքս ի բերդէն, եւ ետուն զբերդն յԱղսարթան: Եւ նա յետ ժամանակաց կենդանութեամբ իւրով ետ զիշխանութիւնն յորդին իւր Կիւրիկէ, եւ ինքն կրօնաւորեցաւ ի վանքն, որ կոչի Գետակիցք:

As soon as his sister Balrina saw that their line was extinct she fell into inconsolable mourning. They told her: "There is one woman who has a suckling baby from your brother." Balrina was delighted. She took the lad, nourished him, and named him Aghsart'an. He became the heir of Matsnaberd, and was a pious man who loved the priests. Aghsart'an was living in our time, though in old age his feet pained him. Dawit', the prince of Norberd, dealt with him deceitfully, for he too was of the Bagratid family, father of prince Vasak who built the marvelous church in the monastery called Anapat, close to Norberd with the direction and cooperation of Yovhannes Tuets'i. He was the archbishop of the areas of Shamk'or, Gardman, Ergevank', Terunakan, Tawush and other regions under the sway of prince Vahram. The church was completed, anointed and consecrated in the name of the holy Mother of God in 689 A.E. [1240]. Bishop Yovhannes was a blessed, virtuous, benevolent man who often fasted for forty days at a time.

However the prince of Norberd, Dawit', deceived the lad Aghsart'an; he married his daughter to him and ruled Matsnaberd himself. Then he retrieved his daughter from Aghsart'an. But Aghsart'an won over the inhabitants of the fortress. Suddenly and unexpectedly, they seized Dawit' with his entire family and expelled them from the fortress which they gave to Aghsart'an. The latter, toward the end of his life, gave authority to his son Kiwrike, and became a cleric in the monastery of Getakits'k'. Kiwrike had [several] sons: one was named P'ahlawan, the second, T'aghiadin, and the third Aghsart'an.

Գ

Վասն թագաւորութեանն Լեւոնի, որ ի կողմանս արեւմտից։

Որ ինչ մինչեւ ցայս վայր էր պատմութիւնս՝ երկօք աշխատութեան հաւաքեալ ի նախագրելոց։ Իսկ որ առաջի կայս մեզ ասպարէզ պատմութեանս՝ է որ ականջալուր, եւ է որ ականատես։

Քանզի իբրեւ մեռաւ մեծ իշխանն Թորոս որդին Լեւոնի, որդւոյ Կոստանդեայ, որդւոյ թագաւորազինն Ռուբենայ յաշխարհին Կիլիկեցւոց, էառ զիշխանութիւնն եղբօր որդի նորին, Ռուբէն անուն, որդի Ստեփանեայ, զոր սպան Անդրոնիկոս նենգիւ՝ զօրավարն հոռոմոց։ Եւ յետ սակաւ ժամանակաց, վախճանեցաւ եւ նա, եւ էառ զիշխանութիւնն Լեւոն, այր քաջ եւ պատերազմող։ Սա ընդ տիրելն իսկ եւ իսկ ընդարձակեաց զսահմանս տէրութեանն իւրոյ, զի ետ նա պատերազմ ընդ շրջակայ ազգսն եւ յաղթեաց քաջութեամբ ըստ անուանն, առիւծաբար, զի Լեւոնն առիւծ կոչի։

Իբրեւ տեսին զյաջողութիւն նորա բռնակալքն թուրքաց եւ տաճկաց, որ սուլտանք անուանին, ժողովեցաւ ի վերայ նորա սուլտանն, որ իշխէր Հալպայ եւ Դամասկոսի, անթիւ զօրու եւ զինու։ Եւ լուեալ Լեւոնի իշխանաց իշխանի զդիմումն ի վերայ իւր այլազգւոյն, աճապարեալ հաւաքեաց զզօրս իւր եւ յանկարծակի եհաս ի վերայ նոցա, որպէս զարծուիս սլացմամբ յերումս հաւուց, եւ եհար զնոսա ի հարուածս մեծամեծս։ Եւ սուլտանն փախստական լեալ՝ մազապուր զերծաւ ի նմանէ, այն որ խրոխտանօք գայր ի վերա նորա։ Իսկ Լեւոնի հարկս եդեալ ի վերայ նորա՝ ծառայեցուցանէր զնա։ Եւ զայն գործ քաջութեան նորա տեսեալ շրջակայ ազգացն տաճկաց, դողային ի նմանէ եւ հարկէին նմա։ Եւ այսպէս բռնացաւ ի վերայ ամենեցուն։ Եւ իբրեւ ետես, եթէ յաջողեցաւ նմա տէրութիւնն առաւել քան զնախնիս իւր, խորհեցաւ այնուհետեւ ընդ իշխանսն իւր եւ ընդ մեծամեծս՝ թագաւորել։

III

REGARDING THE KINGSHIP OF LEWON IN THE WEST.

Whatever was narrated up to this point was culled from works that were written previously. But the history before us now concerns matters about which I heard with my own ears and to which I was an eyewitness.

When the great prince T'oros, son of Lewon, son of Constantine, son of King Rhuben of Cilicia died, his brother's son named Rhuben took authority. Rhuben was the son of Step'ane who was treacherously killed by the Greek general Andronikos. After a short while, he too died and Lewon, a brave and warlike man, took authority. As soon as Lewon took power, he enlarged the borders of his lordship. For he made war against the surrounding peoples and conquered them, in accordance with the bravery of his name, like a lion; for Lewon [Leo] means lion.

When the tyrants among the Turks and Tachiks (who were called sultans) observed Lewon's successes, the sultan who ruled Aleppo and Damascus mustered his men and came against him, with countless troops and weapons. When Lewon, the prince of princes, heard that the foreigners were coming against him, he hurried and gathered his troops and quickly came against them, like an eagle swooping down on a flock of hens, and he struck them many great blows. The sultan fled, escaping by a hairbreadth, this sultan who had come against Lewon boasting. Lewon levied a tax on him and made him his vassal. When the surrounding Tachiks saw this feat of bravery, they feared him and paid him taxes. And this is the way that Lewon ruled over all, with force.

Եւ առաքեաց ի տիեզերահռչակ քաղաքն Հռոմայեցւոց առ ինքնակալ կայսրն եւ առ պապն, զի տացեն նմա հրաման եւ թագ թագաւորական, զի ոչ կամեցաւ նա, թէ այլում ումեք երեւեսցի նա հնազանդ վասն թագի, բայց թէ ազգին ֆռանկաց: Միանգամայն եւ պարծանս իւր վարկաւ զսուրբ առաքեալսն զՊետրոս եւ զՊօղոս, որ կան ի Հռոմայեցւոց քաղաքին, որպէս թէ ի նոցունց առեալ զօրհնութեան պսակն:

Եւ առաքեն նմա կայսրն եւ պապն հռոմայեցւոց թագ ազնիւ՝ զառաջին թագաւորացն, եւ արծուէս մի պատուաւոր, այսինքն՝ արքեպիսկոպոս, դնել զթագն ի գլուխ նորա եւ երիս իրս պահանջել ի նմանէ՝ Տօնել զտօն տեառն եւ ամենայն սրբոց, յորում աւուր եւ հանդիպի. եւ միշտ յեկեղեցւոջն կատարել զաղօթսն տուընջեան եւ գիշերոյ, զոր ի վաղուց հետէ ո՛չ առնէին հայք ի հիմնահարութեանցն Իսմայէլի, բայց միայն ի ժամ խորհրդածութեան սրբոյ պատարագին. եւ ո՛չ լուծանել զճրագալոյցսն ծննդեանն եւ յարութեանն, բայց միայն ձկամբ եւ ձիթով:

«Եւ յորժամ զայդ առնիցէք, ասէ, ոչ ինչ փոյթ մի՛ առնիցէք զտրոց եւ զընծայից կայսերն եւ պապին վասն թագին: Ապա թէ ո՛չ առնիցէք՝ հրաման ունիմ, ասէ, անչափ գանձս առնուլ ի ձէնջ ոսկւոյ եւ արծաթոյ եւ ականց պատուականաց»:

Իսկ Լեւոնի կոչեալ զկաթողիկոսն եւ զեպիսկոպոսունսն հարցանէր, թէ զինչ պատասխանի տացէ պատգամին հռոմայեցւոց: Եւ նոքա ո՛չ հաւանեցան առնուլ զխնդիրն: Եւ ասէ ցնոսա Լեւոն. «Դուք մի՛ ինչ հոգայք վասն այդորիկ, ես հաճեցից զմիտս նոցա առ անգամ մի կեղծաւորութեամբ»:

When Lewon saw that he had succeeded in forming a lordship greater in size than his forbears', he consulted among his princes and grandees to become king. He sent [a messenger] to the world-renowned city of the Romans, to the autocrat emperor and the Pope [requesting] that they give him the order and a royal crown; for he did not want to be vassal to any but to the Frank people. At the same time, his pride was excited by the [tombs of the] holy Apostles Peter and Paul which were in the city, as though he were receiving the crown of blessing from them.

The emperor and Pope of Rome sent him a worthy crown of earlier kings and a dignitary, that is, an archbishop to place the crown on his head and to demand three things from him: to celebrate the feasts of the Lord and of all the saints on whatever days they occurred; to utter prayers in the church during the day and evening, something the Armenians had not done for some time because of Ishmaelite attacks, instead [reciting prayers] only at the time of the administration of the sacrament during the holy mass; and not to break the fasts on the eves of Christmas and Easter, except with fish and olives.

[The archbishop said]: "When you have done these things, you need not concern yourself with taxes and presents for the Emperor and the Pope for the crown they gave you. But if you do not accept these changes, I have an order to take from you countless treasures of gold, silver, and precious stones."

Lewon called the Catholicos and bishops and asked what reply he should give to the messenger of the Romans. They did not approve of accepting [the terms]. Then Lewon said to them: "Do not worry about it. I will mollify them this time by deception."

Եւ պատասխանի արարեալ Լեւոնի, ասէ ցեպիսկոպոսն հռոմայեցի. «Զոր ինչ հրամայէ ինքնակալ կայսրն եւ պապն մեծ, անյապաղ առնեմք զամենայն»: Եւ նորա երդումն պահանջեալ ի նոցանէ երկոտասան եպիսկոպոսաց: Եւ հաւանեցոյց Լեւոն զեպիսկոպոսունսն յանձն առնուլ զերդումն: Եւ արարին եպիսկոպոսքն զբան երդմանն, յորոց մի էր եպիսկոպոսն Տարսոնի Ներսէս Լամբրօնեցի, զոր վերագոյն յիշեցաք, եւ Յովսէփի կողմանցն Անտիոքու առաջնորդ վանացն, որ կոչի Յեսուանց, եւ Յովհաննէս, որ եղեւ կաթողիկոս, եւ Անանիա՝ որ եղեւ հակառակաթոռ ի Սեւաստ, եւ այլք ընդ սոսա:

Ապա եղեւ ժողով բազմութեան յոյժ՝ զօրապետաց եւ զօրաց, ազգաց եւ ազանց, պատրիարքն յունաց, որ նստէր ի Տարսոն, եւ կաթողիկոսն ասորւոց, որ նստէր ի վանս սրբոյն Պարսումայի եւ ի սահմանս Մելիտինոյ, եւ կաթողիկոսն Հայոց ամենայն եպիսկոպոսօք, եւ թագաւորեցուցին զԼեւոն, եւ եղեն ընծայաբերք նորոգ թագաւորին կացելոյ շրջակայ ազգքն:

Եւ լուեալ կայսերն յունաց, եթէ փռանկք ետուն թագ Լեւոնի, առաքեաց եւ նա ընծայս եւ թագ գեղեցիկ՝ ոսկւով եւ ականբք պատուականօք ընդելուզեալ, եւ ասէ. «Զթագն հռոմայեցւոց մի՛ դիցես ի գլուխ քո, այլ զմերդ, զի առ մեզ հուպ ես քան թէ ի Հռոմ»: Իսկ թագաւորն Լեւոն, այր իմաստուն էր, ոչ խոտեաց եւ ո՛չ զմի ոք յերկոցունց թագաւորացն զՀռոմայն կամ զԿոստանդնուպօլսեայն, այլ ըստ կամաց նորա արար պատասխանի եւ սիրով ընկալաւ զեկեալսն, ետ տուրս մեծամեծս բերողաց թագին եւ եղեւ պըսակեալ յերկոցունցն:

And Lewon replied to the bishop of Rome, saying: "We shall promptly do all that the autocrat Emperor and the great Pope have ordered." [Lewon] required an oath of those twelve bishops, and convinced them to swear to it. Among the bishops who swore the oath were the bishop of Tarsus, Nerses Lambronets'i, whom we mentioned above, Yovsep' from the area around Antioch, the head of the monks called Jesuits, Yovhannes, who became Catholicos, and Anania who was anti-Catholicos in Sebastia, and others with them.

A great multitude of people assembled then: commanders and troops of all peoples, the patriarch of the Greeks who sat in Tarsus, and the Syrian Catholicos who sat in the monastery of the blessed Barsuma by the borders of Melitene, as well as the Catholicos of the Armenians with all the bishops. They enthroned Lewon as king, and the surrounding peoples brought gifts to the restored king.

When the emperor of the Greeks heard that the Franks had given Lewon a crown, he too sent gifts and a beautiful crown adorned with gold and precious stones, and [a message] saying: "Don't put the crown of the Romans on your head, instead put on our crown because you are closer to us than to Rome." But King Lewon was a wise man and he did not decline either of the two kings' offers, either, Roman or Constantinopolitan. Instead, he replied as he pleased and gladly accepted both, giving great tribute to the bearers of the crowns. Thus Lewon was crowned by both kings.

Եւ էր նա բարի բնութեամբ, ողորմած առ աղքատս եւ կարօտեալս, սիրող եկեղեցեաց եւ պաշտօնէից Աստուծոյ. կարգէր վանորայս ընդ ամենայն կողմանս տէրութեան իւրոյ եւ բազմացուցանէր զպիտոյս նոցա, զի մի՛ իւիք կարօտիցին ըստ մարմնոյ բաւականին, այլ զի միայն պաշտաման եւ աղօթից պարապեսցին, յորոց մի է ի վանորէիցն, զոր կարգեաց նա, հռչականունն Ակներն կոչեցեալ վանք, որ մինչեւ ցարդ եւս վարին նովին կարգադրութեամբ, զոր նայն կարգեաց, զամենայն աւուրս շաբաթուն պահօք կատարեալ եւ միայն լուծանել զշաբաթ եւ զկիւրակէ ձկամբք կամ կթեղինօք:

Եւ այսպէս բարեկարգութեամբ հաստատէր զիւր թագաւորութիւնն բարեպաշտն Լեւոն: Եւ էր նա ամենայն իրօք բարեքագոյն, բայց միայն միով մասամբ, զի էր նա իգասէր: Եւ եթող նա զկինն իւր զառաջին, զոր ունէր յիշխանութեանն, եւ առ նա իւր ի կնութիւն զդուստր արքային Կիպրոս կղզւոյն, ֆռանկ ազգաւ, զի լիցի նմա թիկունք եւ օգնական:

Դէպ եղեւ զի չոգաւ նա ի Կիպրոս կղզի ի տեսութիւն աներաց իւրոց: Եւ լուեալ զայն թշնամեաց նորա, որք ի ցամաքի ոչ ինչ կարէին ազդել նմա, պատրաստեցին նաւս բազումս, զի ի ծովու նենգեսցեն զնա:

Եւ լուեալ զայն արքային Լեւոնի, դարձաւ անդրէն յետս ի Կիպրոս, զի էր ի ճանապարհի ի վերայ ծովուն: Եւ առ իւր նաւս պատերազմականս, եւ եկեալ ի դարանն, որ գործեալ էր նմա նաւաց բազմաց. եւ, զի ա՛յր իմաստուն էր, ծանեաւ, թէ յորում ի նաւուցն իցէ գլխաւորն, եհար զնա արագաթեւ նաւովն եւ ջրասոյզ արար զամենեսեան, եւ մրնացեալ նաւքն փախեան: Եւ անկաւ ահ նորա ի վերայ ամենեցուն հեռաւորաց եւ մերձաւորաց:

[Lewon] had a good nature, merciful to the poor and needy, a lover of the churches and the servants of God. He established monasteries in all parts of his lordship and increased their provisions so that [the clerics] lack for nothing bodily, and occupy themselves only with worship and prayers. One of the monasteries he established is the famous monastery called Akner, which to the present conducts itself according to the provisions he established. Every day of the week [the brothers at Akner] keep fasts, breaking them only on Saturday and Sunday, with fish or milk products.

Thus did the pious Lewon strengthen his kingdom with improvements. In all matters he was most excellent except in one—he was a gallant. He left his first wife (to whom he had been married as prince), and took in marriage the daughter of the king of the island of Cyprus, a woman of Frankish nationality, so that this king be his support and aid.

It happened that Lewon sailed to Cyprus to see his father-in-law. When his enemies heard about this, they (who had been unable to do anything to him while he was on dry land) prepared many ships to destroy him on the seas.

When King Lewon heard about this, he turned back to Cyprus, since it was en route. He took his warships and came to the ambuscade which many ships had readied for him. Since he was a wise man, he recognized which of the ships was the principal one, and rammed it with a fast-moving vessel, so that all aboard drowned. The remaining ships fled. Dread of Lewon came upon everyone both near and far.

Եղեւ երբեմն, զի սուլտանն, որ տիրէր կողմանցն Հալպայ, զօրաժողով եղեւ ի վերայ նորա յաւուրս զատկացն եւ յղեաց առ Լեւոն արքայ պատգամս այսպէս. «Եթէ ո՛չ հնազանդեալ հարկեսցես ինձ ծառայութեամբ, բազմութեամբ զօրաց իմոց ի սուր սուսերի մաշեցից զամենայն բնակիչս երկրի քո, զմայր առ մանկանն, եւ զտօնդ ձեր, յորում ուրախանայք քրիստոնեայքդ՝ պատուելով զդա, որպէս թէ յարութիւն Քրիստոսին ձերոյ իցէ, դարձուցից զդա ի սուգ ձեզ, եւ արարից զի զպատրաստեալ կերակուրդ ձեր վասն տօնիդ, ուտիցէք զայդ ի վերայ ձիոց»:

Եւ իբրեւ առաքեաց զայս, ինքն առեալ զբազմութիւն զօրաց իւրոց, բանակեցաւ առ սահմանօք նորա, մնայր գալստեան պատգամին: Իբրեւ գիտաց արքայն Լեւոն զգալ պատգամին եւ զզօրաժողով լինել այլազգեացն, հրամայեաց զդեսպանսն յայլ կողմն շրջեցուցանել աշխարհին պատճառանօք, որպէս թէ արքայ անդ իցէ: Եւ ինքն ապաճարեալ ժողովեաց զզօրս իւր եւ ընդ այլ կողմ ել ի վերայ նոցա: Եւ յեղակարծ ժամու անկաւ ի վերայ նոցա, եւ եհար զնոսա հարուածս մեծամեծս. եւ մազապուրծ փախեաւ սուլտանն: Եւ Լեւոնի արքայի առեալ զաւար բանակին այլազգեաց՝ հանդերձ վրանօք նոցա, եւ զգերիսն ամենայն, եկն բանակեցաւ յաշխարհին իւրում առ ափն գետոյն եւ հրամայեաց զօրաց իւրոց կանգնել զխորանս այլազգեացն, եւ զիւրաքանչիւր դրօշս կանգնել ի դուռն խորանի իւրոյ, եւ ապա հրամայեաց կոչել զդեսպանսն:

Եւ իբրեւ եկին՝ տեսին զվրանս եւ զխորանս զօրացն իւրեանց եւ զնշանակ դրօշից իւրաքանչիւր գնդից եւ զարմացան հիացմամբ մեծաւ, զի ոչ գիտէին զեղեալսն: Ապա իբրեւ իմացան, դիմեցին յոտս թագաւորին եւ զապրուստ անձանց խնդրէին: Իսկ արքայն՝ մարդասիրեալ առ նոսա, շնորհեաց նոցա կեանս եւ առաքեաց զնոսա առ տէրն իւրեանց, զնոյն հարկ, զոր պահանջէր սուլտանն յարքայէն, զնոյն եւ եւս յաւելեալ եդ ի վերայ նորա, եւ ծառայեցոյց զայլազգիսն: Եւ եղեւ թագաւորելն նորա ի ՈԽՋ թուականին հայոց:

Once, during Eastertime, the sultan who ruled the area around Aleppo assembled troops against Lewon, and sent this message to King Lewon: "If you do not submit and become tributary to me in service, then with the multitude of my troops I will put to the sword all the inhabitants of your land, both mother and child. And I will turn the holiday which you Christians are celebrating, revering the fact that it is the resurrection of your Christ, into a day of mourning. I will see to it that the food you prepared for your holidays you will eat on horseback."

Having sent this, the sultan, taking along the multitude of his soldiers went and pitched camp on his borders, awaiting the return of the messenger. As soon as the wise King Lewon heard the message and found out about the massing of foreign troops, he ordered the envoy to be led to another area, as though the king were there. Meanwhile Lewon hastened to muster his forces and come upon them from another direction. At an unexpected moment he fell upon them and dealt them many a hard blow and the sultan fled, escaping by a hairbreadth. King Lewon then took the booty from the camp of the foreigners, their tents and all the captives. He came and pitched camp in his own country by the shore of a river, ordering his men to set up the altars of the foreigners and each to erect his banners by the door of his altar; and then he ordered [the sultan's] envoys summoned.

As soon as they came and saw the tents and altars of their own troops and the banners of each division, they wondered greatly, for they did not know what had happened. When they learned what had happened, they threw themselves at the king's feet, imploring him for their lives. The king was compassionate toward them, granted them their lives and sent them to their lord. As for the tax which the sultan had demanded of King Lewon, Lewon levied on him that same tax and more, and made the foreigners serve him. His accession was in 646 of the Armenian Era [1197].

Դ

Վասն իշխանացն, որ յարեւելս Հայաստանեայց՝ Զաքարէին եւ Իւանէի եղբօր նորին:

Յաւուրս ժամանակաց թագաւորութեանն Լեւոնի հայոց արքայի էին յԱրեւելս երկու եղբարք, որդիք Սարգսի բարեպաշտ իշխանի, որդւոյ Վահրամայ, որդւոյ Զաքարիայ, որ հատուածեալ ի քրդաց ի Բաբիրական խելէն, անուն առաջնոյն Զաքարէ, եւ երկրորդին՝ Իւանէ, արք քաջք եւ ճոխք իշխանութեամբ, պատուեալք ի թագուհւոյն վրաց, որ Թամարն կոչէր, դուստր Գիորգեայ քաջի, որդւոյ Դեմետրէի: Եւ Զաքարէ էր զօրավար վրաց եւ հայոց զօրուն, որ ընդ ձեռամբ թագաւորին վրաց, իսկ Իւանէ՝ աթաբակութեան պատուով: Սոքա բազում մարտս քաջութեան ցուցին, քանզի զբազում աշխարհս հայոց, զոր ունէին պարսիկք եւ տաճկունք, առին ի նոցանէ յինքեանս՝ զգաւառս, որ շուրջ զծովովն Գեղարքունւոյ, եւ զՏաշիր, եւ զԱյրարատ, զԲժնի քաղաք եւ զԴուին, եւ զԱնբերդ, եւ զԱնի քաղաք, եւ զԿարս, եւ զՎայոյ ձոր, եւ զաշխարհն Սիւնեաց եւ որ շուրջ զնովաւ են բերդք, եւ քաղաքք, եւ գաւառք. հարկատուս արարին եւ զսուլտանն Կարնոյ քաղաքին. աւերեցին եւ ըզբազում գաւառս Պարսից եւ զԱտրպատականու. ընդարձակեցին զսահմանս իւրեանց յամենայն կողմանց: Այսպէս եւ միւս իշխանն, Զաքարէ անուն, եւ եղբայրն իւր Սարգիս, եւ միւս Սարգիս, հայրն Շալուէի եւ Իւանէի, ազգականք մեծ իշխանացն, ձեռնտուութեամբ նոցին՝ առին եւ նոքա բազում գաւառս ի պարսից եւ բերդս ամուրս՝ զԳարդման, զՔարհերձ, զԵրգեվանք, զՏաւուշ, զԿածարէթ, զՏէրունականն, եւ զԳագ, եւ զՇամքոր քաղաք ի նեղ էարկ, զոր յետոյ էառ որդի նորա Վահրամ, հայրն Աղբուղին, պապն Վահրամայ, Զաքարէի եւ Իւանէի:

IV

CONCERNING THE PRINCES IN EASTERN ARMENIA, ZAK'ARE AND HIS BROTHER IWANE.

During the reign of Lewon, king of the Armenians, in the East there were two brothers, sons of the pious prince Sargis, son of Vahram, son of Zak'aria, who had separated from the Kurds of the Babirakan *xel*. The name of the first son was Zak'are and the second was Iwane—brave men, rich in authority, honored by the queen of Georgia named T'amar who was the daughter of Georg the brave, son of Demetre. Zak'are was general of the Georgian and Armenian forces that were under the Georgian king. Iwane held the *at'abekut'iwn*.[112] They displayed bravery in many battles, since they took for themselves from the Iranians and Tachiks much of Armenia which they had held, namely, the districts around the Sea of Geghark'unik', Tashir, Ayrarat, the city of Bjni, and Dwin, Anberd, the city of Ani, Kars, Vayots' Dzor, the land of Siwnik' and the fortresses, cities and districts surrounding it. They also made tributary the sultan of the city of Karin. They looted many districts of Iran and Atrpatakan, and extended their borders in every direction. The other prince named Zak'are did likewise, as did his brother Sargis and the other Sargis, father of Shalue and Iwane, relatives of the great princes; and with their aid they too took from the Iranians many districts and secure fortresses: Gardman, K'arherdz, Ergevank', Tawush, Katsaret', Terunakan and Gag and they placed in difficult straits the city of Shamk'or, which his son later took. This son was named Vahram, father of Aghbugha, grandfather of Vahram, Zak'are and Iwane.

---

112 *atabekut'iwn:* office, position or role of an atabeg.

VOLUME I

Եւ այսպէս յաջողեցաւ նոցա ի վերուստ յաղթութիւն նոցա, զի համբաւ քաջութեան նոցա ել ընդ բազում գաւառս, եւ բազում ազգք հարկէին նոցա՝ ո՛ր սիրոյ աղագաւ եւ ո՛ր յերկիւղէ: Շինեցան եւ բազում վանորայք, որ ի վաղուց ժամանակէ անտի աւերեալ էին ի հինիցն Իսմայէլի. վերստին նորոգեցան եկեղեցիք, եւ պայծառացան դասք պաշտօնէից. շինեցան եւ նոր վանորայք եւ եկեղեցիք, որ ի հնոցն չեւ էին լեալ վանք, ընդ որս եւ հռչակաւոր վանքն, որ Գետիկն կոչի, ի գաւառին Կայենոյ, զոր շինեաց սուրբ վարդապետն Մխիթար, զոր Գոշն կոչէին, շինեալ հրաշազան եկեղեցի գմբեթարդ երկնանման, եւ կնքեալ զեկեղեցին, եւ օծեալ յանուն սուրբ Աստուածածնին, տաճար փառաց տեառն՝ բնակարան բանաւոր հօտին Քրիստոսի:

Եւ իբրեւ այսպէս յաջողեցաւ նոցա իշխանութիւնն, հարին զսուլտանն, որ Շահի Արմէնն կոչիւր:

Ապա կամեցան առնուլ եւ զհոյակապ քաղաքն Բզնունեաց՝ զԽլաթն, եւ զօրս գումարեալ՝ պաշարեցին զնա եւ մերձ էին յառնուլ: Ապա ելեալ իշխանն Իւանէ, եղբայր զօրավարին, զբօսանաց ինչ աղագաւ ի զնին պարսպին. եւ յանհմաստ շրջելն՝ գթեաց ոտք երիվարին ի խորխորատն, որ թաքուցեալ էր, եւ ընկէց զնա յերկիր: Եւ տեսեալ արանց քաղաքին, յարեան ի վերայ նորա, եւ ձերբակալ արարեալ՝ տարան զնա ի քաղաքն: Եւ եղեւ քաղաքին ուրախութիւն մեծ. եւ իսկոյն ազդեցուցին սուլտանին զըմբռնումն նորա. ընդ որ կարի յոյժ ուրախացեալ՝ հրամայեաց առ ինքն ածել:

Thus they were aided in their conquests from On High, so much so that their reputation for bravery spread throughout many districts and many peoples were tributary to them, both by reason of friendship and out of fear. They restored many monasteries which for a long time—since the invasions of the Ishmaelites—had been in ruins. They restored the churches once again and the clerical orders shone forth. They also built new churches and monasteries, which from antiquity had not been monasteries, among which the famous monastery called Getik in the district of Kayean, which was constructed by the blessed vardapet Mxit'ar called Gosh. They built a wondrous church with a heavenly dome; and they consecrated the church and anointed it in the name of the blessed Mother of God, a temple of the Lord's glory, and an abode of the rational flock of Christ.

As soon as their authority was so furthered, they attacked the sultan called Shahi Armen.

They wanted to take the charming city of Bznunik', Xlat'. Assembling their soldiers, they besieged it and were close to taking it. Prince Iwane, brother of the general, rode to examine the city's wall, to divert himself. Wandering aimlessly, his horse's leg stumbled into a hidden pit and threw him to the ground. Seeing this the men of the city pounced upon him and, binding him, took him inside. And there was great merriment in the city. They immediately informed the sultan about his capture, at which the sultan rejoiced exceedingly, and ordered Iwane brought before him.

Եւ լուեալ զօրավարին Զաքարիայի՝ յղեաց առ քաղաքացիս բանս սպառնալեաց եւ ասէ. «Եթէ հանէք զեղբայրդ իմ ի քաղաքէդ յայդմանէ եւ կամ կորուսանէք՝ զհող երկրիդ ի կողմանս Վրաց տամ տանել եւ անմարդ արարից զձեզ ի մարդկանէ»: Եւ երկուցեալ նոցա՝ ոչ ետուն տանել առ սուլտանսն, որք էին ի կողմանս Դամասկոսի եւ յԵգիպտոսի, որոց անուանքն էին Կուզ եւ Մելիք Քեմլ եւ Աշրափ, յազգէ Սալահադնին, որ առ զԵրուսաղէմ:

Ապա արարեալ սէր ընդ միմեանս, խնդրեցին զդուստր Իւանէի ի կնութիւն: Եւ եղեւ որպէս խնդրեցին. առին պատանդս եւ արձակեցին զԻւանէ: Եւ նորա երթեալ ի տուն իւր, առաքեաց զդուստրն իւր, որ եղեւ կին Կզոյ, եւ յետ նորա Աշրափին:

Բազում օգուտ եղեւ գալ կնոջն ի տուն սուլտանացն, զի դիւրեցին քրիստոնէիցն, որ ընդ իշխանութեամբ իւրեանց էին, եւս առաւել երկրին Տարօնոյ, զի վանորայքն, որ անդ էին, ընդ հարկիւ էին, թեթեւացուցին զսակ հարկին, եւ կիսոց զամէնն իսկ թողին: Եւ հրամայեցին այնցիկ, որ ընդ իշխանութեամբ իւրեանց էին, ոչ զրկել կամ նեղել զճանապարհորդս, որք աղօթից աղագաւ երթային յԵրուսաղէմ: Եւս առաւել ընդարձակեցին ազգին Վրաց, զի Իւանէ խոտորեցաւ յաղանդն Քաղկեդոնի, յոր կործանեալ էին վիրք, զի սիրեաց նա զփառսն մարդկանց առաւել քան զփառսն Աստուծոյ, հրապուրեալ նա ի թագուհւոյն՝ որ Թամարն կոչէր, ի դստերէն Գիորգեայ, իսկ Զաքարէ յուղղափառութեանն եկաց, զոր դաւանեն հայք: Վասն այսորիկ առաւել մեծարէին զվիրս, զի անհարկ էին նոքա յամենայն քաղաքս նոցա եւ յԵրուսաղէմ եւս: Եւ էր անուն կնոջն Թամթայ:

Եւ այսպէս եղեւ սէր եւ միաբանութիւն ընդ թագաւորութիւնն վրաց եւ ընդ իշխանութիւնն սուլտանաց:

When general Zak'aria heard about this he sent threatening words to the citizens, saying: "Release my brother from your city, or I shall destroy it, I will take your soil to Georgia, and destroy your population." Frightened by him, they did not have Iwane sent to the sultans in Damascus and Egypt, named Kuz and Melik' K'eml and Ashrap' (from the line of Saladin, who took Jerusalem).

Making peace among themselves, [the residents of Xlat'] requested the daughter of Iwane in marriage. And it came to pass as they requested. They took hostages and released Iwane. When he went to his home, he sent his daughter to them. She became the wife of Kuz and after him, of Ashrap'.

The coming of this woman into the house of the sultans brought about much good, for the lot of the Christians under their domination improved, especially in Taron since the monasteries which were there and had been under taxation, had the rate of their taxes lowered, and half of them had the whole tax discontinued. [The Muslims] ordered those under their domination not to despoil or trouble travellers going to Jerusalem for pilgrimage. The Georgians especially expanded [their influence], for Iwane was misled to the doctrine of Chalcedon (through which the Georgians were lost); for he loved the glory of man more than the glory of God. He became charmed by the queen named T'amar, daughter of Georg, while Zak'are remained true to the orthodox confession of the Armenians. Therefore they honored the Georgians even more, for they were not taxed in all their cities, and in Jerusalem as well. [Iwane's daughter] was named T'amt'a.

Thus was friendship and unity achieved between the Georgian kingdom and the sultans' lordship.

Ե

Վասն ժողովոյն, զոր Զաքարիայ վասն խնդրոյ ինչ իրաց:

Յետ այսորիկ իբրեւ խաղաղացուցին զաշխարհս իշխանութեան իւրեանց յամենայն հինից, եւ բազմացան վանորայք, եւ պայծառացան պաշտամունք եկեղեցւոյ, այլ ինչ չած զմտաւ իշխանն Զաքարէ. զի տեսանէր զզօրս վրաց, որ ընդ թագաւորին իւրում, զի իւրաքանչիւր ոք ի նոցանէ ունէր ընդ իւր քահանայս, եւ յամենայն տեղիս մատուցանէին պատարագ, եւ ինքն ոչ ունէր եկեղեցի ի ճանապարհի, զի չէր սովորութիւն հայոց ի բազում ժամանակաց, յորմէ հետէ բարձան իշխանքն հայոց մեծամեծք ի պարսից եւ յիսմայէլացւոց բռնութենէն: Եւ նախատէին վիրք զհայք՝ ոչ ունել եկեղեցի ի ճանապարհի եւ անհաղորդ մնալ նոցա, եւ ոչ տօնել զտօնս վկայիցն Աստուծոյ յիւրաքանչիւր աւուր կատարման: Վասն այսորիկ կարի յոյժ ցաւ էր նմա:

Ապա հարցանէր զմեծ վարդապետն Մխիթար, որ Գոշն կոչէին, զշինող վանիցն Գետկայ, որ էր հայր խոստովանութեան նորա: Եւ ասէր, եթէ՝ «Ո՞չ երբէք եղեալ է թագաւորացն մերոց, կամ իշխանացն ի պէտս ճանապարհաց եկեղեցի, տեղի պաշտաման եւ պատարագի»: Հարցանէր եւ զայլ վարդապետսն, եւ նոքա ասացին նմա զայն, որ առ մեծազօր արքայիւն Տրդատաւ վրանն եւ սեղանն, զոր շրջեցուցանէին յարքունական բանակին, եւ որ առ սրբովք Վարդանամբք, որք զմկրտութիւնն եւ զհաղորդութիւնն կատարէին ի մէջ բանակին. եւ զայն զոր գրեցին սուրբ վըկայքն Հիպերիքոս եւ Փիլոթէոս առ Յակոբոս երէց, եթէ՝ «Առեալ ընդ քեզ զսպաս պատարագիդ եւ զեղջիւր իւղոյդ, եկեսցես առ մեզ»: Եւ այլ բազումք, որ նման են սոցին: Ապա ասէ ցնոսա մեծ զօրավարն. «Տո՛ւք եւ ինձ հրաման, զի եւ ես շրջեցուցից զկնի իմ քահանայս եւ վրան պատարագի»: Ասէ ցնա մեծ վարդապետն. «Մեք ոչ կարեմք առնել զայդ առանց հրամանի կաթողիկոսին Հայոց եւ թագաւորին Լեւոնի»:

V

THE MEETING WHICH ZAK'ARIA CALLED TO DISCUSS CERTAIN MATTERS.

After these events, once [the Zak'arids] had secured the land under their sway from any invasion, after the monasteries had multiplied and the worship of the Church shone forth brightly, Zak'are thought to do something else. For he saw that among the Georgian soldiers under his king, each [general] had priests with him, and they performed mass everywhere, while he had no portable church (for such was not the custom of the Armenians for a long time, from after the removal of the grandee princes of Armenia, because of the tyranny of the Iranians and Ishmaelites). The Georgians censured the Armenians for not having a portable church for not taking communion [on the march], and for not celebrating each of the feasts of the martyrs of God on the day of its occurrence. Therefore, Zak'are was deeply unhappy.

Zak'are asked the great vardapet Mxit'ar called Gosh (builder of the monastery of Getik, who was his father-confessor): "Was there ever among any of our kings or princes, a church suitable for the road—a place for worship and the mass?" He also asked other vardapets, and they told him that there had been a tent and table which circulated in the royal army of the mighty King Trdat, and that the blessed Vardaneans had received baptism and communion in the army. [They cited] the information which the blessed martyrs Hiperik'os and P'ilot'eos wrote to Yakobos the priest: "Take with you the chalice of the mass, and the horn of anointment, and come to us." And they informed him of other similar instances. Then the great general said to them: "Give me the command to take along priests and a tent for mass in my travels." The great vardapet said to him: "We cannot do that without an order from the Catholicos of the Armenians, and from King Lewon."

Ապա գրէ թուղթ եւ առաքէ դեսպանս առ կաթողիկոսն Հայոց, Յովհաննէս անուն, որ ընդ այն ժամանակս ապստամբ էր ի թագաւորէն Լեւոնէ ի Հռոմկլայն վասն իրիք պատճառանաց: Նմանապէս գրէ եւ առ թագաւորն Լեւոն եւ ծանուցանէ նմա զխնդիրն: Եւ նա նստուցեալ է զտէր Դաւիթ կաթողիկոս փոխանակ Յովհաննիսի, որ ապստամբն էր յաշխարհէն Կիլիկեցւոց, ի վանքն, որ կոչի Արքակաղին:

Ապա ժողովեալ արքային Լեւոնի զվարդապետս եւ զեպիսկոպոսս իւրոյ իշխանութեանն, հարցանէր վասն խնդրոյն Զաքարէի: Եւ նոքա յանձն առին, զի մի՛ ելցէ նա արտաքոյ ուղղափառ հաւատոյն, որպէս զեղբայր իւր, եւ գրեն թուղթ յԱրեւելս այսպէս.

Մեծ սպարապետ եւ շահնշահ արեւելեան կողմանցն Զաքարիայ. ի խնդիր եղեալ եղծեալ եւ աղաւաղեալ կարգաց քրիստոնէից, որ ի ստրկութենէ այլասեռից, ժողով արարեալ վարդապետաց եւ եպիսկոպոսաց, եւ հարց, եւ երիցանց, որք քննեալ գտին զխնդիրս նորա համաձայն աստուածային գրոց: Ապա առաքեաց առ քրիստոսապսակ արքայն հայոց Լեւոն, որ ի կողմանս արեւմտից, յաշխարհին Կիլիկեցւոց: Եւ նորա ժողով արարեալ ի մայրաքաղաքն Սիս զկաթողիկոսն Դաւիթ հանդերձ վարդապետօք եւ եպիսկոպոսօք եւ ճգնաւոր միանձամբք, գտին զխնդիրս նորա համաձայն առաքելական կանոնաց, եւ ոչ արտաքոյ:

So he wrote a letter and sent ambassadors to the Catholicos of the Armenians, Yovhannes, who during that time was in rebellion against King Lewon in Hrhomkla for various reasons. He also wrote to King Lewon and acquainted him with his request. Lewon had seated lord Dawit' as Catholicos in place of Yovhannes who was in rebellion against Cilicia in the monastery called Ark'akaghin.

Then Lewon assembled the vardapets and bishops under his sway and inquired about Zak'are's request. They agreed with it, so that [Zak'are] would not pass from orthodox faith as had his brother, and they wrote the following letter to the East:

> The sparapet and shahnshah of the eastern regions, Zak'aria, has inquired about the question of the deformation and corruption of the laws of the Christians which occurred because of slavery to foreigners. Vardapets, bishops, fathers and elders [of the Church] held a meeting, examined his request and found it in accord with Scripture. [Zak'are] then sent to the Christ-crowned king of the Armenians, Lewon, in Cilicia in the west. And he, convening a meeting in the capital of Sis, with Catholicos Dawit' and the vardapets, bishops and monks, found [Zak'are's] request in accord with the apostolic conventions, not contrary to them.

Վասն որոյ գլուխս կանոնաց դրոշմեալ առաքեցին թը-տով ութ, որ են այսորքիկ.

Առաջին. Մատուցանել զպատարագն սուրբ դպ-րաւ եւ սարկաւագաւ, որպէս օրէնն է:

Երկրորդ. Տօնել զտօն աւետեաց սրբոյ աստուա-ծածնին ի վեցն ապրիլի ամսոյ, յորում աւուր եւ հանդիպի. եւ զտօն փոխման նորին ի հնգետա-սանն օգոստոսի ամսոյ, յորում աւուր եւ հանդի-պի. եւ զտօն սրբոյ խաչին ի չորեքտասանն սեպ-տեմբերի ամսոյ, յորում աւուր եւ հանդիպի: Նոյն-պէս եւ զայլ տօնս վկայից, յորում եւ հանդիպի՝ ըստ իւրաքանչիւր յիշատակի:

Երրորդ. Պահել զճրագալոյցս սրբոյ յայտնու-թեանն եւ զատկին մինչեւ ցերեկոյն պահօք եւ ոչ այլ իւիք լուծանել, բայց միայն ձկամբ եւ ձիթով:

Չորրորդ. Ընդունել զնկարագրութիւն պատկերի փրկչին, եւ ամենայն սրբոց. եւ մի՛ խոտել զնոսա իբրեւ զպատկերս հեթանոսաց:

Հինգերորդ. Պատարագ մատուցանել եւ կենդան-եաց:

Վեցերորդ. Կրօնաւորաց միս ո՛չ ուտել:

Եւթներորդ. Չեռնադրել դպիր եւ ապա յետ բա-զում աւուրց սարկաւագ, եւ ի կատարեալ հասա-կի ապա քահանայ:

Ութերորդ. Միաբան կալ ի վանսն, եւ առանձին իրս ո՛չ ստանալ:

Therefore they sealed and sent [to eastern Armenia] the following eight canons:

First: the mass should be performed with blessed clerks and deacons, as the law is.

Second: the feast of the Annunciation to the Mother of God should be celebrated on April sixth, on whatever day it falls. The feast of the Assumption should be held on the fifteenth of August, on whatever day it occurs, and the feast of the Holy Cross on the fourteenth of September, on whatever day it occurs. Similarly, other feasts of the martyrs should be celebrated on the actual days they occurred on according to the traditional commentary.

Third: the fasts of the blessed Revelation of Christ and of Easter should be kept until evening, and not broken with anything except fish and olives.

Fourth: the icons of the Savior and all the saints should be accepted, and not despised as though they were pagan images.

Fifth: mass should also be performed for the living.

Sixth: Clerics must not eat meat.

Seventh: One should be ordained as a clerk and, only after many days[113] *as a deacon, and as a priest, in full maturity.*

Eighth: Cenobites should reside in the monasteries. No one [in the monasteries] should receive things separately.[114]

---

113 *i.e.,* after the passage of some time.
114 *i.e.,* as private property.

Զայսոսիկ եւ որ նման սմին գրեցին ի ժողովն յարեւմտից եւ առաքեցին յարեւելս առ Զաքարիայ: Իսկ կաթողիկոսն Յովհաննէս՝ որ ի Կլայն Հռոմայական, վասն ընդ միտ մտանելոյ իշխանացն արեւելից, առաքեաց վրան մի զմբեթարդ եկեղեցաձեւ եւ կազմողս եւ յօրինողս նմին, եւ սեղան մարմարեայ, եւ այլ սպաս պատարագաց, եւ եպիսկոպոս մի, Մինաս անուն, եւ սարկաւագս եւ դպիրս, եւ քահանայս գեղեցկաձայնս, ասացողս պատարագին: Որք եկեալ յանդիման եղեն ամիր սպասալարին ի քաղաքն Լոռէ, եւ առաջի կացուցին նմա զհրամանս կաթողիկոսին եւ զթուղթս նորին եւ զընծայսն: Նոյնպէս եւ յարքայէն Լեւոնէ եւ ի կաթողիկոսէն Դաւթէ եկին դեսպանք եւ հրամանաբերք:

Ընդ որ յոյժ ուրախացեալ Զաքարիայ, ժողով հրամայեաց առնել ի Լոռէ քաղաք՝ զեպիսկոպոսն Հաղբատայ զԳրիգորէս, զհիւրեանց ազգական, եւ զեպիսկոպոսն Անւոյ, եւ զեպիսկոպոսն Բջնոյ, եւ զԴունայ, եւ զԿարուց, եւ զայլս որք դիպեցան: Նոյնպէս եւ զվարդապետս եւ զառաջնորդս վանորէից հանդերձ քահանայիւք եւ այլ աշխարհական ամբոխիւ, կամէր կանգնել զվրանն եւ պատարագ մատուցանել:

Եւ էին ի ժամանակին յայնմիկ վարդապետք երեւելիք՝ Մխիթար, որ Գոշն կոչիւր, շինող վանացն Գետկայ, այր իմաստուն եւ հեզ, եւ վարդապետական ուսմամբ հռչակեալ, Իգնատիոս, Վարդան, Դաւիթ Քոբայրեցին ի Հաղբատայ, Յովհաննէս, հայր Սանահնին, որ էր զկնի մահուան վարդապետին Գրիգորոյ, զոր Տուտայ որդին կոչէին, սնուցող նոցուն իշխանացն, Գրիգոր, զոր Մոնոնիկն կոչէին, ի Կեչառուաց, Տուրքիկն ի Թեղենեաց, որ բարուք կարգաւորեաց զվանքն՝ զամենայն ինչ հասարակաց լինել եւ առանձին ոչ ինչ ստանալ. Եղիայ ի Հաւուց թառոյ, ա՛յն, որ գեղեցիկ կարգաւորեաց զպաշտօն վանից իւրոց, որպէս թէ ամենեցունց ընդ մի բերան հնչել՝ եթէ բարձր եւ կամ ցած, եւ ո՛չ հարստահարել ընկեր զընկեր. Գրիգոր Դունացին, Սարգիս միակեացն ի Սեւանայ:

These and similar canons they wrote during the meeting in the West, and sent them to Zak'aria in the East. Now Catholicos Yovhannes, who was in Hromkla, in order to gain the favor of the princes of the East sent a domed tent in the shape of a church, as well as people to set it up and decorate it, a marble altar and other vessels of the service, and a bishop named Minas, and deacons and clerks and priest with beautiful voices to say mass. Those who arrived visited the amir spasalar in the city of Lorhe and presented him with the commands of the Catholicos and his letters and presents. Similarly, ambassadors and envoys from King Lewon and Catholicos Dawit' came.

Zak'aria, rejoicing at all this, ordered a meeting to be convened in the city of Lorhe. Included were their relative Grigores, the bishop of Haghbat and the bishop of Ani, the bishop of Bjni, Dwin, Kars and others who happened to be there. Also included were the vardapets and directors of the monasteries, with priests and the lay multitude. [Zak'are] wanted to raise the tent and have mass said.

In that period there flourished [among the Armenians] venerable vardapets such as Mxit'ar, called Gosh, the builder of the monastery of Getik, a learned, modest man, renowned for his doctrinal knowledge; Ignatios, Vardan, Dawit' K'obayrets'i of Haghbat, Hovhannes, prior of Sanahin (who was prior) following the death of vardapet Grigor, who was called Tuteordi. He was the tutor of those [Zak'arid] princes. [Other prominent vardapets were] Grigor called Mononik, in Kech'arhuk'; T'urk'ik in T'eghenik', who organized the monastery [with the rule] that all things be held in common and that no one receive anything separately; Eghia of Hawuts' T'arh, the one who finely arranged the service of his monastery so that everyone sang in unison, whether high or low notes, and so that one did not drown out the other when singing. There were Grigor Dunats'i and Sargis the ascetic from Sewan.

Այսորիկ արք երեւելիք եւ այլք բազումք՝ Գրիգորէս եպիսկոպոս Հաղբատայ, Վրթանէս Բջնոյ եւ Դունայ, Սարգիս աթոռակալ Անւոյ, Յովհաննէս Կարուց եւ այլք յոլովք աստի եւ անտի՝ հանդերձ երեւելի քահանայիւք վանաց եւ քաղաքաց եւ գիւղից:

Իսկ իբրեւ լուան եւ գիտացին զհրամանս կաթողիկոսին եւ թագաւորին, ոմանք հաւանեցան, եւ կէսքն ոչ: Եւ այսպէս անմիաբանք լեալ, քակտեցան ի միմեանց. ոմանք գիշերի գաղտագողի գնացին եւ զկէսսն արգել բռնութեամբ մինչեւ մատուցաւ պատարագն. եւ այսպէս անմիաբանք լեալ՝ գնացին միմեանց մեղադրելով:

Իսկ իշխանն Զաքարէ առաքաց ի վանորայսն, որ ընդ իւրեանց իշխանութեամբ էին, եւ տայր բռնութեամբ առնել զտօն փոխման աստուածածնին, եւ վերացման սուրբ խաչին, ո՛չ ի կիրակէի, որպէս սովորն էին, այլ զպատկերն զինչ օր եւ էր: Բազում անմիաբանութիւնք եւ կռիւք էին յեկեղեցիս, եւ լինէր փոխանակ ուրախութեան՝ տրտմութիւն, եւ փոխանակ սիրոյ ընդ միմեանս՝ ատելութիւն, մինչեւ ի սուր եւս մտաբերել միմեանց:

Ապա առաքեաց Զաքարիայ զեպիսկոպոսն Մինաս, որ եկեալ էր ի կաթողիկոսէն ի Հաղբատ պաշտօնէիւքն իւրովք, զի եւ անդ զնոյն արասցեն: Եւ մինչ գայր նա հուպ ի վանքն, առաքեաց Գրիգորէս եպիսկոպոս Հաղբատայ արս, որք սաստիւ հարին զնա բրօք, եւ զպաշտօնեայս նորա եւ սաստիկ վէրս ի վերայ եդեալ՝ թողին կիսամահ, եւ զջորիսն, որք էին ընդ նմա բեռնակիրք, գահավէժ արարեալ՝ սատակեցին:

These were venerable men, but there were also many others, such as Grigores, bishop of Haghbat, Vert'anes of Bjni and Dwin, Sargis the occupant of the [episcopal] throne of Ani, Hovhannes of Kars and many others from this area and that, with venerable priests of the monasteries, cities and villages.

Now when the people heard and learned about the orders of the Catholicos and King Lewon, some accepted them, but others did not. Being thus disunited, they separated from each other. One group secretly departed at night and forcibly prevented the others from entering until mass had been said. Being disunited, they continued blaming each other.

Prince Zak'are sent to the monasteries under his domination, and had them forcibly celebrate the feats of the Assumption of the Mother of God and the Exaltation of the Holy Cross, not on Sunday as the monks were accustomed to do, but on whichever days they actually fell on. There was much disunity and fighting in the Church; instead of joy there was sorrow; instead of love for one another, hatred to the point that they even dared to brandish swords against each other.

Zak'are then sent bishop Minas (who had come from the Catholicos) to Haghbat with his deacons, so that they [effect] the same [changes] there. When Minas came close to the monastery, bishop Grigores of Haghbat sent men who came and harshly beat him and his deacons with bastinados. Inflicting severe wounds on the clerics, the men left them there, half-dead. The mules which had borne his bundles were driven over a cliff and killed.

Եւ բարձեալ զեպիսկոպոսն մահճօք տարան առ Զաքարէ. եւ նորա տեսեալ բարկացաւ յոյժ ի վերայ Գրիգորիսի եպիսկոպոսի եւ հրամայեաց ըմբռնել զնա՝ մահու չափ սպառնացեալ ի վերայ նորա: Եւ նա փախստական գնաց յաշխարհն Կայենոյ, ի վանքն Գետիկ առ մեծ վարդապետն Մխիթար, ապաւինութեան աղագաւ, զի գիտէր, թէ մեծ համարձակութիւն ունի նա առ Զաքարէ: Եւ ճողոպրեցաւ այն անգամ ի ձեռաց նորա, եւ յետոյ ըմբռնեալ զնա ի Կեչառուս՝ եդ զնա ի բանտի, եւ զՅովհաննէս կացոյց փոխանակ նոա եպիսկոպոս Հաղբատայ, ա՛յն, որ յառաջն ետող զաթոռն եւ գնաց ի Խաչէն: Եւ այր առաքինի էր Յովհաննէս, եւ բազում գործս արժանի յիշատակի գործեաց նա ի Հաղբատ, ընդ որս եւ զհռչակաւոր գաւիթն եկեղեցւոյն շինեաց, որ հիացուցանէ զտեսողսն:

Եւ այսպէս շփոթումն ունէր զեկեղեցիս արեւելից, քանզի ի բազում ժամանակաց հետէ չէին սովոր առնել, զոր խնդրէր նա, եւ ո՛չ զտօնսն իւրաքանչիւր աւուր, զի մի՛ պատճառաւ տօնին լուծցին պահքն. եւ զպատարագն սուրբ ոչ մատուցանէին սարկաւագաւ եւ դպրաւ, այլ միմեանց քահանայքն սպասաւորէին: Կարծեմ թէ զայս սովորութիւն էին կալեալ ի բռնութենէն տաճկաց, որ ոչ տային համարձակ պաշտել զպաշտօնս իւրեանց քրիստոնէից, այլ եւ ո՛չ զդրունս եկեղեցեաց իշխէին թողուլ ի բաց ի ժամ սուսկալի խորհրդոյն, զի մի՛ ոճիրս ինչ գործեսցեն այլազգիքն, եւ ոչ զայլսն, զոր նա ախորժէր:

Դարձեալ հրամայէր ժողով առնել ի մայաքաղաքն յԱնի, որ ի Շիրակ գաւառի. եւ ժողովեցան վերոգրեալ եպիսկոպոսքն եւ վարդապետքն եւ եւս յոլովք: Գրեաց Զաքարիայ առ վարդապետն Մխիթար, զի եւ նա գայցէ ի ժողովն: Իսկ նա պատճառեաց զհիւանդութիւնն եւ զանկարութիւնն եւ գրեաց պատասխանի այսպէս, եթէ՝ «Զոր ինչ առնեն դոքա եւ կամին, համաձայն եմ եւ ես այնմ, եւ աղաչեմ զքեզ, մի՛ ինչ աւելի աշխատ առներ զիս, զի չեմ կարող»:

The [injured] bishop was taken to Zak'are in a litter. Seeing Minas, Zak'are became furious at Grigores and ordered that he be seized, and even threatening him with death. [Grigores] fled to the land of Kayean, to Getik monastery and to the great *vardapet* Mxit'ar to seek protection, for he knew that [Mxit'ar] had great influence with Zak'are. Although [Grigores] had slipped out of his hands that time, he subsequently was seized at Kech'arhuk' and put in prison; and Yovhannes was made bishop of Haghbat in his stead. This is the man who previously had left his throne and had gone to Xach'en. Yovhannes was a virtuous man who did many memorable deeds at Haghbat, among which was the building of a renowned vestibule there, a structure which inspires the viewer with awe.

Thus, there was confusion in the churches of the East, since for a long time they did not have the custom of doing as he requested: not holding the feasts on the day each one occurred, so that they would not break fasts. Nor did they conduct mass with deacons and clerks; rather, the priests attended each other. I think that they had adopted this custom because of the tyranny of the Tachiks[115] who did not allow the Christians to practice their religion freely. Therefore, the priests did not dare to open the doors of the church at the hour of the supreme mystery, so that none of the foreigners would commit any crime or do anything else they desired.

Again Zak'are ordered an assembly convened in the district of Shirak, in the capital city of Ani. The above-mentioned bishops and *vardapets* and many others gathered. Zak'are wrote to *vardapet* Mxit'ar so that he come to the meeting. But Mxit'ar excused himself because of illness and inability and wrote a reply as follows: "I am in agreement with whatever [the other attendees] do and wish; and I beseech you not to implore me further, because I cannot come."

---

115 *Tachiks:* Arabs.

Իսկ Ջաքարէ կոչեաց զժողովն եւ խնդրէր ի նոցանէ ձեռագիր, զի արասցեն, զոր խնդրէր նա: Եւ նոքա ասեն. «Անհնար է մեզ առանց մեծ վարդապետին առնել զայդ»: Զի այսպէս կոչէին զնա սակս պատւոյ: Իսկ նա ցուցեալ զթուղթն, ասէ՝ «Աւասիկ նա, զի այս ձեռագիրս նորա է. սա նա է եւ նա սա»: Եւ զթուղթն ոչ ետ ցնոսա, եթէ զինչ գրեալ էր նմա: Իսկ ժողովն խնդրեաց ի նմանէ ներումն, մինչ ինքեանք առաքեսցեն առ նա, գալ նմա ի ժողովն:

Եւ առաքեցին առ վարդապետն Մխիթար եւ աղաչէին զնա գալ ի ժողովն, զի միաբան պատասխանի արասցեն զօրավարին. եւ գրեցին, թէ՝ «Զանկարութիւն մարմնոյ մի՛ ինչ պատճառեր. եթէ ի ճանապարհի հասանէ քեզ վախճան, ընդ առաջին սուրբ վարդապետացն եկեղեցւոյ կարգեսցուք զյիշատակս քո»: Եւ իբրեւ ընթերցաւ զթուղթն ժողովոյն, վաղվաղակի յարեաւ եւ գնաց զկնի կոչնականացն:

Եւ էր աւուրքն ձմեռնային, եւ տօն ծննդեան եւ յայտնութեան Յիսուսի Քրիստոսի մերձեալ: Իբրեւ գիտաց զօրավարն, եթէ գայ նա, առաքեաց իշխան մի արտաքս քան զդուռն քաղաքին, զի յորժամ գայցէ՝ մի՛ թողացուսցեն նմա երթալ ի ժողովն, այլ առ ինքն տարցեն: Նախ քան զգալն նորա, կէսք հաւանեալ էին առնել զխնդիրն, այնոքիկ, որ եպիսկոպոսք էին յիշխանութեանն, զի մի՛ անկցին յաթոռոյն, եւ կէսք՝ ոչ:

Իբրեւ եկն վարդապետն՝ առեալ իշխանն զերասանակս երիվարի նորա, տարաւ զնա առ զօրավարն: Իբրեւ գիտացին ժողովն, եթէ՝ ոչ թողին զնա առ մեզ, առաքեցին զվարդապետն Ներսէս՝ զայր առաքինի եւ ողջախոհ, որ յետոյ առաջնորդ եկաց Կեչառուաց զկնի մահուան վարդապետին Գրիգորի, որ Մոնոնիկն կոչիւր, զի երթիցէ ասիցէ նմա, նախ՝ ի ժողովն գալ, զի խորհեսցին ի միասին, թէ զինչ պարտ իցէ առնել, զի ի դիպահոջ էին եւ հանդերձեալ էր զօրավարն աքսորել զնոսա յօտարութիւն:

Now Zak'are convened the meeting and requested a pledge from them to do as he requested. They replied: "It is impossible for us to do this without the great vardapet." For they called Mxit'ar this out of respect. Then Zak'are showed them the letter and said: "Here he is, for this is his writing. The letter is Mxit'ar and Mxit'ar is the letter." But he did not show them the letter or what Mxit'ar had written to him. The assembly requested his pardon until they themselves sent to Mxit'ar to invite him to the meeting.

They sent to vardapet Mxit'ar and beseeched him to attend the meeting so that they could make a unanimous reply to the general. They wrote: "Do not excuse yourselves on account of physical weakness, for if you die on the way to us we shall rank your memory with the first holy vardapets of the Church." As soon as Mxit'ar read the council's letter, he immediately arose and went to his hosts.

It was wintertime, close to the celebration of the birth and Revelation of Jesus Christ. Once the general knew that [Mxit'ar] was coming, he sent a prince outside the city walls so that as soon as Mxit'ar came, he would be brought directly to him and not to the meeting. Prior to the arrival of Mxit'ar, some bishops under Zak'are's domination agreed with the request so that they would not be dethroned. But others did not accept it.

As soon as the vardapet arrived, the prince [who had been sent to guide Mxit'ar] took the bridle of his horse and conducted him to the general. When the assembly learned that they were not allowing Mxit'ar to come to them, they sent vardapet Nerses, a virtuous and sensible man who subsequently became the director of Kech'arhuk' after the death of vardapet Grigoris called Mononik, to go and say to him to come to the meeting first so that they might consult together over what had to be done—since they were under observation and the general was close to sending them into exile.

Եւ նա երթեալ հանդիպի նմա յայնմ տեղւոջ, զի հանդերձեալ էր նա մտանել յապարանս զօրավարին. եւ արտաքուստ ձայնեաց առ նա եւ ասաց զպատգամս ժողովոյն: Իսկ իշխանն ստիպով տարեալ եմոյծ զնա ի ներքս, եւ զօրավարն եկեալ ընդ առաջ նորա, ողջոյն ետ նմա եւ ասէ. «Որովհետեւ եկիր դու, ինձ ոչ ինչ փոյթ է զնոցանէ»:

Եւ լուեալ զբանս զայս ժողովն, նախանձաբեկ եղեն. եւ յաչաղելով ասէին. «Զայս ամենայն, զոր գործէ զօրավարն ընդ մեզ, խրատու նորա գործէ. մեք իբրեւ զանասունս համարեալ եմք յաչս նորա»: Եւ բազում բանիւք բամբասէին զնա:

Իսկ նա իբրեւ իմացաւ զիրսն, որ եղեալ էին առ ժողովն, մեղադիր եղեւ զօրավարին, թէ իշխանաբար ոչ էր պարտ առնել զայդպիսի իրս: Եւ առաքեաց առ ժողովն եւ ասէ. «Դուք հոգայք վասն ազգիս, զի մի՛ այդպիսի սովորութեամբ խառնեսցին ընդ վիրս, եւ ես հոգամ վասն զօրավարիս, զի մի՛ լիցի սա վրացի, իբրեւ զեղբայր իւր, որում սպասեն վիրք: Արդ՝ թէ այսպէս է, ապա զի՞ մեղադրէք ինձ, զի հրաման ունի ի կաթողիկոսէն եւ ի թագաւորէն Լեւոնէ առնել զայս. եւ մեք թէ կամիմք եւ թէ ոչ, սա ոչ դադարէ զայս առնելոյ:

Արդ դուք դարձջիք յիւրաքանչիւր բնակութիւնս եւ մեք աղաչեսցուք զսա ոչ հանել զձեզ յեկեղեցեաց ձերոց եւ ի տեղեաց. եւ մեք զպաշտօնն, զոր մինչեւ ցայսօր պաշտեալ եմք, զնոյն պաշտեսցուք»:

Իսկ ամիրսպասալարն Զաքարէ հրաման ետ գաղտնի, առանց գիտելոյ վարդապետին, մերժել զնոսա յօտարութիւն: Զոր գիտացեալ վարդապետին՝ զբազումս ի նոցանէ թափեաց դառնալ ի տեղիս իւրեանց, եւ զայլսն յետ սակաւ ինչ աւուրց Իւանէ եղբայր զօրավարին հրաման ետ դառնալ ի տեղիս իւրեանց:

[Nerses] went and met [Mxit'ar] just as he was about to enter the general's dwelling. From outside [Nerses] shouted to him and delivered the assembly's message. But the prince forcibly took him inside. General Zak'are came before Mxit'ar and greeted him, saying: "Since you are here, [the other clerics] are of no concern to me."

The assembly's members were jealous when they heard this. Protesting, they said: "In everything that the general [Zak'are] does, Mxit'ar is his advisor. We are like beasts in his eyes." And they slandered him greatly.

Now when [Mxit'ar] learned what had gone on at the meeting, he reproached the general with the fact that it was not proper to do such things forcibly. And he sent to the assembly, saying: "Concern yourselves with the nation, so that the people do not mix with the Georgians by any custom and I shall worry about the general, so that he not be Georgian [in religion] like his brother who serves the Georgians. Because this is the way matters stand, why do you reproach me—especially since he has a rescript from the Catholicos and from King Lewon to do this. We, whether we like it or not, cannot prevent him from doing what he wants.

Each of you now return to your dwelling and we shall beseech the general not to remove you from your churches and places. And we shall continue to worship in the same manner that we have up till now."

Now unbeknownst to the *vardapet*, *amirspasalar* Zak'are secretly gave the order to have them exiled. When the *vardapet* heard about it, he saved many of them from exile so that they returned to their dwellings. After a few days, Iwane, the general's brother, gave the order that the others could also return to their places.

Իսկ Զաքարիայ զժամանակս կենաց իւրոց ո՛րչափ եկաց՝ նոյնպէս վարեցաւ, որպէս կամէր, բայց եկեղեցիքն ամենայն առաջին պաշտամամբք վարեցան:

Զբովանդակ իրս եւ զբան եւ զգործ այս ժողովոյ գրեաց մեծիմաստ եւ առատամիտ վարդապետն Վանական յիւրում պատմութեանն, զի ականատես էր նա իրացն եղելոց եւ ականջալուր, յաշակերտի կարգի գոլով յայնժամ առ մեծ վարդապետին: Այս եւ այլ յոլով իրք գտանին ի գիրս նորա, որք կամին մտադիւրութեամբ ուսանել:

Throughout his lifetime, Zak'are did as he pleased; but all the churches observed the traditional customs.

All the activities, words and works of this assembly were written about by the sagacious and brilliant vardapet Vanakan, in his history. Vanakan was an eyewitness to the events which transpired and he heard these things with his own ears, being at the time a student of the great vardapet [Mxit'ar]. This and many other things are found in his writings, which may be studied by those who will.

Ձ

Վասն կաթողիկոսին Աղուանից գալոյ առ մեծ իշխանսն նեղեալ յայլազգեաց:

Ի բազում վշտաց եւ ի նեղութեանց, զոր կրեաց առ հասարակ ամենայն աշխարհ յազգացն հարաւայնոց, յորդւոցն Իսմայելի, ե՛ւս առաւել աշխարհս Հայոց եւ Աղուանից, զի բնաջինջ եղաք ի թագաւորաց եւ յիշխանաց. կաթողիկոսքն Աղուանից այսր անդր յածելով, վասն ոչ ունելոյ հաստատուն տեղի աթոռոյ, դէպ եղեւ նոցա գալ ի քարայր մի ի սահմանս բերդին՝ որ կոչի Չարեք, եւ անդ դադարիլ եւ անդուստ հովուել զհօտ իւրեանց: Մի ոմն ի նոցունց կաթողիկոսացն, Բեժդէն անուն, եթող զկարգ իւր եւ առ կին եւ ստացաւ որդիս: Եւ մերժեն զնա յաթոռոյն եւ ձեռնադրեն փոխանակ նորա զտէր Ստեփանոս:

Սորա էր քորեպիսկոպոս մի՝ Սարկաւագ անուն նորա: Դէպ եղեւ նմա երթալ ի քաղաքն Գանձակ, ժողովել զմուտսն յերիցանցն եւ ի քրիստոնէիցն, որ անդ: Ընդ մտանելն զնա տեսեալ ամիրայի քաղաքին, որում անուն էր Գուրջի Բադրադին, եհարց զնա, թէ՝ «Ո՞յր ես»: Եւ իբրեւ ասաց՝ թէ՝ «Կաթողիկոսին», ասէ ցնա. «Լուեալ է իմ, թէ քրիստոնեայք մեծապէս խնդութիւն առնեն, յորժամ օրհնեն զջուրն: Արդ՝ աւասիկ տօն ձեր մերձեալ է, կոչեա՛ զկաթողիկոսն ձեր իւրովք պաշտօնէիւք, որպէս սովորութիւն է ձեր, եւ օրհնեցէք զջուր ի քաղաքիս, զի եւ մեք բերկրեսցուք ընդ ձեզ»:

VI

THE COMING OF THE CATHOLICOS OF AGHUANIA TO THE GREAT PRINCES, BECAUSE OF HARASSMENT FROM FOREIGNERS.

Of the many sorrows and troubles which the entire world bore in general from the southern peoples, the sons of Ishmael, the lands of Armenia and Aghuania suffered even more, for [the native] kings and princes were exterminated. The Aghuanian Catholoicoi moved hither and thither because there was no stable see. It happened that they came and stopped in a cave by the boundary of a fortress called Ch'arek', and ministered to their flock from there. One of their Catholicoi named Bezhgen left his order, took a wife, and fathered children. He was rejected and they ordained lord Step'annos in his place.

[Step'annos] had a suffragan bishop named Sarkawag. One day it happened that the latter went to the city of Gandzak to collect revenues from the priests and Christians living there. As Sarkawag was entering, the emir of the city (whose name was Gurji Badradin) saw him and asked: "Whose man are you?" And as soon as he answered: "The Catholicos'," the emir said to him: "I have heard that the Christians have a great celebration when they bless the waters. Now your holiday is near. Call your Catholicos with his deacons as is your custom, and bless the waters of our city, that we too make merry with you."

Իսկ քորեպիսկոպոսն երթեալ պատմեաց կաթողիկոսին զհրամանս ամիրային: Եւ նորա ուրախացեալ յոյժ, զի ոչ երբէք իշխէր կաթողիկոս կամ երեւելի ոք յայտնապէս մտանել ի քաղաքն, կամ շրջել անդ, զի պարսիկք ունէին զքաղաքն՝ արք ծարաւիք արեան քրիստոնէից, քանզի բազում վիշտս կրեալ էին նոքա ի բնակչացն Խաչենոյ, որք աւազակաբար կելով՝ զբազումս սպանանէին ի պարսիցն, եւ կողոպտէին զքրիստոնեայսն՝ որք ընդ ձեռամբ նոցա էին. նոյնպէս եւ թագաւորն վրաց եւ զօրք նորա, եւ վասն այսր պատճառի թշնամի էին ամենայն քրիստոնէից:

Իսկ կաթողիկոսն ժողովեալ զեպիսկոպոսս եւ զվարդապետս իւրոյ վիճակին՝ գնաց նոքօք ի կոչ ամիրային: Եւ տեսեալ զնա ամիրայն յոյժ ուրախացաւ եւ հրամայեաց մեծաւ ճոխութեամբ եւ հանդիսիւ երթալ՝ վառեալ խաչիւք եւ ժամահարօք եւ մեծաձայն պաշտամամբք օրհնել զջուրն: Եւ ինքն հեծեալ յերիվարն՝ զօրօք բազմօք գնաց ի տես՝ զբօսանաց աղագաւ: Դղրդեցաւ եւ քաղաքն ամենայն բընակչօքն հեթանոսօք, գնացին եւ նոքա ի տես: Եւ իբրեւ արկին զխաչն սուրբ ի ջուրն, ասեն պարսիկք. «Աւասիկ զամենեսեան քրիստոնեայ արար ամիրայս, զի զի՞նչ աւելի առնեն քրիստոնեայքն, բայց թէ մկրտեն եւ օծանեն: Եւ մեք ամենեքեան ըմպեմք ի ջրոյս յայսմանէ եւ լուանամք ի սըմանէ, ամենեքեան մեք անհաւատք եմք յայսմհետէ եւ դենակորոյսք: Արդ՝ եկայք հնարեսցուք ինչ»:

The suffragan bishop went and related the emir's command to the Catholicos. And the Catholicos rejoiced exceedingly because none of the Catholicoi or prominent clerics had dared to openly enter the city or circulate around in it because it was held by the Iranians who thirsted after Christian blood. [This was because the Iranians] had born much affliction from the inhabitants of Xach'en who spent their lives in brigandage and had killed many Iranians, robbing the Christians under their sway. Similarly the Georgian king and his troops were also hostile to the Iranians, and for this reasons, they were enemies of all Christians.

Now the Catholicos assembled the bishops and *vardapets* of his diocese and went with them to answer the emir's call. When the emir saw him, he rejoiced exceedingly and ordered that they go with great wealth and solemnity, with hooded crosses and bell-ringers, worshipping loudly, to bless the waters. The emir himself mounted on a steed and went with many of his troops to see it, for diversion. The whole city with its pagan population was stirred by the event, and they too went to view it. As soon as the holy oil was sprinkled on the water, the Iranians said: "Aha, the emir would make all of us Christians, for what more do Christians do than baptize and anoint? We all drink from that water, and we bathe in it. Hereafter we shall become faithless apostates because of this. Now come, let's devise something."

Յայնժամ ամբոխ յոյժ արարեալ՝ կալան զկաթողիկոսն եւ եդին ի բանտի, եւ դրդեցան զկնի ամիրային, եւ արկին զնա ի բերդն, եւ ինքեանք գրեցին առ աթաբակն, որ նստէր յԱսպահան, եթէ՝ «Այս ամիրայս զմեզ զամենեսեան եհան ի հաւատոց մերոց, զի զհուղն խոզի արկանել ետ ի ջուրս մեր՝ գլխաւորին քրիստոնէից: Արդ՝ ի դիպահոջ են երկոքեանս՝ կաթողիկոսն եւ ամիրայն. արդ զինչ կամք քո հրամայեսցեն՝ ա՛յն եղիցի»: Եւ հրաման ետ՝ զամիրայն՝ լուծանել յիշխանութենէն եւ առ ինքն ածել: Իսկ ի կաթողիկոսէն բազում գանձս առեալ ոսկւոյ եւ արծաթոյ՝ թողին զնալ, ուր եւ կամեսցի: Եւ նա զերծեալ ի վտանգէն՝ չոգաւ ի կողմանս Խաչենոյ, եւ այլ ոչ իշխէր մտանել ի սահմանս Գանձակայ:

Իսկ վանորայքն, որ ի կողմանս քաղաքին էին, եւ երիցունք գաւառացն, իբրեւ տեսին՝ թէ ոչ իշխէ գալ տէր Ստեփանոս յայն կողմն, եւ ոչ նոքա իշխէին երթալ առ նա, առեալ զԲեժգէնն զայն կարգընկէց, տան ի նա զձեւ եւ զկարգ քահանայութեան: Զոր լուեալ տէր Ստեփանոս, ընդ բանիւ կապանաց արկ զնա եւ զգործողս իրացն, եւ ինքն այսր անդր կացեալ մինչեւ մեռաւ ի Հերգ գաւառի:

Իբրեւ տեսին վարդապետք եւ եպիսկոպոսք կողմանցն Աղուանից, եթէ բարձաւ կաթողիկոսութիւնն ի նոցանէ եւ ոչ կայ յազգէն յայնմանէ եպիսկոպոս կամ քահանայ, բայց միայն մանուկ մի սարկաւագ, առեալ զնա՝ տարան ի Բջնի առ եպիսկոպոսն Վրթանէս եւ տան ձեռնադրել զնա քահանայ:

Եւ առեալ բերին զնա ի քաղաքն Գանձակ առ իշխող քաղաքին, որում անունն էր ամիր Օմար, եւ աղաչէին զնա, զի հրաման տացէ ձեռնադրել զնա կաթողիկոս: Եւ նա ասէ. «Կարի մանուկ է տիօք. դուք, որ կատարեալքդ էք հասակաւ՝ ընդէ՞ր ո՛չ լինիք կաթողիկոս»: Եւ նոքա ասեն. «Վասն զի սա է յազգէ կաթողիկոսացն, եւ սմա անկ է աթոռն»:

Gathering a large mob, they seized the Catholicos and placed him in prison. They chased after the emir and threw him into prison as well. They then wrote to the atabeg who resided in Isfahan saying: "This emir has removed us all from our faith, because he allowed the head of the Christians to dump pig fat into our water. Now both of them, the Catholicos and the emir, are in prison. Whatever you order will be done to them." The atabeg ordered that the emir be removed from his authority and sent to him. As for the Catholicos, after taking much treasure of gold and silver from him, they let him go wherever he wanted. Delivered from danger, the Catholicos went to Xach'en, and thereafter no longer dared to enter the borders of Gandzak.

Once the monks in the region around the city and the priests of the districts saw that lord Step'annos did not dare come to them, and since they did not dare go to him, they took that dethroned Bezhgen and [reinstated him], giving him the authority and order of the priesthood. When lord Step'annos learned of this, he excommunicated Bezhgen along with those who had done these things, while he himself moved about, here and there, until he died, in Herg district.

When the vardapets and bishops of Aghuania saw that the Catholicosate had ceased its existence and that there was no one left of the Catholicosal line, neither bishop nor priest but only a young deacon, they took the latter to bishop Vrt'anes in Bjni and had him ordained priest.

They brought him to Gandzak, to the city's ruler, whose name was emir Omar; and they beseeched him to command that the lad be ordained Catholicos. But the emir said: "He is extremely young. Why don't you who are already mature become Catholicos?" And they told him: "Because this young man is of the Catholicosal line, the throne belongs to him."

Եւ հրաման տայ ձեռնադրել զնա։ Եւ էին անդ եպիսկոպոսք սակաւ, որ ձեռնադրեցին զնա։ Եւ իբրեւ ձեռնադրեցաւ՝ հեծոյց զնա ամիրայն յազնիւ երիվար, եւ արկ ի վերայ կտաւ ազնիւ ի պատիւ նմա, եւ փողահարս առաջոյ եւ զկնի, եւ հրամայեաց շրջեցուցանել զնա ընդ փողոցս քաղաքին։ Եւ այսպէս կալաւ զաթոռն Աղուանից տէր Յովհաննէս զամս բազումս։

Սա հաստատեաց զաթոռ իւր ի սահմանս Չարեքին, ի քարի անդ, զոր ասացաք վերագոյն։ Սա նեղեալ յայլազգեացն՝ դիմեաց գալ յաշխարհս Հայոց առ մեծամեծ իշխանսն՝ առ Զաքարէ եւ Իւանէ, եղբայր նորա։ Եւ նոքա մեծաւ պատուով ընկալան զնա։ Եւ բնակեցոյց զնա Իւանէ ի գաւառն Միափոր, ի վանքն, որ կոչի Խամշի։ Սա սկսաւ շինել անդ եկեղեցի մեծ եւ հրաշալի. եւ մինչեւ էր աւարտեալ՝ խափանումն եղեւ, զի եկն սուլտանն Խորասանայ՝ Ջալալադինն կոչեցեալ, եւ եհար զթագաւորութիւնն վրաց, եւ խոստացաւ մի զկնի միոյ գալ զօրաց այլազգեաց եւ աւերել զաշխարհս Հայոց, Աղուանից եւ Վրաց։

So the emir ordered that he be ordained. There were a few bishops there who ordained him. As soon as this happened, the emir had the Catholicos Yovhannes mounted on a mule, placed a robe of honor on him, and he ordered that the Catholicos be led through the streets of the city, with trumpeters before and behind.

Lord Yovhannes occupied the throne of the Aghuanian Catholicosate for many years. He established his residence within the borders of Ch'arek', in a cave which we spoke about earlier. However, he was harassed by the foreigners and applied to the grandee princes Zak'are and his brother Iwane to [let him] come to Armenia. They received him with great honor. Iwane settled him in the Miap'or district, in a monastery called Xamshi. He began to build a large, wonderful church, but before it was completed, [the construction] was halted for the sultan of Khurasan, called Jalaladin, came and struck at the kingdom of Georgia and threatened to bring one after another army of foreigners to destroy the lands of Armenia, Aghuania, and Georgia.

Է

Վասն կարգապետաց երեւելից, որք էին կողմանս Վասպուրականի:

Ընդ այնոսիկ աւուրս ժամանակաց էին վարդապետք առաջինիք եւ լուսաւորք, որք փայլէին յաշխարհի իբրեւ լուսաւորք՝ Ստեփանոս, որդի Յուսկանն, այր սքանչելագործ եւ սուրբ, որ գերեզման նորա յետ մահուանն բժիշկ էր ամենայն ախտացելոց. եւ Գորգն Կարենեցի, այր իմաստուն եւ գիտնաւոր. եւ միւս եւս այլ՝ Տիրացու անուն նորա, որ եւ զաստիճան եպիսկոպոսութեան ընկալաւ. եւ Աստուածատուր, զոր Աղբայրկայ որդի կոչէին, յԱրճէշ քաղաքէ: Զմանէ բազում ինչ առաքինութիւն պատմէին, որք տեսողք լեալ էին:

Էր սա որդի մեծատան, յոյժ ողորմած եւ աղքատասէր. իբրեւ ասացին նմա, թէ մեռաւ մայր քո ըստ մարմնոյ, գոհացաւ զԱստուծոյ, եւ գնացեալ ի թաղումն նորա, առեալ ոսկի եւ արծաթ՝ արկանէր ի ձեռս մօր իւրոյ, եւ կոչէր զաղքատս՝ առնուլ ի ձեռաց մօրն, որպէս թէ ինքն իսկ իւրովք ձեռօքն իցէ տուեալ: Եւ իբրեւ հայրն վախճանեցաւ, առեալ զամենայն ինչսն՝ բաշխեաց կարօտելոց:

Եւ կուղպակք էին նորա բազումք. զայն ետ ի վարձու, եւ յամենայն ամի առեալ զգինսն՝ գնէր նոքօք մորթս ոչխարաց եւ կտաւս եւ ձեռօք իւրովք կարէր հանդերձս, եւ տայր աղքատաց:

Եւ տեսեալ զբարեգործութիւն նորա բազումք ի տաճկաց՝ գային առ նա եւ մկրտեալ ի նմանէ՝ լինէին քրիստոնեայք:

VII

CONCERNING THE VENERABLE VARDAPETS IN VASPURAKAN.

In these days there were virtuous and radiant *vardapets*, like luminaries, who made the land glow. Among them were Step'annos, the son of Yusik, a wonder-worker and a blessed man whose grave (after his death) became a cure for all the sick; Gorg Karnets'i, a wise and learned man; the [cleric] called Tirats'u who attained the rank of bishop; Astuatsatur (called the son of Aghbayrik) from the city of Archesh. Those who saw this man relate much about his virtues.

He was the son of a wealthy man, and was extremely pious and a lover of the poor. When informed that his mother had died, he thanked God and went to her burial. He took gold and silver and placed it in his mother's hands and then called the poor to take the money from his mother's hands as if she herself was giving it. When his father died he took all his possessions and distributed them to the needy.

He had many stores which he rented; each month, taking the money, he bought sheepskins and cloth with it. With his own hands he sewed them into clothes and gave them to the poor.

Seeing his good deeds, many of the Tachiks came to him and were baptized as Christians by him.

Եւ տեսեալ անհաւատիցն, եթէ նա է պատճառք այնմ ամենայնի՝ կամէին սպանանել զնա, եւ յայտնի ոչ իշխէին վասն բազմութեան ժողովրդոցն: Խորհեցան դնել նմա գաղտնի որոգայթ: Եւ կալեալ մի ի ծառայից իւրեանց՝ խեղդեցին եւ բերեալ գիշերի՝ ընկեցին առ դրունս վանիցն. եւ վաղվաղակի ընդ առաւօտն եկեալ՝ պաշարեցին զվանքն, զի սպանցեն զամենեսեան, որպէս թէ նոքա գործեցին զայն: Եւ լուեալ քրիստոնէիցն՝ ժողովեցան անթիւ բազմութիւնք մեռանել ամենեցուն եւ ապա տալ զնա ի ձեռս:

Իսկ սուրբ այրն Աստուծոյ տեսեալ զգաղտնի որոգայթս թշնամեոյն, թէ ի պատճառս նորա զբազումս կամին սպանանել, զի պարսիկք ունէին զիշխանութիւն քաղաքին, ասէ ցնոսա. «Ներեցէ՛ք մեզ զմի գիշեր, եւ ի վաղիւն, որպէս կամք է ձեր, ա՛յնպէս արարէք. տո՛ւք ի մեզ զմեռեալդ»: Եւ նոքա ետուն: Եւ հրամայեաց վարդապետն գիշերապաշտօն առնել եւ խնդրել յԱստուծոյ, զի զերծցին ի զրպարտութենէն: Եւ ինքն առանձնացուցեալ զինքն՝ մեծաւ հառաչանօք խնդրէր յԱստուծոյ զայցելութիւն: Եւ ի վաղիւն բացեալ զդրունս վանիցն, կոչեաց զամենեսեան ի ներս՝ զհաւատացեալս եւ զանհաւատս, եւ ինքն առեալ զնշանն տէրունական՝ ասէ բարձր ձայնիւ ի լուր ամենեցուն. «Քե՛զ ասեմ, ա՛յ դու, արի՛ կաց յանուն Յիսուսի Քրիստոսի, որ հաստատեաց զարարածս յոչնչէ, եւ ասա՛ առաջի ամենեցուն՝ թէ ո՛վ սպան զքեզ»: Եւ նա յարեաւ վաղվաղակի, եւ նայեցաւ յամբոխն, ետես զսպանողն իւր, եւ ասէ. «Այրն այն սպան զիս»: Յայնժամ ասէ ցնա սուրբն Աստուծոյ. «Դարձեալ դի՛ր զգլուխ քո եւ ննջեա՛ մինչեւ ի հասարակաց յարութիւնն»: Եւ իսկոյն մեռաւ դարձեալ: Եւ այսպէս զերծեալք ի մահուանէ՝ փառաւորեցաւ անունն Քրիստոսի:

When the unbelievers saw that Astuatsatur was the cause of this, they wanted to kill him. But they did not dare do it because of the multitude of people. They therefore planned to ensnare him secretly. They took one of their servants, strangled him and threw his corpse at the doors of the monastery during nighttime. First thing in the morning they came and besieged the monastery to kill everyone, as though the one inside had committed the murder. When the Christians heard about this, they assembled in countless multitudes to die and to give assistance.

But the holy man of God saw the secret trap of the enemy, how they wanted to slaughter many people on his account, since Iranians ruled in the city. He said to them: "Allow us one night and tomorrow do as you will. Give us the deceased man." And they gave him the body. The *vardapet* then ordered that a night service be performed, and that God be beseeched to deliever them from calumny. Astuatsatur isolated himself and sighing heavily, he beseeched God for a visitation. In the morning he opened the doors of the monastery and called all inside—believers and unbelievers alike. Making the sign of the Cross, he said loudly, to inform everyone: "I say to you, man, come, arise in the name of Jesus Christ Who created being out of nothingness, and say before everyone who murdered you." The deceased immediately arose and regarded the crowd. He saw his slayer and said: "That man killed me." Then that holy man of God [Astuatsatur] said to him: "Lay down your head once more and repose until the general Resurrection." Instantly, the man died again. Thus were they delivered from death, and the name of Christ was glorified.

Ը

Վասն մահուանն Զաքարէի զօրավարին:

Յետ բազում քաջութեանց եւ յաղթութեանց, զոր արարին մեծամեծ իշխանքն Զաքարէ եւ Իւանէ, չոգան զօրօք բազմօք ի քաղաքն Մարանդ, եւ առին զնա եւ աւերեցին զգաւառսն, որ շուրջ զնովօք: Եւ ապա գնացին յԱրտաւիլ քաղաքն. նմանապէս առին եւ զնա: Եւ բազումք ի նոցանէ հանդերձ աղօթկոչօքն իւրեանց, զոր մուղրի անուանեն, ապաստանեալք էին յաղօթարանն իւրեանց: Հրամայեաց Զաքարիայ բերել խոտ եւ ցօղուն, եւ արկեալ զնովաւ ձէթ եւ նաւթ եւ բորբոքեալ հրով՝ այնպէս այրեաց զնոսա, եւ ասէ. «Իշխանքն եւ աշխարհականքն՝ փոխանակ իշխանացն հայոց, զոր այրեցին ի Նախճաւանի տաճիկք. եւ կուռայքն՝ փոխանակ քահանայիցն Բագուանայ, զոր մորթեցին եւ զարիւնն արկին զպարսպով եկեղեցւոյն, որ մինչեւ ցայսօր սեւացեալ երեւի տեղին»: Եւ ինքն դարձաւ յաշխարհն իւր. եւ ի ճանապարհին հիւանդացաւ, զի ելին վէրք անբժշկելիք յանդամս նորա. եւ յողջանալ միոյն՝ բուսանէր միւս եւս: Եւ այսպէս վտանգեալ զնա՝ յետ սակաւ աւուրց վախճանեցաւ. եւ եղեւ սուգ ամենայն քրիստոնէից: Եւ տարեալ թաղեցին զնա ի Սանահինն, ի մեծ եկեղեցւոջն, առաջի դրան խորանին ներքոյ՝ յահեակ կողմանէ: Եւ սուգ մեծ զգեցան թագաւորն վրաց Գիորգի, մականուն Լաշայ, որդի Սօսլանայ եւ Թամարին, թոռն Գիորգեայ, մեծի թագաւորին, եւ եղբայր իւր Իւանէ ամենայն զօրօքն վրաց: Եւ մնաց որդի Զաքարէի՝ մանուկ տիօք, Շահնշահ անուն նորա, զոր սնոյց Իւանէ ընդ որդւոյ իւրում Սարգսի, զոր Աւագն կոչէին, մինչեւ եհաս յարբունս հասակի եւ տիրեաց հայրենի իշխանութեանն:

VIII

THE DEATH OF GENERAL ZAK'ARE.

After many feats of bravery and triumphs accomplished by the great princes Zak'are and Iwane, they went to the city of Marand, took it, and destroyed the districts around it. Then they went on to Ardabil and similarly took it. Many of the inhabitants together with their prayer-callers (who are called *mughri*) took refuge in their prayer houses. Zak'are ordered that grass and stalks be brought. He had oil and naphtha poured on this kindling until [the mosques] were blazing with flames; and he burned [the Muslims] to death saying: "Here are princes and laymen in return for the Armenian princes whom the Tachiks immolated in the churches of Naxchawan, Koran-readers in return for the priests of Baguan who were slaughtered and whose blood was splattered on the gates of the church—a place which is darkened to this day." And Zak'are went to his own land. On the way he became ill, for incurable sores appeared on his limbs. As soon as one would heal, another would flare up. He died after a few days of such torments. All the Christians mourned. They took his body and buried it at Sanahin, in the great church beneath the altar on the right side. Great mourning was undertaken by the king of Georgia, Georgi nicknamed Lasha (son of Soslan and T'amar, grandson of Georgi the great king) and by [Zak'are's] brother Iwane with all the Georgian troops. Zak'are left a young son named Shahnshah, whom Iwane raised along with his own son Sargis (called Awag), until he reached maturity and ruled his patrimonial principality.

Թ

Վասն Լեւոնի արքային եւ վախճանի նորա:

Իսկ բարեպաշտ եւ յաղթազգեաց արքայն հայոց Լեւոն ի վերայ բազում քաջութեանցն, զոր արար, հնազանդեաց շրջակայ ազգսն. եկն եւ ապստամբ կաթողիկոսն հայոց Յովհաննէս, որ ի Կլայն Հռոմայական, եւ հաշտեցան ընդ միմեանս, իբրեւ վախճանեալ էր տէր Դաւիթ, որ յԱրքակաղնին:

Ապա հիւանդացաւ եւ արքայն Լեւոն հիւանդութիւն, որ եւ մեռաւ իսկ: Եւ կոչեալ առ ինքն զկաթողիկոսն Յովհաննէս եւ զամենայն զօրագլուխս զօրօք իւրեանց. եւ զի որդի ոչ ունէր, բայց միայն դուստր մի, զոր յանձնեաց ի կաթողիկոսն եւ յիշխանսն ամենայն՝ թագաւորեցուցանել զնա փոխանակ իւր, եւ կեալ նմա հնազանդ, եւ ամուսնացուցանել զնա զուգապատիւ առն: Եւ ետ զնա ի ձեռս կաթողիկոսին եւ երկու մեծամեծ իշխանացն Կոստանդնի ազգականին իւրոյ, եւ սիր Ատանայ, որ էր հոռոմ դաւանութեամբ, եւ ինքն հանգեաւ խաղաղական մահուամբ ի ՈԿԸ թուականին հայոց՝ կալեալ զթագաւորութիւնն ամս քսան եւ չորս յաղթութեամբ եւ բարի անուամբ:

Եւ յոյժ սգացին զվախճան քաջին ամենայն աշխարհն իւր եւ ամենայն զօրքն առ հասարակ, զի յոյժ սիրելի էր ամենեցուն քրիստոսասէր արքայն:

IX

KING LEWON AND HIS DEATH.

The pious and victorious king of the Armenians, Lewon, in addition to the many deeds of bravery that he accomplished, also subjugated the neighboring peoples. The rebel Catholicos of the Armenians, Yovhannes (who was at Hrhomkla), came to him and they were reconciled with each other, once lord Dawit' died at Ark'akaghin.

But King Lewon took ill and died. He had summoned Catholicos Yovhannes and all the commanders with their troops; and, since he did not have a son, but only a daughter, he entrusted her to the Catholicos and all the princes so that they enthrone her in his place, obey her, and marry her to a man of corresponding dignity. He entrusted her to the Catholicos and to two grandee princes—his relative Kostandin and sir Atan (who was of Roman confession)—and then he died peacefully in the year 668 A.E. [1219], having ruled the kingdom for twenty-four years bravely and with a good reputation.

His entire dominion mourned him greatly as did all the troops, for the philo-Christian king was very dear to everyone. After appropriate mourning, they prepared his body for burial.

Եւ յետ օրինաւոր սգոյն կազմեցին զմարմինն առ ի թաղել: Եւ եղեւ հակառակութիւն, զի կէսքն ասէին թաղել զնա յարքայական քաղաքին ի Սիս եւ այլքն՝ ի վանքն, որ կոչի Ակներ, զի յոյժ սիրէր նա զայն վանք վասն բարւոք կարգաւորութեան նոցա եւ հաճոյական աղօթիցն: Իսկ ոմանք ոչ համարեցան պատշաճ, զի եզր էր տեղին այն եւ թշնամիք բազում էին նորա յայլազգեացն: «Գուցէ, ասեն, եկեալ հանիցեն եւ այրեսցեն զդա հրով վասն բազում քինոյն, զոր ունին ընդ դմա»: Ապա միաբանեալ ամենեցուն, տարեալ զմարմին նորա թաղեցին ի Սիս քաղաքի եւ զսիրտն եւ զփորոտին տարան ի վանքն, որ կոչի Ակներ:

Այսպէս հանգեաւ ի բարեպաշտութեան քաջն եւ յաղթողն ամենայնի Լեւոն արքայ:

Եւ կաթողիկոսն եւ իշխանքն բերին զորդի տեառն Անտիոքայ, զոր բրինձն անուանէին, եւ ետուն զդուստրն արքային Լեւոնի ի կնութիւն նմա եւ թագաւորեցուցին զնա: Եւ էր անուն պատանւոյն Փիլիպպոս, եւ անուն թագուհւոյն Զապէլ: Իսկ նա իբրեւ եկաց յարքայութեանն զամս չորս, խաբեաց զնա հայրն իւր եւ առ ի նմանէ զթագն Լեւոնի արքայի եւ զպաղատն արքունական, զոր յերեւելի աւուրս կանգնէին, եւ այլ գանձս ոսկւոյ եւ արծաթոյ: Իբրեւ տեսին իշխանքն, եթէ ոչ է միամիտ այրն յարքայութեան անդ, ըմբռնեալ զնա՝ արարին յարգելս, մինչեւ բերցէ զթագն եւ զգանձն, զոր տարաւ: Իսկ հայրն նորա ոչ ետ եւ ոչ զմի, այլ եւ ոչ օգնել ինչ կարաց որդւոյ իւրում: Եւ թողին զնա անդ մինչեւ ի նմին մեռաւ:

Եւ իշխանն մեծ Կոստանդին հաւանեցոյց զկաթողիկոսն եւ զայլս ոմանս ի մեծամեծացն՝ թագաւորեցուցանել զորդի իւր զՀեթում, մանուկ տիօք, առոյգ մարմնով եւ գեղեցիկ տեսանելով: Իսկ թագուհին ոչ հաւանէր լինել կին մանկանն. ապստամբեցաւ չոգաւ ի Սելեւկիա առ ֆռանկսն՝ որ անդ, զի մայր նորա ֆռանկ էր ազգաւ ի Կիպրոս կղզւոյ:

However, a conflict arose since some said that [Lewon] should be buried in the royal city of Sis, while other said [the burial should be] at the monastery called Akner, since the king greatly loved that monastery because of the goodness of its discipline and its marvelous prayers. Now some did not think that monastery a proper site for it was located near the border and there were many enemies around it. "Perhaps," they said, "they will come, remove his body and burn it with fire because of the many grudges they have against him." Finally, they all united. They took [Lewon's] body and buried it in the city of Sis, while his heart and intestines were taken to the monastery called Akner.

Thus did the valiant, ever-triumphant King Lewon repose in piety.

The Catholicos and the princes brought the son of the lord of Antioch, named prince and gave him in marriage the daughter of King Lewon, thus making him their king. The youth's name was Phillip and the queen's name was Zabel. When [Phillip] had ruled the kingdom for four years, his father deceived him and took from him the crown of King Lewon and the royal paghat[116] which they erected on special occasions, and other treasures of gold and silver. As soon as the princes saw that the man was not loyal to the kingdom, they arrested and held him until he return the crown and treasures. But his father gave neither the one nor the other, and did not aid his son in any way. And they left him there [in prison] until he died.

The great prince Kostandin convinced the Catholicos and some of the other grandees to enthrone his own son, Het'um, a physically robust and handsome lad. But the queen did not consent to being the wife of a child. She defied him and went to Seleucia, to the Franks there; for her mother was of Frankish nationality, and from the island of Cyprus.

---

116 *Paghat:* possibly, tent.

VOLUME I

Եւ առեալ Կոստանդնի զզօրսն ամենայն պաշարեաց զքաղաքն, մինչեւ յոչ կամաց ետուն զթագուհին ի ձեռս նորա: Եւ տարեալ ամուսնացոյց զնա որդւոյ իւրում: Եւ եղեն ի նմանէ որդիք: Եւ յոյժ բարեպաշտ էր կինն այն եւ ողջախոհ, սիրող ամենայն երկիւղածաց Աստուծոյ եւ աղքատասէր, պահօք եւ աղօթիւք հանապազ ճգնէր:

Իսկ մեծ իշխանն Կոստանդին իբրեւ առ զիշխանութիւնն թագաւորութեանն որդւոյ իւրում Հեթմոյ, զամենայն հոգս արքայութեան յանձն առեալ՝ իմաստաբար կարգաւորէր. զկէսն հնազանդէր սիրով, եւ զոչ հնազանդսն բառնայր ի միջոյ՝ զոմանս փախստական առնելով եւ զայլս մահուամբ: Արար սէր եւ միաբանութիւն ընդ սուլտանին հոռոմոց, որում անուն էր Ալադին, որ ունէր զբազում աշխարհս ընդ ձեռամբ իւրով: Այսպէս առնէր ընդ ամենայն շրջակայ ազգսն, եւ յամենայն կողմանց խաղաղացոյց զաշխարհս:

Կարգեաց եւ զանդրանիկ որդին, զՍմբատ, զօրավար, եւ զմիւսն՝ իշխան թագաւորութեանն: Եւ զամենայն վանորայս երկրին անհոգ առնէր յամենայն մարմնական պիտոյից, զի ինքն տայր նոցա զամենայն պէտս նոցա, զի նոքա աղօթից եւ պաշտաման պարապեսցին:

Լցաւ եւ երկիրն բազմութեամբ մարդկան անարուեստից եւ արուեստաւորաց, որք ժողովեցան յամենայն կողմանց փախուցեալք յաւերմանէ թաթարին, որք եկեալ յարեւելից հիւսիսոյ տապալեցին զամենայն տիեզերս:

Յետ այսորիկ մեռաւ եւ կաթողիկոսն Յովհաննէս կալեալ զաթոռն ամս ութ եւ տասն: Եւ նստուցանէ մեծ իշխանն հանդերձ թագաւորաւն զտէր Կոստանդին յաթոռ սրբոյն Գրիգորի, այր առաքինի եւ հեզ, սուրբ վարուք կեցեալ եւ անձին իւրում բարւոք առաջնորդեալ, որպէս յարդարեաց զկարգ եկեղեցւոյ ուղղափառութեամբ: Զսա պատուէին ամենայն ազգք ո՛չ միայն քրիստոնեայք, այլ եւ ազգն տաճկաց:

Kostandin took all the troops and besieged the city until they unwillingly surrendered the queen. Kostandin took her and married her to his son, to whom she bore children. The woman was extremely pious and sensible—a lover of all God-fearing and poor folk—who constantly fasted and prayed.

Once his son Het'um had taken the rule of the kingdom, the great prince Kostandin himself assumed all the concerns of the kingdom, arranging everything wisely. Some he made obedient with affection, while the disobedient were eliminated, making some into fugitives, killing others. He made friendship and union with the sultan of Rum, whose name was 'Ala al-Din, who had many lands under his control. Kostandin did the same with all the neighboring peoples, and pacified the lands everywhere.

He established his eldest son, Smbat, as general and made the other son prince of the kingdom. And all the monks in the country were unconcerned about their physical necessities, for he himself gave them everything they needed, so that they might occupy themselves with prayers and worship.

The country became filled with skilled and unskilled men who assembled from all sides fleeing the destruction wrought by the T'at'ars who had come from the northeast and overthrown the entire world.

After this, Catholicos Yovhannnes also died, having occupied the throne for eighteen years. The great prince with the king seated lord Kostandin on the throne of Saint Gregory. He was a virtuous mild man of blessed behavior, who conducted himself with goodness and regulated the order of the Church with orthodoxy. Kostandin was revered by all peoples, not only by Christians, but also by Tachiks.

Դէպ եղեւ երից սուլտանացն գալ ի սահմանս Հռոմկլայն կոչեցեալ քաղաքի, ուր էր աթոռ կաթողիկոսութեանն ի վերայ Եփրատ գետոյն: Գնաց կաթողիկոսն ի տես սուլտանանցն: Իբրեւ գիտացին զգալուստ նորա՝ ինքեանք իսկ ընթացան ընդ առաջ նորա եւ բերեալ զնա ի բանակն մեծաւ պատուով՝ կանգնեցին նմա խորան ազնիւ ի մէջ խորանաց իւրեանց՝ ի մի կողմանէ խորան Մելիք Քէմլին, որ իշխէր կողմանցն Եգիպտոսի, եւ ի միւս կողմանէն՝ խորան Մելիք Աշրափին, որ իշխէր մեծ մասին Հայոց աշխարհիս եւ Միջագետաց. նոյնպէս եւ խորան եղբօր որդւոյ նոցա, որ իշխէր կողմանցն Դամասկոսի: Եւ այսպէս մեծապատիւ արարեալ զնա զյոլով աւուրս՝ արձակեցին զնա մեծաւ պարգեւօք, գիւղօք եւ դաստակերտօք, զի աստուած զփառաւորիչս իւր փառաւորէ աստ եւ ի հանդերձեալն:

Եւ եղեւ սկիզբն թագաւորութեանն Հեթմոյ ի ՈՀԳ թըւականին Հայոց:

Once it happened that the three sultans went to the borders of the city called Hrhomkla on the Euphrates River where the throne of the Catholicosate was located. The Catholicos went out to see them. As soon as the sultans learned of his coming, they themselves hastened before him and brought him to the army with great honor. They erected a fine altar for him, in the midst of their altars. On one side was the altar of Melik' K'eml who ruled Egypt, on another side was the altar of Melik' Ashrap' who ruled most of Armenia and Mesopotamia, as well as the altar of their brother's son who ruled Damascus. Thus honoring him greatly for many days, they released him with many presents [including] villages and *dastakerts*, for God glorifies those who glorify Him, both in this world and in the next.

Het'um's reign began in 673 A.E. [1224/25].

Ժ

Համառօտ հիւսուածք պատմութեանց կողմանցն Աղուանից ընդ ներքոյս գրուցատրաբար:

Սկիզբն առաջնոյ պատմութեանն եդաք զսուրբ Լուսաւորիչն Հայոց, զառաքեալ եւ զմարտիրոս, եւ զաթոռակալ երից սուրբ առաքելոցն՝ Թադէոսի եւ Բարդուղիմէոսի եւ Յուդայի Յակոբեան, զսուրբն Գրիգորիոս, եւ աղօթիւք նորա հասաք մինչեւ ցայս վայր: Իսկ երկրորդ հատուածիս դիցուք գլուխ զլուսաւորիչս կողմանցն Աղուանից, որպէս զազգայնոց եւ զհաւատակցաց մերոց, մանաւանդ զի եւ առաջնորդք նոցա հայալեզուք, հայերէնախօսք յոլովք էին. թագաւորքն՝ հնազանդք թագաւորացն հայոց, ընդ ձեռամբ նոցա լեալք, եւ եպիսկոպոսքն՝ ձեռնադրեալք ի սրբոյն Գրիգորէ եւ յաթոռակալաց նորա, եւ ազգն ուղղափառութեամբ ընդ մեզ կացեալ ի կրօնս, վասն այնորիկ արժան է ի միասին լինել յիշատակ երկուց ազգացս: Եւ մեք համառօտիւք սկսցուք ասել զառաջնորդս նոցա մինչեւ ցայս վայր, որ թողաւս:

Արդ՝ առաջին պատճառ լուսաւորութեան կողմանցն Արեւելից ասեն զսուրբն Եղիշէ, զաշակերտ մեծին Թադէոսի առաքելոյն, որ յետ մահուան սրբոյ առաքելոյն գնացեալ յԵրուսաղէմ առ Յակոբոս եղբայրն տեառն եւ ի նմանէ ձեռնադրեալ եպիսկոպոս՝ գայ ընդ աշխարհն Պարսից եւ հասանէ յաշխարհն Աղուանից. գայ նա ի տեղի մի անուանեալ Գիս, եւ անդ շինէ եկեղեցի, եւ ինքն կատարի անդէն նահատակութեամբ, անյայտ է, թէ յումմէ եղեւ: Եւ ընկեցեալ զնա ի ջրհոր մի ընդ այլ բազում դիականց, անդ եկաց մինչեւ յաւուրս բարեպաշտ արքային Վաչագանայ վերջնոյ:

X

A BRIEF SECTION ON THE HISTORY OF AGHUANIA IS PRESENTED BELOW.

At the beginning of the first [section of this] history we placed [accounts of] the holy Illuminator of the Armenians, blessed Gregory, coadjutor of the apostle, martyr, and thrice-blessed apostles Thaddeus, Bartholemew, and James-Judas, and through [Gregory's] prayers we have reached this far. Now for the second section [we begin with] a chapter on the illuminators of the Aghuanian areas, since they are our relatives and coreligionists, and especially since many of their leaders were Armenian-speaking, their kings obedient to the kings of the Armenians and under their control, their bishops ordained by Saint Gregory and his successors, and their people remained with us in orthodoxy. For these reasons it is fitting to recall the two peoples together. Therefore, we will begin by concisely describing their leaders up to the point where we left off.

They say that the initial cause of the illumination of the eastern areas was the blessed Eghishe (pupil of the great Thaddeus the Apostle) who, after the death of the holy Apostle went to Jerusalem to James, the brother of the Lord, received ordination as bishop from him, and then went to the land of Iran eventually reaching the land of the Aghuans. He came to a place called Gis and built a church there, and he himself was martyred there, though it is not known by whom. His body was thrown into a well with other corpses and it remained there until the time of pious King Vach'agan the last.

VOLUME I

Եւ այս են թագաւորք Աղուանից ի զարմից Հայկայ՝ յազգականութենէն Առանայ, զոր կարգեաց Վաղարշակ Պարթեւ վերակացու եւ իշխան կողմանցն այնոցիկ: Առաջին Վաչագան, Վաչէ, Ուռնայր: Սա եկեալ առ մեծ արքայն Հայոց Տրդատ, եւ առ սուրբն Գրիգորիոս, մկրտի ի նմանէ: Եւ ձեռնադրէ սուրբն Գրիգոր զայր մի ի սպասաւորաց իւրոց եպիսկոպոս, որ եկեալ էր ընդ նմա ի հոռոմոց, եւ տայ զնա Ուռնայրի արքայի: Վաչագան, Մերհաւան, Սատոյ, Ասայ, Եսվաղէն: Յաւուրս սորա արար գիր Մեսրոպ երանելին՝ հայոց, վրաց եւ աղուանից: Վաչէ, զսա բռնութեամբ մոգ արար Յազկերտ պարսից արքայ, որ կոտորեաց զսուրբ Վարդանանքն. եւ յետոյ թողեալ զմոգութիւնն, ընդ նմին եւ զթագաւորութիւնն, կրօնաւորեալ խստակրօն վարուք, հաշտեցոյց զաստուած, որում եւ մեռաւ: Եւ ապա Վաչագան բարեպաշտ՝ զոր յիշատակեցաք ի վերոյ: Սա լուաւ, թէ զսուրբն Եղիշէ ընկեցին ի գուբն, հրամայեաց հանել զամենայն ոսկերսն՝ որ ի գբի անդ, եւ հանեալ կուտեցին զնա շեղջս շեղջս: Յաղօթս եկաց բարեպաշտ արքայն առ աստուած, զի յայտնեսցէ զոսկերս սրբոյն Եղիշէի: Եւ եկ հողմ ուժգնակի եւ ցանեալ ցրուեաց զամենայն ոսկերսն ընդ երեսս դաշտին, բաց յոսկերաց սրբոյն Եղիշէի: Եւ բարձեալ արքայի մեծաւ պատուով, գոհանալով զԱստուծոյ՝ բաշխեաց ամենայն երկրին իւրոյ:

Ապա սուրբն Շուփհաղիշոյ եկաց եպիսկոպոս: Բայց վասն առնս այսորիկ յառաջ կարգելոյ՝ երկմտութիւն գոյ մեզ. զի որ գրեաց զպատմութիւնն Աղուանից, զայս անունս կարգէ յաւուրս Վաչագանայ բարեպաշտի լեալ. եւ այսմ վկայ օրէնքն, զոր եդ Վաչագան արքայ ամենայն եպիսկոպոսօքն Աղուանից, եւ գրէ այսպէս. «Ես, Վաչագան Աղուանից արքայ, եւ Շուփհաղիշոյ արքեպիսկոպոս՝ Պարտաւայս»: Եւ յետ այսորիկ այս անուն ոչ գտանի ի կարգ համարոյ եպիսկոպոսացն, այլ մեք որպէս գտաք եւ եդաք:

Here are the kings of the Aghuans from the line of Hayk, descendants of Arhan whom the Parthian Vagharshak set up as overseer and prince of those areas. First Vach'agan, Vach'e, Urhnayr. The latter came to the great king of the Armenians, Trdat, and to Saint Gregory and was baptized by him; and Saint Gregory gave to King Urhnayr a man from among his deacons who had come with him from Rome, and whom [Gregory] had ordained as bishop. Vach'agan, Marhawan, Sato, Asa, Esvaghen. In the days of the latter king, the venerable Mesrop made alphabets for the Armenians, Georgians, and Aghuans. [Then] Vach'e [ruled]. Yazdigert, king of Iran, who destroyed the holy Vardaneans forcibly made [Vach'e] a mage, but subsequently he left magianism and his kingdom with it, became an ascetic adhering to a severe discipline, and reconciled himself with God against Whom he had sinned. Then the pious Vach'agan ruled, whom we recalled above. He heard that they had thrown blessed Eghishe['s body] into a well and he ordered that all the bones found [in the well] be removed. They removed them and piled them into heaps. The pious king prayed to God that the bones of Saint Eghishe be revealed. A fierce wind arose and scattered across the face of the plain all the bones except for those of Saint Eghishe. Thanking God, the king gathered them up and distributed [the relics] throughout his realm.

Then holy Shup'haghishoy became bishop. However, we are confused about his placement, for the man who wrote the history of the Aghuanians[117] places his name in the time of the pious Vach'agan, proof of which being the canons which Vach'agan established with all the bishops of the Aghuanians, writing: "I Vach'agan, king of the Aghuanians, and Shup'haghishoy, archbishop of Partaw." Elsewhere this name is not found again among the ranks of the bishops. But as we have found it, so we have written it.

---

117 See *History of the Aghuans* by Movses Dasxuranc'i.

Եւ ապա տէր Մատթէ, տէր Սահակ, հինգ.

տէր Մովսէս, վեց.

տէր Պանտ, եօթն.

տէր Ղազար, ութ:

Եւ ապա սուրբ մանուկն Գիգորիս, որդի մեծին Վրթանայ, եղբայր Յուսկանն, թոռն սրբոյ Գրիգորի, զոր առաքեաց մեծ արքայն Հայոց Տրդատ, եւ սպանեալ եղեւ ի դաշտին Վատնայ վասն վկայութեան Աստուծոյ. եւ բերեալ թաղեցաւ յԱմարաս:

Յետոյ նշխարքն գտեալ եղեւ յաւուրս Վաչագանայ, ընդ որսեւ նշխարք սրբոցն՝ գտեալ եղեն՝ Զաքարիայի, հօրն Յովհաննու Մկրտչի, եւ Պանտալէիմոնի մեծ վկային Քրիստոսի, որ վկայեաց ի Նիկոմիդիայ քաղաքի յաւուրս Մաքսիմիանոսի, զոր տարեալ էր սուրբն Գրիգորիս ընդ իւր:

Եւ ապա տէր Զաքարիայ, տասն.

տէր Դաւիթ, մետասան.

տէր Յովհաննէս, որ եւ հոնացն եղեւ եպիսկոպոս, երկոտասան.

տէր Երեմիայ, երեքտասան: Յաւուրս սորա արար երանելին Մեսրոպ գիրս աղուանից մեծաւ ջանիւ:

տէր Աբաս, չորեքտասան: Առ սա գրեցին ի ժողովոյն Դունայ՝ ասել զՍուրբ աստուածն «անմահ եւ խաչեցար», եւ ասել՝ «Մի բնութիւն աստուածութեանն եւ մարդկութեանն».

տէր Վիրոյ ամս երեսուն եւ երեք: Սա զբազում ամս ի դիպահոջ լեալ ի դրան Խոսրովու Պարսից արքայի, եւ յետ մահուան նորա ազատեալ, եկն յերկիր իւր: Սա թափեաց զգերեալսն Հայոց, Վրաց եւ Աղուանից ի Շաթայ խազրէ, յորդւոյն Ջեբու խաքանայ՝ որ գերեաց զաշխարհս: Սա շինեաց քաղաքս հինգ յանուն Շաթայ՝ զՇաթառ, զՇամքոր, զՇաքի, զՇիրուան, զՇամախի, զՇապօրան:

Then lord Matt'e, lord Sahak five [years],
lord Movses six [years],
lord Pant seven [years],
lord Ghazar eight [years].

Then the blessed youth Grigoris, son of great Vrt'anes brother of Yusik, grandson of Saint Gregory whom the great king of the Armenians Trdat sent and who was killed on the plain of Vatean as a martyr of God, [was patriarch]. His body was brought and buried at Amaras.

Later, during the time of Vach'agan, relics were discovered among which were those of the blessed Zak'aria, father of John the Baptist and of Pantalemon the great martyr for Christ who was slain in the city of Nicomedia in the time of Maximianos [and whose relics] Saint Gregory had taken with him.

Then lord Zak'aria [ruled], ten years,
lord Dawit' for eleven years,
lord Yovhannes (who also was bishop of the Huns), twelve years,
lord Eremia, thirteen years. In Eremia's time the venerable Mesrop created the Aghuanian alphabet with great effort.

Lord Abas [ruled] for fourteen years. The Council of Dwin wrote to Abas that he should recite the formula "Holy God, immortal, Who Was crucified" and "of one nature, divine and human."

Lord Viroy for thirty-three years. He was a prisoner for many years at the court of Xosrov, the Iranian king, but after Xosrov's death he was freed and came to his own country. He freed the Armenian, Georgian and Aghbanian prisoners from the Xazar Shat' (son of Jebu Xak'an who had enslaved the land). He built six cities named after Shat': Shat'arh, Shamk'or, Shak'i, Shirvan, Shamaxi, and Shaporan.

Տէր Զաքարիայ ամս հնգետասան: Սա աղօթիւք իւրովք ապրեցոյց զմեծ քաղաքն Պարտաւ ի գերութենէ:

Տէր Յովհան՝ ամս քսան եւ հինգ.

տէր Ուխտանէս՝ ամս երկոտասան: Սա անէծ զնախարարս Աղուանից վասն ազգաշաղախ խառնակութեան, եւ սատակեալք եղեն ամենեքեան:

Տէր Եղիազար՝ ամս վեց.

տէր Ներսէս ամս՝ եօթն եւ տասն:

Սա մինչ եպիսկոպոս էր Գարդմանայ՝ հաւանեցոյց զկին ոմն, Սպրամ անուն, կին իշխանին Աղուանից, զի թէ տացէ զնա ձեռնադրել կաթողիկոս Աղուանից, զամենայն ինչ ըստ կամաց նորա գործեսցէ: Եւ էր կինն խմորեալ յաղանդն Քաղկեդոնի, եւ աղաչեալ կնոջն զեպիսկոպոսունսն, ետ ձեռնադրել զՆերսէս Բակուր ի կաթողիկոսութիւն Աղուանից:

Իբրեւ անցին ժամանակք ինչ, երեւեցոյց զաղանդն, զոր յղացեալ ունէր: Իբրեւ յանդիմանեցաւ յեպիսկոպոսացն եւ յերիցանցն, հալածական արար զբազումս: Եւ ժողովեալ առաջնորդացն Աղուանից՝ նզովեցին զնա եւ գրեցին առ կաթողիկոսն Հայոց Եղիայ օգնել նոցա:

Եւ գրեաց Եղիայ առ գլխաւորն տաճկաց Աբդլմելիք, թէ՝ Առաջնորդն Աղուանից եւ կին մի կամին ապստամբեցուցանել ի քէն զաշխարհն, զի զյունօք թեւակոխեն: Եւ հրամայէ Եղիայի գնալ յաշխարհն Աղուանից եւ ըմբռնել զնա յաթոռոյն, ե՛ւ զնա ե՛ւ զկինն ի միասին՝ կապել զոտս նոցա եւ արկանել զուղտով որպէս զբեռն, եւ տանել ի դուռն արքունի, զի նշաւակ լիցի ամենայն զօրուն:

Lord Zak'aria [who ruled for] fifteen years, saved the great city of Partaw from slavery by his prayers.

Lord Yovhan [ruled for] twenty-five years.

Lord Uxtanes, twelve years. [It was Uxtanes] who cursed the Aghuanian naxarars for their foul mixed marriages, and all of them died.

Then lord Eghiazar [ruled for] six years.

Lord Nerses [ruled for] seventeen years.

While [Nerses] was bishop of Gardman, he convinced a certain woman named Spram, the wife of an Aghuanian prince, that if she had him ordained Catholicos of the Aghuanians, he would do whatever she wanted. The woman was steeped in the Chalcedonian heresy. She entreated the bishops to ordain Nerses Bakur as Catholicos of the Aghuanians.

After some time had passed, the heresy which she had conceived within her became apparent. As soon as she was reprimanded by the bishops and priests, she began persecuting many of them. The spiritual leaders of the Aghuans assembled and anathematized her and wrote to the Catholicos of the Armenians, Eghia, to aid them.

Eghia wrote [a message] to the head of the Tachiks, Abdlmelik', to the effect that "The [religious] leader of the Aghuanians and a woman here want to place their land in rebellion against you, for they are assisting the Greeks." Abdlmelik' commanded Eghia to go to Aghuania and dethrone him and to send him and the woman to court with their feet bound and thrown onto camels like freight, so that they would be the objects of derision for all the troops.

Եւ գնացեալ Եղիայի եւ ներքինւոյն արքայի ի քաղաքն Պարտաւ՝ արարին զհրամանն արքունի: Եւ մինչ այնպէս անարգանօք ձաղէին զնա, ի նեղասրտութիւն անկեալ Ներսէսն՝ յետ ութ աւուր վախճանեցաւ դառնապէս: Եւ մուրհակ ետուն ամենայն նախարարքն Աղուանից եւ ամենայն եպիսկոպոսքն առաջի ներքինւոյն՝ հրամանաւ եւ մատանեաւ արքունի, զի առանց հրամանի կաթողիկոսին Հայոց ոչ ձեռնադրեսցեն կաթողիկոս Աղուանից:

Եւ ձեռնադրէ Եղիայ յաթոռն Աղուանից զտէր Սիմէօն, որ զպղտորումն Ներսիսի եբարձ, կացեալ ամ մի եւ կէս, եւ եդ կանոնս եօթն տուն:

Տէր Միքայէլ, ամս երեսուն եւ հինգ. սա կոչեաց զՄաքենոցաց հայրն Սողոմոն եւ անէծ զտեարսն Աղուանից, որք զերից ազգաց ծնունդսն ամուսնացեալ էին, որք բարձան ի միջոյ առհասարակ, նզովեցին եւ զԹալիլէ վրաց առաջնորդն, զի նրա հրաման տայր անօրէն ամուսնութեանն:

Տէր Անանիա, ամս չորս:

Տէր Յովսէփ, ամս տասն եւ եօթն: Ի սորա հինգերորդ ամին լցաւ երկերիւր ամ թուոյ հայոց:

Տէր Դաւիթ ամս, չորս. սա թափեաց զհող եւ զսպաս սրբութեանցն, եւ դեղակուր եղեալ մեռաւ:

Տէր Դաւիթ, ամս ինն. սա վաճառեաց անօրինաց զԴաստակերտն եւ զՍահմանախաչ:

Տէր Մատթէոս, ամ մի եւ կէս. եւ սա եւս դեղ մահու արբեալ վախճանեցաւ:

Տէր Մովսէս, ամ մի եւ կէս: Տէր Ահարոն ամս երկուս:

Տէր Սողոմոն կէս ամ:

Տէր Թէոդորոս, ամս չորս:

Տէր Սողոմոն, ամս մետասան:

Eghia and the king's eunuch went to the city of Partaw and executed the royal order. While they mocked him thus with dishonor, Nerses died bitterly from exasperation, eight days later. All the Aghuanian *naxarars* and all the bishops gave pledges before the eunuch with the royal command and seal that they would not ordain an Aghuanian Catholicos without the order of the Armenian Catholicos.

Then Eghia ordained for the Aghuanian [patriarchal] throne lord Simeon, who removed the disturbance caused by Nerses. [Simeon] reigned for one and a half years and established canons with seven provisions.

Lord Mik'ayel [reigned for] thirty-five years. He summoned the prior of Mak'enots'ats' [monastery], Soghomon, and cursed those who had married their relatives in the third degree. These were generally eliminated. They also anathematized the Georgian [spiritual] leader T'alile, for he had authorized the illegal marriages.

Then lord Anania [ruled for] four years.

Lord Yovsep' [ruled for] seventeen years.

In the fifth year of his reign the two hundredth year of the Armenian Era was completed [751/52].

Lord Dawit' [ruled for] four years. [Dawit'] freed Church lands and ornaments. He died of poisoning.

[Another] lord Dawit' [then ruled for] nine years. He sold Dastakert and Sahmanaxach' to the infidels.

Lord Matt'eos [ruled for] one and a half years; he too was given poison to drink and died from it.

Lord Movses, one and a half years;

lord Aharon two years;

lord Soghomon, half a year;[118]

lord T'eodoros four years;

lord Soghomon, eleven years;

---

118 This patriarch was added based on the list in Book III of Movses Dasxurants'i's *History of the Aghuans.*

Տէր Յովհաննէս, ամս քսան եւ հինգ. սա փոխեաց զկաթողիկոսարանն ի Բերդակ՝ որ էր իւրեանց հովոցաց տեղի, յորժամ հանեալ ի Պարտաւայ:

Տէր Մովսէս կէս ամ:

Տէր Դաւիթ, ամս քսան եւ ութ. սա օրհնեաց զանօրէն ամուսնութիւն Շաքւոյ տեառն, եւ նորին իշխանին եղբայրն աշխարհական հարցեալ՝ ասէ ցնա. «Ուստի՞ գաս, տէր»: Եւ նա ասէ. «Ի տանէ եղբօր քո»: Եւ ասէ իշխանն Դաւթի. «Լեզուդ, որ օրհնեաց, մի՛ խօսեսցի, եւ աչք չորասցի»: Եւ առժամայն եղեւ, եւ ոչ բժշկեցաւ մինչեւ ի մահ:

Տէր Յովսէփ, ամս քսան եւ հինգ. ի սորա երրորդ ամին լցաւ թիւ հայոց երեք հարիւր:

Տէր Սամուէլ, ամս եօթ եւ տասն, անձամբ առեալ սորա զպատիւն, եւ յետոյ լուծեալ ի Գէորգայ կաթողիկոսէ Հայոց, ի հարկէ առնու զերկրորդ ձեռնադրութիւնն ի Դրւին:

Տէր Յովնան, ամս ութ եւ կէս. Սա էր դրան եպիսկոպոս Հայոց: Եւ մինչդեռ ի գերութեան էր Գէորգ, սա գայ յԱղուանս եւ անդէն ձեռնադրի առանց կամաց տեառն Գէորգայ. եւ իբրեւ գնեցին զտէր Գէորգ իշխանքն Աղուանից, լուծանէ զՅովնան ի պատուոյն, բայց աղաչեալ զնա իշխանացն Աղուանից վասն երախտեացն, որ առ նա, կրկին ձեռնադրէ զնա եւս:

Տէր Սիմէօն, ամս քսան եւ մի:

Տէր Դաւիթ, ամս հինգ:

Տէր Սահակ, ամս ութեւտասն:

Տէր Գագիկ, ամս չորեքտասան. ի սորա չորրորդ ամին լցաւ թուականն հայոց չորեք հարիւր:

Տէր Դաւիթ, ամս եօթն՝ յեպիսկոպոսութենէն Կապաղակայ:

lord Yovhannes, twenty-five years. [Yovhannes] moved the Catholicosate to Bardak which was their summer residence when it was removed from Partaw.

Lord Movses [ruled for] one half year;

lord Dawit', for twenty-eight years. It was [Dawit'] who blessed the impious marriage of the lord of Shak'i. Now the prince's lay brother asked [Dawit']: "Whence do you come, lord?" And [Dawit'] replied: "From your brother's house." Then the prince said to Dawit': "May your tongue, which blessed this not speak, and may your eye dry up." And this very thing happened immediately, nor was [Dawit'] cured until his death.

Then lord Yovsep' [ruled for] twenty-five years. In his third year, the three hundredth year of the Armenian Era was completed [851/52].

Lord Samuel [ruled for] seventeen years. He assumed the dignity [of Catholicos] by himself, but was later dethroned by Georg, Catholicos of the Armenians, and forced to undergo a second ordination in Dwin.

Lord Yovhan [ruled for] eight and a half years. He was court-bishop of the Armenians. While Georg was in captivity, Yovhan went to the land of the Aghuanians and was ordained there without the permission of lord Georg. But when the Aghuanian princes ransomed back lord Georg, he removed Yovhan from the dignity [of the Catholicosate]. The Aghuanian princes beseeched Georg as a favor to accept Yovnan, and so he ordained him again.

Lord Simeon [ruled for] twenty-one years;

lord Dawit', five years;

lord Sahak, eighteen years;

lord Gagik, fourteen years. In [Gagik's] fourth year, the four hundredth year of the Armenian Era was completed [951/52].

Lord Dawit' from the episcopate of Kapaghak [ruled for] seven years.[119]

---

119 This sentence was added from the list appearing at the end of Book III in Movses Dasxurants'i's *History of the Aghuans*.

Տէր Դաւիթ, ամս վեց. սա առ ձեռնադրութիւն յԱնանիայէ հայոց կաթողիկոսէ:

Տէր Պետրոս, ամս վեշտասան: Տէր Մովսէս, ամս վեց, յառաջնորդութենէն Փառիսոսոյ վանացն: Ապա տէր Մարկոս, այրն Աստուծոյ, եւ յետ նորա Յովսէփ. եւ ապա միւս տէր Մարկոս եւ զկնի նորա տէր Ստեփանոս. եւ ապա տէր Յովհաննէս ամս յիսուն, եւ ապա տէր Ստեփաննոս ամ մի եւ կէս, ի տիս պատանեկութեան վախճանեալ: Յամի ՇՁԼ թուականին հայոց, յաւուրս տեառն Գրիգորիսի մեծի հայոց կաթողիկոսի առաջնորդ ոչ գոյր տանն Աղուանից զամս քսան եւ հինգ:

Ապա մանուկ մի էր յազգէ կաթողիկոսացն Գագիկ անուն, որդի Գէորգայ, թոռն Կարապետին, զոր սնուցին եւ ուսուցին. եւ իբրեւ ի չափ հասաւ մանուկն, ապա գրեն թուղթ մաղթանաց Գրիգոր վարդապետն՝ որդին Թոքակերի, եւ Դաւիթ՝ որդի Ալաւկայ, եւ այլ աշխարհն Աղուանից, առ մեծ հայրապետն հայոց Գրիգորիս, որ ընդ այն ժամանակս էր նա ի կողմանս Արեւմտից: Եւ այր մի ընդ թղթոյն առաքեցին, զի ձեռնադրեսցէ զնա եպիսկոպոս, առաքեսցէ եւ ինքն եպիսկոպոս մի յիւրոցն, եւ տացէ հրաման ձեռնադրել զմանուկն Գագիկ յաթոռն Աղուանից, զի մի՛ անառաջնորդ կորիցէ աշխարհն:

Իսկ հայրապետն ձեռնադրեաց զառաքեալն, հրաման ետ եւ եպիսկոպոսին Կարնոյ՝ գնալ յաշխարհն Աղուանից եւ ձեռնադրել կաթողիկոս Աղուանից:

Ապա եկեալ եպիսկոպոսին Կարնոյ Սահակայ եւ միւս եպիսկոպոսն, ձեռնադրեն այլ եւս եպիսկոպոսս երկոտասան՝ ըստ հրամանի գրոց, եւ ապա ձեռնադրեցին զԳագիկն կաթողիկոս, եւ անուանեցին Գրիգորէս՝ ըստ անուան կաթողիկոսին Հայոց:

Lord Dawit' [ruled for] six years. He was ordained by the Armenian Catholicos Anania.

Lord Petros [ruled for] sixteen years.

Lord Movses (who had been director of Parhisos monastery) [ruled for] six years.

Then lord Markos, a man of God, [ruled, followed by Yovsep', another Markos, followed by lord Step'annos.

Then lord Yovhannes [ruled for] fifty years, followed by lord Step'annos for one and a half years. He died in his youth.

In 588 A.E.[1139] during the reign of lord Grigoris, the great Catholicos of the Armenians, there had been no leader of the Aghuanian patriarchal house for twenty-five years.

There remained one lad from the Catholicosal line named Gagik (son of Georg, grandson of Karapet) whom they nourished and educated. When he reached maturity, *vardapet* Grigor T'ok'aker's son, Dawit' Alawka's son, and others from the land of the Aghuanians wrote a letter of entreaty to Grigoris, the great patriarch of the Armenians who at that time was in the West. And they sent a man with the letter so that he be ordained bishop and so that Grigoris send them one of his own bishops and give the command to ordain the young Gagik for the patriarchal throne of the Aghuanians, so that the leaderless country not be lost.

The patriarch ordained the man sent to him. He also ordered the bishop of Karin to go to the land of the Aghuanians and to ordain the Aghuanian Catholicos.

The bishop of Karin, Sahak, and the other bishop ordained an additional twelve bishops, according to the dictates of Scripture, and then they ordained Gagik as Catholicos, naming him Grigores after the Catholicos of the Armenians.

Ընդ աւուրսն ընդ այնոսիկ եղեւ յանկարծակի մէգ եւ մառախուղ, եւ լցաւ առհասարակ լեառն եւ դաշտ, եւ եղեւ շարժ ահագին, եւ կործանեցաւ մայրաքաղաքն Գանձակ: Եւ շնորհօքն Աստուծոյ ապրեալ եղեւ նորընծայ կաթողիկոսն, բայց մեռաւ ի շարժմանէն մեծ վարդապետն Գրիգոր՝ հանդերձ այլ բազմութեամբ արանց եւ կանանց եւ մանկտոյ, որոց ոչ գոյ թիւ, զոր սպանին շինուածքն՝ անկեալ ի վերայ:

Եւ եկն թագաւորն Վրաց Դեմետրէ եւ աւար էառ զամենայն ինչսն. տարաւ եւ զդրունս քաղաքին յիւր աշխարհն:

Փլաւ եւ լեառն Ալհարակ եւ կապեաց զձորակն, որ անցանէր ընդ մէջ նորա, եւ եղեւ ծով, որ է մինչեւ ցայսօր ժամանակի:

Եւ յետ ութ ամի երեւեցաւ աստղ մի գիսաւոր լի լուսով, որ նշանակ եղեւ սովոյ ե՛ւ սրոյ, ե՛ւ գերութեան, որ կալաւ զաշխարհս:

Եւ յորժամ եղեւ այր կատարեալ կաթողիկոսն Գագիկ լի իմաստիւք աստուածայնովք, փոխեցաւ յաշխարհէս. եւ դարձեալ խաւար եղեւ կողմանցն այնոցիկ:

Եւ ապա տէր Բեժգէն, որ եթող զկարգն եւ առ կին.

եւ յետ նորա տէր Ստեփանոս ամս քառասուն.

եւ զկնի նորա տէր Յովհաննէս ամս քառասուն, որ շինեաց եկեղեցի մի հրաշալի ի գաւառն Միափոր ի վանքն, որ կոչի Խամշի. սա որ եհաս յաւուրս մեր:

Եւ ապա տէր Ներսէս, եղբայր նորին, այր հեզ եւ բարի բնութեամբ, որ ձեռնադրեալ եղեւ ի ՈԶԴ թուականին հայոց:

During those days, fog and locusts unexpectedly filled all the mountains and plains, and a great earthquake occurred which destroyed the capital city of Gandzak. By the grace of God, the newly-elected Catholicos was saved, but the great vardapet Grigor died along with a countless multitude of men, women and children who were killed under the buildings which collapsed on them.

Demetre, the king of Georgia, came and took to his country everything he found [at Gandzak], as booty, including the city gates.

Alharak Mountain also crumbled and the small valley which ran along it was blocked so that a lake was formed, which exists to this day.

After eight years, a luminous comet appeared which was a symbol of the famine, destruction by the sword and captivity which befell the country.

When Catholicos Gagik had attained perfection in spiritual knowledge, he passed from the world, and once more darkness settled in those parts.

Then lord Bezhgen [ruled. It was he] who left his order and took a wife.

He was followed by lord Step'annos, for twenty years; after him lord Yovhannes [ruled] for twenty years. He constructed a magnificent church in the Miap'or district at the monastery called Xamshi, and was alive in our own time.

Then [the patriarchal throne was occupied by] lord Nerses, [Yovhannes'] brother, a man with a meek and good character who was ordained in 684 A.E. [1235].

Index

Aght'amar (island), 105; 129; 161.

Aghuania(n), 9; 21; 37; 67; 103; 115; 127-129; 203; 207-209; 225-237.

Aleppo, 163; 169; 177.

Alp-Arslan, 119; 135-137.

Anania I Mokatsi (Catholicos), 109-111.

Anastasius I (emperor), 47.

Ani, 9; 111-119; 129; 179; 191-195.

Aristotle, 37.

Arshak II (king), 25.

Ashot I (king), 101.

Ashot II (king), 107.

Bahram V (king), 41.

Basil II (emperor), 113.

Biblical verses,

    Genesis

        17:11-12, 75.

    Deuteronomy

        6:7, 5.

        11:19, 5.

    Joshua

        1:8, 5.

    Psalms

        57:8, 171.

        74:1, 107.

    Psalms (cont.),

        78:56, 5.

        88:21-23, 147.

        95:7, 107.

        100:3, 107.

        119:55, 157.

    2 Samuel

        18:18, 11.

    John

        3:5, 75.

    Mark

        13:8, 9.

    Matthew

        5:17, 155.

        12:25, 105.

        24:7-8, 9.

    Luke

        11:17, 115.

    1 Corinthians

        2:9, 95.

Balash (king), 47.

Byzantine(s), 31; 39; 45; 61; 65; 73; 93; 101; 107; 117-119; 129; 133; 139-143; 157-161.

Constantine I (the Great), 5; 13-15; 21.

INDEX

Constantine III (emperor), 71.
Constantine V (emperor), 89.
Constantine VI (emperor), 95.
Constantine X (emperor), 135.
Cilicia, 19; 107; 113; 133-135; 141; 157; 169; 187.
Cyprus, 175; 219.

Damascus, 169; 183; 223.
Dvin, 21; 77-79; 89; 93-95; 103-105; 139; 179; 191-193; 229; 235.

Egypt, 71-73; 123-125; 129; 139; 165; 183; 223.

Gagik I (king), 113; 117-119; 129-135; 141.
Georgian, 9; 15; 37; 55-57; 111; 127; 147; 151; 165; 179; 183-185; 199; 205; 209; 215; 227-229; 233; 239.
Gregory (saint), 3; 7; 11-27; 41; 55; 63; 67-69; 77; 87; 95; 111-113; 125; 141-143; 147; 153.

Hetum I (king of Cilicia), 219-223.

Iran(ian), 7; 21-23; 27-31; 41-47; 51; 55; 61-67; 73; 79; 135; 139; 165; 179; 185; 205; 213; 225-229.
Ishmaelites, 75-83; 89-91; 97-99; 103; 117; 171; 181; 185.
Iwane, 127; 165; 179-183; 199; 209; 215.

John Chrysostom, 31; 39; 145.
John I Tzimisces, 107.
Julian (the Apostate), 23.
Justin I (emperor), 47.
Justin II (emperor), 59.
Justinian I (emperor), 49.
Justinian II (emperor), 81.

Kars, 119; 129; 179; 191-193.

Leo I (emperor), 45.
Leo III (emperor), 81.
Leo IV (emperor), 95.
Leo V (emperor), 97.

Maurice (emperor), 59-65.
Michael I (emperor), 97.
Michael VII (emperor), 135.
Mkhitar Gosh, 181; 185; 191.

INDEX

Nicephorus I, 97.

Pap (king), 29.

Peroz I (king), 43-47.

Romanus I (emperor), 107.

Romanus II (emperor), 107.

Romanus III (emperor), 135.

Romanus IV (emperor), 135.

Sanahin, 107; 115; 127; 137; 145; 191; 215.

Tachiks, 77; 89; 105; 139-141; 169; 179; 195; 211; 215; 221; 231.

Taron, 23; 59; 75; 99-101; 183.

Theodosius I (emperor), 27-29.

Theodosius II (emperor), 39; 43.

Theodosius III (emperor), 81.

Tiberius II (emperor), 59.

Tiberius III (emperor), 81.

Valens (emperor), 27.

Yazdegerd II (king), 43.

Yazdegerd III (king), 67; 73.

Zakare, 127; 165; 179-183; 199; 209; 215.

Zeno (emperor), 17; 45-47.

www.sophenearmenianlibrary.com

SOPHENE

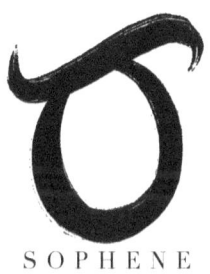

www.ingramcontent.com/pod-product-compliance
Lightning Source LLC
Chambersburg PA
CBHW021431080526
44588CB00009B/500
* 9 7 8 1 9 2 5 9 3 7 6 6 4 *